反倾销等贸易壁垒与中美双边贸易问题

Trade Barriers, Especially Antidumping and Sino-U.S. Bilateral Trade Issues

沈国兵　著

中国财政经济出版社

图书在版编目（CIP）数据

反倾销等贸易壁垒与中美双边贸易问题/沈国兵著．北京：中国财政经济出版社，2008.12

ISBN 978-7-5095-1140-4

Ⅰ．反…　Ⅱ．沈…　Ⅲ．①贸易壁垒-研究②中美关系-双边贸易-研究　Ⅳ．F742　F752.771.2

中国版本图书馆 CIP 数据核字（2008）第200916号

责任编辑：吕小军　　　　责任校对：张全录
封面设计：天女来　　　　版式设计：董生萍

中国财政经济出版社 出版

URL：http://www.cfeph.cn

E-mail：cfeph@cfeph.cn

社址：北京市海淀区阜成路甲28号　邮政编码：100142

营销中心电话：010-88190406　　北京财经书店电话：010-64033436

清华大学印刷厂印刷　各地新华书店经销

787×960毫米　16开　15.25印张　232 000字

2009年2月第1版　2009年2月北京第1次印刷

定价：30.00元

ISBN 978-7-5095-1140-4/F·0960

（图书出现印装问题，本社负责调换）

本社质量投诉电话：010-88190744

本成果获得教育部人文社会科学重点研究基地重大项目资助(08JJD790138)

本成果获得上海市哲学社会科学规划课题资助(2006BJL006)

本研究得到国家社会科学基金应用经济项目资助(07BJY012)

本研究得到复旦大学中国经济国际竞争力研究创新基地数据库项目资助

本研究得到复旦大学中国经济国际竞争力研究创新基地国际环境研究支持

序一

入世后，由于中国非市场经济地位，美国对中国反倾销等贸易壁垒争端日益凸显。美国反倾销行动直接关系到中国具体行业和企业的存活，乃至事关中国整体对外贸易发展。因此，研究反倾销等贸易壁垒与中美双边贸易问题具有重要的理论价值和现实意义。

沈国兵博士本专著对“反倾销等贸易壁垒与中美双边贸易问题”做出了系统研究，取得了良好的成绩和社会反响。该著作在项目研究过程中，已经在 *China and World Economy*、《管理世界》和《世界经济》等学术期刊上发表了6篇论文，并对应着相应的章节。这些创新性研究观点使得该著作成为国内同类研究中较高水平的学术专著。

我在阅读该著作书稿之后，仅就本书的理论基础、方法运用和创新性观点谈谈看法：

1. 本书研究理论基础扎实，主题明确，结构层次清晰。作者以反倾销贸易摩擦和知识产权保护为切入点，综合运用了反倾销理论、知识产权理论，特别是双边贸易理论，围绕中美双边贸易问题系统地进行了阐述，得出许多有价值的结论，并提出了应对策略。

2. 本书研究方法科学，数据资料翔实，研究结论可信度高。作者是在查阅大量文献基础上完成每章问题的理论综述，使得研究的问题及方法站到了该领域内的最前沿。在所有章节的研究中，作者基于大量翔实的数据资料，利用统计分析和计量方法，得出了诸多科学的结论。因此，本书的研究结论令人信服。

3. 本书呈现了一些颇有价值的研究发现。如第六章二元Logit模型回归发现，美中双边产品产业内贸易程度较低、且美国处于贸易逆差失衡的产品最容易招致美国对华反倾销行为。这为国内行业企业产品对美出口提供了预警信号。第七章美国对中国木制卧室家具进行反倾销产生了贸易调查效应、显著的贸易限制效应，引致贸易进口转移效应，并促使中国出口发生国家间贸易转移，特别是家具产品间贸易转移。这一研究结论既是现实现象的反映和证实，又为国内同行企业指明了未来贸易发展的路径和策略。

总之，该著作是融理论分析、统计分析和计量检验为一体的一部较高质量的学术著作，其中的一些研究结论将反倾销等贸易壁垒与中美双边贸易问题的研究向前推进了一步，加深了人们对美国不断对华发起反倾销贸易摩擦问题本质的理解。鉴于此，我欣然为本书作序！

华　民

2008 年 6 月于复旦大学世界经济研究所

序 二

本书是沈国兵博士新近完成的一部力作。针对入世后中国面临的日益严峻的反倾销等贸易壁垒与中美双边贸易问题，作者做出了系统的理论分析和经验研究，取得了一些有益的研究结论和政策含义。现就此书稿谈谈我的看法：

1. 该著作研究选题具有很强的现实意义。近年来，中美双边贸易中围绕反倾销等贸易壁垒争端日益凸显，这业已严重影响到中美双边贸易发展，因而研究反倾销等贸易壁垒与中美双边贸易问题成为当前我国贸易领域内的重大现实问题。该书对此进行系统研究，具有重要的理论价值和实践意义。

2. 该著作中主体研究部分（如第三章至第九章）具有很高的学术价值，是目前国内有关反倾销与中美双边贸易问题方面较为系统的理论分析和计量研究成果。该专著在研究过程中已相继在 *China and World Economy*、《管理世界》和《世界经济》等学术期刊上发表了6篇论文，相信该专著在国内同类专业著作中应处于领先水平。

3. 该著作具体创新性结论主要体现在五个方面：一是发现美国贸易逆差的主要国别分布、主要行业产品分布与美国反倾销的主要国别对象和行业产品分布不具有对等性，因而美国反倾销行动对改善美国贸易逆差失衡失效。二是揭示出巨额的美中贸易逆差、较高的对美贸易依存度和过高的对美出口集中度致使美中双边反倾销能力出现严重的非对称性，这已对中美贸易关系产生严重的不利影响。三是发现产业内贸易指数小，且美方处于较大的贸易逆差失衡的产品，容易引发美国对华提起反倾销贸易摩擦。四是美国对中国木制卧室家具进行反倾销产生了贸易调查效应、显著的贸易限制效应，引致贸易进口转移效应，并促使中国出口发生国家间贸易转移，特别是家具产品间贸易转移。五是实证发现美国对华反倾销的宏观决定因素主要是美国工业生产增长率、失业率、从华进口渗透率、美元对人民币实际汇率变动率、美国对华出口比重和中国对美出口比重，以及美国反倾销法变化。

基于以上对沈国兵博士完成的该著作的认识和把握，我乐意为本书作此序！

李慧中

2008 年 7 月于复旦大学经济学院

中文摘要

本书围绕“反倾销等贸易壁垒与中美双边贸易问题”，选取反倾销贸易摩擦和知识产权保护作为研究切入点，运用理论模型、案例分析、比较分析及计量方法，重点探究了反倾销贸易摩擦及知识产权保护与中美双边贸易问题，并提出了科学的应对策略。在此基础上，主张将反倾销等贸易壁垒与中美双边贸易问题研究的目标最终落脚到实现中国外贸发展战略选择的转变之上。为此，本书分为导论及主体部分共十章进行具体研究展开：

导论部分研究表明，反倾销已成为非常重要的非关税贸易壁垒形式，为美国广为使用；在 WTO 框架下，中国已进入贸易摩擦高发期，所面临的贸易摩擦无论是深度还是广度都将会继续发展，而中国发起的反倾销尚处于起步阶段；美国无视中国市场和企业行为的变化，对中国实施反倾销等限制性贸易措施，已对中美双边贸易构成了严峻挑战。

主体部分包括九章，分析和揭示反倾销贸易摩擦及知识产权保护与中美双边贸易问题。研究发现：

1. 美国通过反倾销管理制度的变革，实现了反倾销损害调查判决和低于公平价值判决的客观独立性和效率的统一，而中国在这两个方面都存在着欠缺，从而在制度程序上造成了中国在反倾销中处于不利地位。对策建议是，主张中国反倾销管理制度改革的目标是实现反倾销损害调查判决和低于公平价值判决的客观独立性和效率的统一，并积极谋求 WTO 框架内完全市场经济地位，这是中国走出反倾销被动地位的根本制度保障。

2. 美国贸易逆差的主要国别分布、主要行业产品分布与美国反倾销的主要国别对象和行业产品分布不具有对等性，进而美国反倾销国别行动和行业产品行动对改善美国贸易逆差的国别失衡和行业失衡状况失效。对策建议是，主张美国应另辟他径、发挥出自身的比较优势，而不能指望诉诸频繁的反倾销行动来解决贸易逆差的国别失衡问题和行业失衡问题。

3. 中国遭受的反倾销贸易摩擦既存在着世界范围内的广度，又具有主要来源国的集中度。虽然反倾销主要来源国对华反倾销行动强烈地抑制了从华进口，但同期中国对美国和欧共体的反倾销能力不足，对墨西哥、印度、南非、阿根廷、土耳其等并未采取对等的举措。对策建议是，中国应区别对待反倾销主要来源国，适时调整自身的外贸政策。入世后，中国应积极利用多边贸易体制来解决贸易摩擦问题，这是规避和应对反倾销贸易摩擦的根本策略。

4. 从贸易金额来看，美国在化学制品贸易上面临着中国更大的反倾销可能性，同期美国对华纸制品贸易上具有更大的反倾销张力。WTO 框架下中国反倾销地位不平等、美中反倾销制度程序上的差异造成美中反倾销的非对称性。巨额的美中贸易逆差、较高的对美贸易依存度和过高的对美出口集中度致使美中双边反倾销能力出现严重的非对称性，这已对中美贸易关系产生严重的不利影响。对策建议是，主张通过升级中国出口产品结构来部分化解中国遭受的反倾销风险。中国从根本上应对和规避来自美国的反倾销等贸易摩擦，就必须降低过高的对美贸易依存度、过高的对美出口集中度，实现从贸易大国走向贸易强国。

5. 1995 ~ 2006 年美国对华反倾销涉案的主要 20 类产品，其产业内贸易指数都比较小，且美方处于较大的贸易逆差失衡，这些成为引发美国对华不断发起反倾销贸易摩擦的实质原因。二元 Logit 模型回归发现，美中双边产品产业内贸易程度较低、且美国处于贸易逆差失衡的产品最容易招致美国对华反倾销行为。对策建议是，通过技术引进和产业升级来提升对美出口产品的质量和附加值，逐步提高美中产业内贸易程度，以部分化解触发的反倾销风险。通过出口课税的方式改善美中商品贸易结构，缩减美中贸易逆差，以降低可能引发的反倾销行为。

6. 美国对中国木制卧室家具进行反倾销产生了贸易调查效应、显著的贸易限制效应，引致贸易进口转移效应，并促使中国出口发生国家间贸易转移，特别是家具产品间贸易转移。短期内，美国对中国彩电反倾销的调查效应比较明显，实施反倾销并没有产生明显的贸易限制效应，也没有引发明显的贸易进口转移效应，但引致了显著的贸易出口转移效应，也发生了显著的产品间贸易转移效应。对策建议是，建立行业预警机制，积极参加反倾销应诉；鼓励和支持企业开拓国际市场，促进出口实现“多元化”；加强知识产权保护和研发投入，进行行业生产结构调整，提升我国对外出口产品结构。

7. 美国对华反倾销的宏观决定因素主要有美国工业生产增长率、失业率、从华进口渗透率、美元对人民币实际汇率变动率、美国对华出口比重和中国对美出口比重，以及美国反倾销法变化。美国工业生产增长率下降、失业率增加、从华进口渗透率提高和美元对人民币实际汇率变动率上升，则美国对华反倾销数量会增加；而美国对华出口比重增加，会降低对华反倾销数量。相比来看，美国从华进口渗透增加是对华反倾销的最主要决定因素；美国反倾销法变化增加了对华反倾销数量，而美国对华出口比重增加、中国对美出口比重减小会对美反倾销行动产生抑制效应。对策建议是：中国应大力拓展多元化的贸易主体，实施企业走出去战略；建立符合国际惯例的贸易救济体系，积极利用多边贸易体制来解决贸易摩擦问题；加强行业协会和商会建设，形成有效的出口协调及应诉机制。

8. 入世后中国对美知识产权保护程度增强，但知识产权保护成效存在着时滞。鉴于知识产权贸易占中美双边贸易权重过小，以及中美双边互补性商品贸易结构，故而美中知识产权争端难以升级为双边贸易战。美国对华贸易制裁威胁会遭遇到其国内多个利益集团的强烈反对以及中国的反报复威胁。对策建议是，入世后中国坚持 TRIPS 协定设定的知识产权最低标准是必需的和基本的，无法建立一个有效的知识产权保护制度和执行制度将成为中国未来经济增长的掣肘。可行的路径是美国抑制频繁挑起的贸易制裁威胁，而中国完善其知识产权法并加强执行力度，满足美国知识产权行业的合理要求。

9. 全球化背景下中国外贸的发展环境是挑战与机遇并存，中国在获得对外贸易收益的同时，释放出的贸易增长实力也引致了大量的贸易摩擦。正视我国已进入贸易摩擦高峰期的客观现实，直面贸易摩擦挑战、积极进行应诉。中国外贸发展需要遵循内外配合的发展思路：对外加强国际经济合作，对内转变外贸增长方式。中国外贸发展的核心路径是实施品牌战略和市场战略。对策建议是，在多边贸易体制下，通过对外加强国际经济合作，对内转变外贸增长方式，推进品牌战略和市场战略来增强中国企业及产品的核心竞争力，进而实现中国外贸的可持续发展。

目录

第一章

导论[①]

2001 年入世以来，随着中国对外贸易出口的大幅增长，中美贸易逆差在不断扩大。据中国商务部统计[②]，中国外贸出口从 2001 年的 2661.0 亿美元增加到 2006 年的 9690.7 亿美元，6 年间增加了 2.6 倍。同期，据美国普查局 2007 年 6 月统计[③]，美中贸易逆差从 2001 年的 831.0 亿美元增加到 2006 年的 2325.9 亿美元，6 年间增加了 1.8 倍。中国在保持对外贸易出口大幅增长的同时，却遭受来自主要贸易伙伴的一系列反倾销等贸易壁垒，这其中以美国对中国发起的贸易摩擦和贸易冲突尤为显著。近年来，美国裁定对从中国进口的彩电、熨衣板、手推车、皱纹纸、木制卧室家具等 50 多种商品强征反倾销税，涉案金额超过 22 亿美元。并且，2004 ~2005 年美国纺织品协议执行委员会（CITA）加强了对从中国进口的纺织品设限措施，实施了针对中国纺织品进口的保障程序和“特保”措施。进入新的一年，2007 年 1 ~4 月份美国已连续 3 次挑起美中贸易摩

① 本书中“对中国”、“从中国”或者“对华”、“从华”是指“对中国内地”、“从中国内地”，不包括中国的港、澳、台地区。

② 中国商务部进出口统计，网址：http：//zhs. mofcom. gov. cn/tongji. shtml。

③ US Census Bureau，website：http：//www. census. gov/foreign – trade/balance/c5700. html.

擦，特别涉及反补贴贸易政策和中国知识产权保护不力问题。由此，反倾销等贸易壁垒与中美双边贸易问题凸显。本章首先从现实背景出发，围绕中美双边贸易涉及的反倾销贸易摩擦和知识产权保护问题，提出“反倾销等贸易壁垒与中美双边贸易问题”作为研究选题的重要性。其次，就这一主题分几个视角做出文献综述，主要是：有关反倾销等贸易壁垒研究、有关美国反倾销等贸易壁垒研究、有关反倾销与美国贸易差额问题研究、有关反倾销贸易摩擦与中国进出口贸易研究、有关反倾销非对称性与中美双边贸易问题研究、有关反倾销与中美双边产业内贸易研究、有关美国对华反倾销的贸易效应研究、有关美国对华反倾销的宏观决定因素研究，以及有关知识产权保护与中美双边贸易问题研究。继而，围绕主题给出研究的基本思路框架和研究方法。最后，总结出可能的主要创新点，并给出对策建议。

需要特别说明的是，为便于问题研究的聚焦和深化，本书主要是以反倾销贸易摩擦和知识产权保护作为研究切入点，涉及反倾销、反补贴、保障措施和知识产权“337 调查”等贸易壁垒，而对于美国实施的其他贸易壁垒和非贸易壁垒如关税和关税配额、进口限制、通关环节壁垒、技术性贸易壁垒、卫生与动植物检验检疫标准等，本书不做具体研究。理由是，关税和关税配额、进口限制属于显性贸易壁垒，不是本书研究的主题，而通关环节壁垒、技术性贸易壁垒、卫生与动植物检验检疫标准等各国之间差异性很大，缺乏可比性研究。

第一节 研究的背景与主题

自 1979 年 8 月欧共体对中国出口的糖精及盐类发起首例反倾销调查以来，针对中国产品的反倾销调查以指数幂增长，截至 2001 年 12 月 31 日，国外共有 30 个国家或地区对中国提起反倾销和保障措施调查 480 起，其中反倾销调查 459 起，保障措施调查 21 起。虽然中国出口产品占同期全球出口不到5%，但是，1995～2001年针对中国的反倾销事件数量占全球反倾销事件总量已超过14%（《中国对外经济贸易年鉴》2002）。据中国商务部统计，2001年入世以来至2006年底，中国已遭受300多起反倾销等贸易壁垒。《中国入世议定书》第十五条款允许其他WTO成员国在中国入世后15年内在倾销和补贴事件上把中国视为非市场经济，这引起美国等贸易伙伴更经常使用反倾销诉讼程序。他们往往不认可中国的出口品价格，而使用第三国替代价格来测算中国可能的倾销幅度。《中国入世议定书》第十六条款更是为WTO成员国针对中国产品采取保障措施打开了方便之门。此外，WTO成员国还对中国产品设置了“特保”手段。这些歧视性差别待遇极大地刺激了这些国家的企业不断提起对华反倾销、反补贴、保障措施及“特保”调查等①。由此，针对中国产品的反倾销等案件大幅增长。根据《中国商务年鉴（2005）》统计，2004年共有17个国家和地区对我国发起反倾销、反补贴、保障措施及“特保”调查59起，涉案金额达14.3亿美元，为全球之最。据中国商务部年终报告显示，2006年共有25个国家和地区对我国发起反倾销、反补贴、保障措施和“特保”调查共86起，涉案金额20.5亿美元。另据WTO统计，1995～2006年世贸组织成员国共发起反倾销调查3044起、实施反倾销最终措施1941起，其中涉及中国产品的反倾销调查536起、反倾销最终措施375起，分别占世界总数的17.6%和19.3%。无论从总体还是从单个年度来看，1995～2006年中国遭受的反倾销调查及最终措施数量都位居世界第一位。这表明在WTO框架下，中国已进入贸易摩擦高发期，所面临的贸易摩擦无论是深度还是广度都将会继续发展。

① 倾销，是指正常贸易过程中进口产品销售价低于其正常价值，或者低于其母国市场销售价；反倾销就是针对这样低于其公平价值的进口品倾销而强征税收。补贴，是指出口国或地区政府或者其任何公共机构提供的并为接受者带来利益的财政资助以及任何形式的收入或者价格支持；反补贴就是对已经建立的国内产业造成实质损害或者产生实质损害威胁，或者对建立国内产业造成实质阻碍的，可采取反补贴措施。“保障措施”，指原产于中国的产品在出口至任何WTO成员领土时，如果数量增加幅度过大，以至于对这些成员国相关产业造成“严重损害”或构成“严重损害威胁”时，那么这些WTO成员国可单独针对中国产品采取临时性贸易限制。“特保”是“特定产品过渡性保障机制”和“特殊保障措施”的简称。“特保”实施有效期限为2001年12月11日至2013年12月11日。此外，WTO成员还专门针对中国纺织品设置了特别保障条款。根据该条款，2005～2008年若中国纺织品出口对WTO成员国市场造成扰乱时，则该成员国可临时实行限制，但4年内只能用1次，1次只能持续1年。

在中国遭受的反倾销等贸易壁垒中，美国无论在涉案金额还是在涉案次数上都占据很大比重。据《中国商务年鉴（2004）》统计，2003 年中国对美出口产品共遭遇 11 起贸易救济调查，其中反倾销 9 起、“特保”两起，涉案金额高达 18.5 亿美元；2003 年美国对中国产品的立案金额已占到世界各国对中国产品立案总金额的 88%。在涉及中国产品的贸易壁垒调查中，美国对中国共发起 7 起指控中国企业侵犯知识产权的“337 调查”案件[①]，影响中国出口金额近 1.8 亿美元。2005 年美国又对中国 7 种产品发起涉及知识产权的“337 调查”，涉案金额约 12 亿美元。进入 2007 年，美国在双边贸易领域内加大对中国施压，频繁挑起美中贸易摩擦。如 2 月份向世贸组织提起诉讼，指责中国为一些出口行业提供政府补贴；3 月份美国商务部宣布对中国出口美国的铜版纸征收反补贴税，一改美国坚持了 23 年不对非市场经济国家征收反补贴税的贸易政策；4 月份美国政府又向世贸组织提出针对中国的两项贸易诉讼，涉及中国知识产权保护不力和市场准入问题（即指责中国打击盗版不力和限制美国电影、音乐和图书产品进入中国市场）。而且，美国商务部（DOC）和国际贸易委员会（ITC）更以美国对华巨额贸易逆差为由，利用反倾销、反补贴、保障措施、知识产权保护等手段对中国实施限制性贸易政策措施，这些已对中美双边贸易构成了严峻挑战。由此，反倾销等贸易壁垒与中美双边贸易的可持续发展成为各界所关注的重要问题。为此，本书提出“反倾销等贸易壁垒与中美双边贸易问题”作为研究选题就具有很强的理论价值和现实指导意义，它直接影响到中国外贸发展空间和战略选择问题。

---

① “337 条款”源于1930 年美国《关税法》第337 条而得名。“337 条款”将美国进口中不正当贸易分为两类：一般不正当贸易和有关知识产权的不正当贸易。一般不正当贸易指所有人、进口商或承销商将产品进口到美国或进口后销售过程中的不正当竞争方法和不正当行为。有关知识产权的不正当贸易指所有人、进口商或承销商向美国进口，为进口而买卖或进口后在美国销售属于侵犯了美国法律保护的版权、专利权、商标权、集成电路布图设计权和设计方案权的产品的行为。只要美国存在与该产业相关的行业或正在建立该行业，有关知识产权的不正当贸易做法即构成非法，而不是以其对美国产业造成损害为要件。

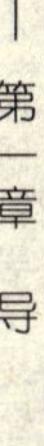

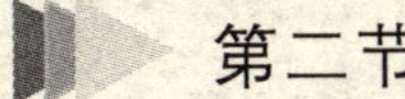

第二节 反倾销等贸易壁垒与中美双边贸易问题：文献综述

从实践来看，GATT（WTO）各个回合都一直在削减关税壁垒，但是非关税贸易壁垒却在不断上升，反倾销更是成为一种重要的非关税贸易壁垒形式。虽然中国产品出口目前占全球出口仅在7.4%左右，但是自1995年世贸组织成立至2006年，中国已成为世界上最大的反倾销调查对象，而美国是当今世界上最积极使用反倾销手段的国家之一。由此，中美双边贸易不可避免地遭受到美国反倾销等贸易壁垒的影响。针对反倾销等贸易壁垒与中美双边贸易问题已有的文献研究主要有：

一、有关反倾销等贸易壁垒研究

Zhihao Yu（2000）认为，过去30年中，GATT各回合持续地削减和限制关税，但同时各种非关税壁垒被广泛采用，其中反倾销占据了很大比重。James（2000）提出，反倾销行动是保护主义选择的一种新式武器，虽然在GATT（WTO）规则下反倾销是合法的，但是它威胁到破坏过去50多年多边贸易体系尽力构建的非歧视和互惠的基本原则。反倾销基本上偏向保护国内行业，而牺牲进口竞争和消费者福利。Zanardi（2004）认为，反倾销原本被设计为对不公平倾销行为的纠正，但如今被广泛地视作为成功的保护主义新形式，成为最重要的非关税贸易壁垒，基本上失去与倾销的联系。Aggarwal（2004）主张，反倾销是一种保护主义工具，与外国企业不公平贸易实践是无关的。Prusa（2005）指出，近30年来，反倾销已成为GATT（WTO）框架下确立的自由公平贸易体系的主要障碍。现代反倾销法与经济上有害的倾销已没有关系，确切地说，反倾销仅仅是一种被巧妙设计的保护主义形式。White和Jones（2000）更是指出，世界市场的变化可能引起进口转移到不受限制的其他国家，这反过来可能消除反倾销税规则的有效性，而且工业技术的进步导致更先进技术产品对原产品的快速替代，所以对过时产品的继续保护将没有意义。

二、有关美国反倾销等贸易壁垒研究

Mah（2000）指出，虽然 GATT 第 6 条款明确了反倾销裁决有三个基本条件：倾销幅度存在、对相关行业造成实质性损害、倾销进口与行业实质性损害之间存在因果关系。但根据美国法律，只要进口品对美国产品行业造成损害，就可以对美国市场上倾销的产品课征差额税。White 和 Jones（2000）证实，美国国会要求 ITC 在做出反倾销裁决时应考虑三个因素：必须考虑原先损害性裁决，必须评估美国产业是否现在比过去更好，必须考虑如果取消反倾销限制，美国产业是否易遭受实质性损害。ITC 的基本任务是预测美国产业是否在取消反倾销限制后可能遭受实质性损害。Blonigen（2003）指出，美国 ITC 损害性裁决中肯定的案件百分比呈上升趋势，从 20 世纪 80 年代初的 45% 上升到 2000 年的 60%。结果，美国反倾销行动调查的外国企业平均预期的反倾销税从 5% 上升到 30%。由此，反倾销税上升意味着美国反倾销保护程度急剧地上升。Blonigen 和 Bown（2003）也指出，由于界定倾销标准的弱化，美国商务部几乎每次都对倾销做出肯定裁决。因此，当今美国政府反倾销裁决几乎是由美国 ITC 损害性检验来惟一决定的。Irwin（2004）认为，美国反倾销事件年度数量受到失业率、汇率、进口渗透，以及 80 年代初反倾销法及其管理变化的影响。Baldwin（2005）认为，乌拉圭回合谈判造成美国反倾销法的变化使得美国企业更容易通过反倾销路径获取进口保护。随之而来，美国商务部调查的反倾销案件数量在上升，但反倾销行动不仅降低一国的经济福利水平，而且会带来产出和收入分配的变化，这些被认为是不公平的。应对倾销最好的政策是消除使倾销成为可能的经济扭曲，如关税、补贴和垄断力量等。

三、有关反倾销与美国贸易差额问题研究

James（2000）认为，美国反倾销行动的浪潮在继续，很明显，美国强烈使用反倾销是与其经济持续扩张造成统计上贸易逆差相关的。Mah（2000）探究了美国国际贸易委员会反倾销决定的宏观经济因素，结果发现，肯定的反倾销裁决百分比增长与贸易差额之间存在长期均衡关系，贸

易差额（进口减去出口）对肯定的反倾销裁决百分比增长具有单向的因果关系。Aggarwal（2004）提出，汹涌的进口和不利的贸易差额会增加国内行业寻求保护和当局易于接受其反倾销抱怨的概率。结果，美国反倾销事件的数量是与美国贸易逆差扩大和进口大量涌入相关的。

四、有关反倾销贸易摩擦与中国进、出口贸易研究

James（2000）指出，中国针对进口实施反倾销管理起步较晚，1997年中国才对美国、加拿大和韩国的新闻纸发起首例反倾销调查，1999年最终裁定对3国新闻纸征收反倾销税。但是，近年来针对中国出口产品的反倾销案件在急剧地增长。对此，Jiang 和 Ellinger（2003）分析认为：（1）中国出口补贴政策加剧了省际出口商之间削价竞争海外市场份额，结果招致了大量的倾销指控；（2）中国仍旧被视为非市场经济，替代国方式否定了中国产品固有的劳动成本竞争优势；（3）许多中国出口商对反倾销指控没有能力或经验进行辩护，这会激励其他国家对中国发起更多的反倾销调查；（4）中国出口一直快速地增长，其低价商品影响到进口国欠竞争力的国内企业，促使进口国使用反倾销战略来保护本土产业。据此，反倾销对于中国来说是非对等的。Messerlin（2004）认为，中国入世协议包含了严格的反倾销和保障措施条款，中国的贸易伙伴可以针对中国出口使用这些条款①。这意味着中国不可能期望在未来面临更少的反倾销摩擦，相反，中国应预期继续将面临大量的反倾销案件。中国进入 WTO 争端解决机制，这为遭受外国反倾销侵扰的中国出口商提供了一些救济。但是，这种救济仅仅是边际上的和短暂的。最小化中国对外反倾销措施风险的更有前途的路径是中国调整自己的对外贸易政策，采用一致的或适中的关税来减少国内生产格局的扭曲，因为外国反倾销调查者视这种扭曲为倾销的信号。

五、有关反倾销非对称性与中美双边贸易问题研究

Messerlin（2004）认为，反倾销使用者与对象国之间存在着显著的非

① 这些条款包括针对中国的反倾销调查中继续使用非市场经济地位，期限为15年；使用特殊的过渡性特定产品保障条款，期限为12年。

对称性，反倾销是当前一些大的国家如美国针对更小经济体实施的一种工具，因而很少有来自世界其他压力来敦促强烈的反倾销使用者抑制其反倾销行动。我认为，中国反倾销法律法规不完善，实施操作难度大，反倾销机构权责界定不明确，反倾销条例操作的时间节点和判定标准缺失，以及反倾销机构设置的不合理，都在不同程度上影响了中国企业反倾销的积极性和实际实施效果，进而在制度程序上造成了中美反倾销的非对称性。具体到中美双边贸易，James（2000）认为，美国强烈使用反倾销是与其经济持续扩张造成统计上贸易逆差相关的。White 和 Jones（2000）提出，美国反倾销税指令对美中贸易施加了特别的负担，目前，美国至少有 42 个反倾销税指令生效，涵盖来自中国的各种进口产品，美国进口商和在华加工生产对美出口的企业越来越发现其经营遭受到美国反倾销税的破坏。Mallon 和 Whalley（2004）认为，在美国法规下，中国目前仍被视为非市场经济，这引起美国更严格地使用倾销诉讼程序，使用替代国成本来计算中国产品的倾销幅度，结果夸大了中国对美出口产品倾销幅度。Blonigen 和 Bown（2003）研究发现，报复性反倾销行动上升的威胁对反倾销活动有着最终抑制效应，美国较少对具有积极反倾销措施和美国大量出口的国家发起反倾销调查；相反，美国对一国出口量越小，该国采取报复的能力越有限，则美国越有可能肯定地裁决对该国反倾销诉讼。据此，中美反倾销能力严重非对称性部分解释了美国经常对华提起反倾销调查的原因。

六、有关反倾销与美中双边产业内贸易研究

关于产业内贸易测算研究。Grubel 和 Lloyd（1975）原创性地提出产业内贸易 GL 指数，用以衡量相同产业内进出口贸易之间平衡贸易程度或重叠程度。随后，经济学家对静态 GL 指数测算方式进行了不断修正。其中，Greenaway 和 Milner（1983）提出产业内贸易调整指数：

$$C_j = [1 - \frac{\sum |X_{ij} - M_{ij}|}{\sum (X_{ij} + M_{ij})}] \times 100$$

这里，j 表示第 j 产业，i 表示在 j－1 水平上构成的亚类。当使用 C_j 测算时，由于考虑了相反的符号效应和权重效应，贸易失衡不会相互抵消，因而测算的 C_j 会免于分类集合抵消产生的扭曲。

关于行业贸易与反倾销研究。McGee（2002）认为，反倾销法被指向

锚住特定国家特定的行业，甚至特定的外国生产商，因而反倾销在保护国内生产商上比关税或配额更有效率。Blonigen 和 Bown（2003）认为，进口渗透率越大、遭受报复风险越低，则进口国行业越有可能提起反倾销起诉。Stevenson（2007）发现，当一些敏感的中国进口品增长时，在价格较低并有进口品显著增长的国家很可能国内行业将转向反倾销起诉。USITC（2004a）具体指出，调查期内，美国从华木制卧室家具行业涉案进口量显著快速地增长，对美国国内该行业产生显著的不利影响，致使美国 ITC 最终裁定，美国国内木制卧室家具行业受到来自中国的不公平价值进口的实质性损害，结果课征反倾销税。据此，行业内贸易程度与反倾销起诉具有一定的相关性，本书将对双边产业内贸易程度与反倾销关联性进行研究。

七、有关美国对华反倾销的贸易效应研究

就美国对华反倾销行动产生的贸易效应来看，主要有反倾销引致的贸易调查效应、贸易限制效应和贸易转移效应。Prusa（1996）研究发现：（1）反倾销产生显著的贸易调查效应。即使没有做出最终课征反倾销税裁决，但反倾销调查本身仍会造成调查期内进口下降，起到对被控对象侵扰作用。（2）反倾销产生贸易限制效应。反倾销明显地限制了来自被诉国的贸易额，对于高税率的反倾销案件更是如此。（3）反倾销产生贸易转移效应。即使成功的反倾销行动限制了来自被诉国的进口，但是未受调查的国家会增加其在进口国的市场份额，即出现从被诉国向非被诉国明显的贸易转移。Krupp 和 Pollard（1996）考察了美国反倾销调查对被指控倾销和未被指控倾销的进口行为的影响，发现反倾销调查对被指控倾销的进口产生显著不利的影响，反倾销调查和肯定性裁决增加了对未被指控倾销的进口。Blonigen 和 Prusa（2001）认为，反倾销是一种贸易政策，围绕调查和裁决的诉讼过程有着显著的贸易影响，已超越可观察的反倾销税本身。反倾销调查事件显示出对进口和国内生产的影响，而且反倾销调查能够导致其他无意识的市场效应，冲淡贸易保护效力，如造成贸易转移和越过关税的外国直接投资。

八、有关美国对华反倾销的宏观决定因素研究

Feinberg（1989）研究发现，汇率变动是决定美国反倾销起诉案件的

显著因素。Mah（2000）发现，美国贸易差额对肯定的反倾销裁决百分比增长具有单向的因果关系。James（2000）认为，美国对华强烈使用反倾销是与其经济持续扩张造成统计上巨额贸易逆差相关的。Blonigen 和 Bown（2003）证实，美国对一国出口量越小，该国采取报复的能力越有限，则美国越有可能对该国实施反倾销最终措施。Baldwin（2005）指出，乌拉圭回合谈判造成美国反倾销法的变化使得美国企业更容易通过反倾销路径获取进口保护。Irwin（2005）认为，美国反倾销事件年度数量的直接决定因素是失业率、汇率、进口渗透，以及 20 世纪 80 年代初美国反倾销法及其管理机构的变化。Prusa（2005）指出，反倾销争端增长的主要原因是贸易的增长，随着美中贸易的增长，毫不奇怪地，可看到倾销指控的上升。谢建国（2006）实证发现，经济因素仍是美国对华贸易反倾销的主要原因，其中美国国内工业产出的波动和对华贸易逆差显著提高了美国对华反倾销调查频率，中美政治联系的恶化将强化中美在贸易领域的冲突。

九、有关知识产权保护与中美双边贸易问题研究

La Croix 和 Konan（2002）认为，许多发展中国家包括中国偏向在不同的发展阶段为不同行业设定不同的知识产权标准，这样的差异与贸易有关的知识产权（TRIPS）协定设定的新标准不一致。美国和其他发达国家不愿意对发展中国家使用不同的知识产权标准。但是，一劳永逸的标准在发展中国家有时会过早地产生过度的知识产权保护问题。Maskus 和 Penubarti（1998）认为，加强知识产权保护对贸易有着不确定的影响，因为通过市场扩张增加贸易的同时，通过市场控制力又减少贸易。Smith（1999）发现，虽然美国出口依赖于进口国的知识产权保护，但是两者关系取决于仿冒盗版能力。加强新兴国家知识产权会减少其仿冒盗版，扩张美国对这些市场的出口；但知识产权会增强对仿冒盗版弱的国家的市场控制力，结果会减少美国对这些市场的出口。Zeng（2002）指出，美国试图迫使中国改善知识产权保护至多产生混合的结果，美国谈判者在使用贸易制裁来撬开中国市场中面临着难题。究其原因，中美之间贸易是高度互补的，美国对中国知识产权问题的制裁威胁在其国内会遭遇到不同利益集团的冲突，使得美国对中国贸易制裁威胁变得不可置信。

简要评述：基于以上文献综述，主要观点有 9 个：（1）反倾销已被

广泛视为成功的保护主义新形式，成为非常重要的非关税贸易壁垒形式；(2) 由于界定倾销标准的弱化，当今美国政府反倾销裁决几乎是由美国ITC损害性检验来惟一决定的；(3) 美国反倾销起诉数量是与美国贸易逆差扩大和进口大量涌入相关的；(4) 反倾销对于中国来说是非对等的，最小化中国对外反倾销措施风险的更有前途的路径是中国调整自己的对外贸易政策；(5) 经济体实力差距、反倾销制度程序上差异造成美中反倾销的非对称性，美中反倾销能力非对称性引致美国经常对华提起反倾销调查；(6) 行业内贸易程度可能与反倾销起诉具有一定的相关性；(7) 美国反倾销行动可能产生的贸易效应有贸易调查效应、限制效应和贸易转移效应；(8) 美国反倾销行动受其贸易差额、失业率、汇率、进口渗透，以及美国反倾销法及其管理机构变化的影响；(9) 超越反倾销贸易壁垒，知识产权保护已成为美国对华实施限制性贸易政策的重要手段。

在此基础上，本书拟围绕以下几个重要问题进行展开：(1) 现时的美国反倾销等贸易壁垒问题。(2) 美国反倾销贸易摩擦对解决美国贸易逆差失衡问题有效吗？(3) 中国在遭受反倾销主要来源国诉讼时，会做出如何反应？(4) 美中反倾销非对称性及其对中美双边贸易的影响问题。(5) 反倾销与美中双边产业内贸易关联度怎样？(6) 具体行业产品领域内，美国对华反倾销的贸易效应如何？(7) 美国对华反倾销的宏观决定因素及其影响效应问题。(8) 超越反倾销贸易壁垒，探究知识产权保护对中美双边贸易的影响问题。最后，将反倾销等贸易壁垒与中美双边贸易问题研究的目标落脚到实现中国外贸发展战略选择的转变之上。上述这些问题促成本书提出“反倾销等贸易壁垒与中美双边贸易问题”作为研究选题。

第三节 研究的主要内容、具体思路及方法

本节概要地描述了全书研究的主要内容和具体思路，精炼出一个研究思路框架图，并归纳出书中实际运用到的经济学研究方法。

一、研究的主要内容与具体思路

本书围绕“反倾销等贸易壁垒与中美双边贸易问题”，分为导论及主体部分共 10 章进行具体研究展开：

第一章导论部分是以反倾销贸易摩擦和知识产权保护作为研究切入点，提出“反倾销等贸易壁垒与中美双边贸易问题”作为研究选题，并围绕这一研究主题分为 9 个方面专题做出文献综述。在这些文献研究的基础上，给出简要评述，引出选题。

第二章对现时的美国反倾销等贸易壁垒问题进行分析。着重探究了美国反倾销的管理制度基础、对倾销幅度的测算方式，特别是对中国产品倾销幅度的测算方式，并且就中美两国反倾销的制度程序进行了比较。

第三章探究了反倾销贸易摩擦与美国贸易逆差失衡问题。从纵向总量、国别分布和行业产品分布三个视角分析揭示了美国反倾销贸易摩擦对改善美国贸易逆差失衡状况的有效性问题。

第四章就中国遭受及发起的反倾销等贸易摩擦进行比较研究。着重从反倾销数量和强度指数视角对中国出口遭受的反倾销进行比较分析，并对中国发起和实施的反倾销数量及强度指数进行比较分析。

第五章探究了反倾销非对称性与中美双边贸易问题。从行业产品分布、贸易金额和反倾销强度指数以及商品贸易结构问题等视角分析揭示中美反倾销非对称性，并剖析了中美反倾销能力差异对中美双边贸易的影响效应。

第六章对反倾销与美中双边产业内贸易做出经验分析。分析揭示了美国对华反倾销涉案的主要产品及金额状况，测算出这些主要涉案产品的双边产业内贸易指数，并运用二元 Logit 模型探究了反倾销与美中双边产业内贸易程度之间内在的关联性。

第七章基于行业产品视角探究了美国对华反倾销的贸易效应。主要以美国对华反倾销涉案金额最大的两起案件——木制卧室家具和彩电的反倾销案为例，分析美国对华反倾销引致的贸易调查效应、限制效应和贸易转移效应，以及产生的非贸易效应。

第八章就美国对华反倾销的宏观决定因素及其影响效应做出经验研究。从美国对华不断增加的反倾销压力中去探寻隐含的美国对华反倾销的宏观决定因素，然后基于理论模型做出变量选取，并运用计数模型探究了美国对华反倾销的宏观决定因素及其具体影响效应。

第九章对知识产权保护与中美双边贸易问题做出分析。超越反倾销贸易壁垒，以版权为例来探究中国知识产权保护与中美双边贸易问题，并分析揭示了美中知识产权争端与中美双边贸易结构的关系。

第十章探究了反倾销等贸易壁垒下中国外贸发展的战略选择问题。将反倾销等贸易壁垒与中美双边贸易问题研究的目标最终落脚到实现中国外贸发展战略选择的转变之上，分析了全球化背景下中国外贸的发展环境问题，探究了中国外贸发展的战略思路和核心路径。

具体地，本书的基本研究思路框架示意图如图 1 -1 所示。

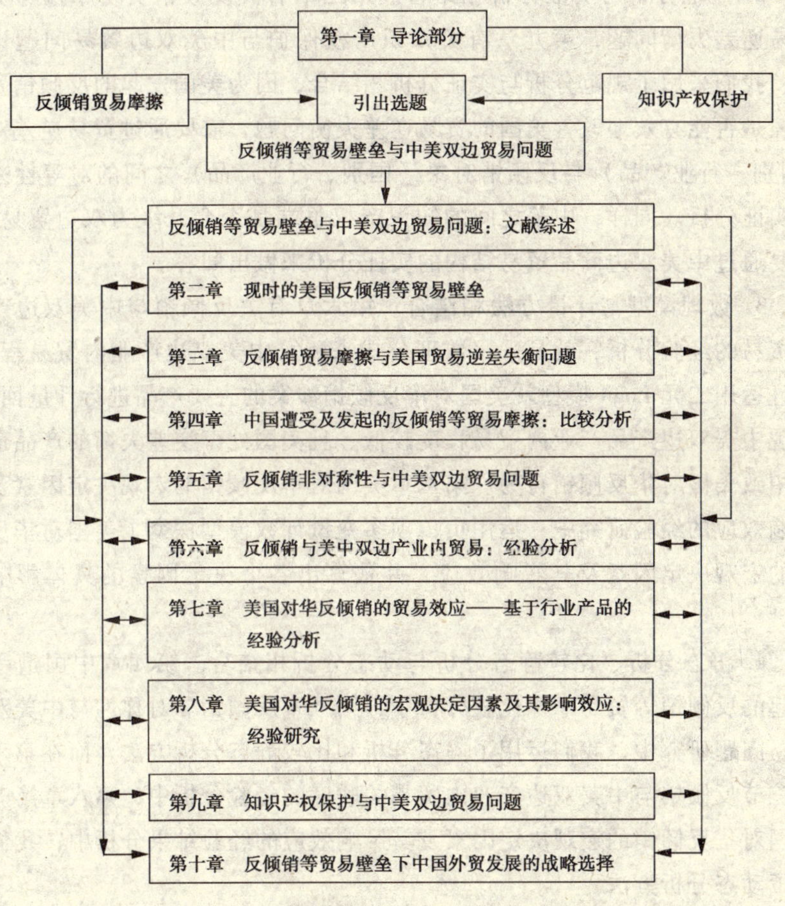

图 1 -1　本书的基本研究思路框架示意图

二、研究方法

本书的研究方法可以概括为：

1. 历史分析与逻辑推理相结合。第二章对现时的美国反倾销等贸易壁垒问题论述中，从历史角度分析揭示了美国反倾销等贸易壁垒的制度演变，推理出两次重要的反倾销管理制度变革，使得美国实现了反倾销损害调查判决和低于公平价值判决的客观独立性和效率的统一。第八章第一节从历史演进的视角分析了美国对中国产品的反倾销状况，发现美国对中国产品实施的反倾销最终措施数量已占到调查比重的65%以上。

2. 规范分析与实证分析相结合。第三章有关反倾销贸易摩擦与美国贸易逆差失衡问题，第九章有关知识产权保护与中美双边贸易问题论述中，我们采用了规范分析与实证分析相结合，因为美国发起的反倾销贸易摩擦是否能有效地改善美国的贸易逆差失衡问题，需要通过贸易逆差对象（国别、行业产品）与反倾销对象（国别、行业产品）之间的对等性来进行实证分析。同样，中美之间的知识产权争端是否会升级为双边贸易战，需要通过中美双边商品贸易结构的实证分析来做出回答。

3. 数理模型与计量方法相结合。第六章有关反倾销与中美双边产业内贸易的经验分析，就是采用数理公式来测算中美双边产业内贸易程度，并且运用二元 Logit 模型就美国对华反倾销涉案的主要产品进行计量回归，发现中美双边产品产业内贸易程度较低、且美国处于逆差失衡的产品最容易招致美国对华反倾销行为。第八章美国对华反倾销的宏观决定因素及其影响效应的经验研究中，运用负二项多变量计数模型探究了美国对华反倾销的宏观决定因素及其影响效应，并估算出各个决定因素的具体影响效应。

4. 静态分析、比较静态分析与动态分析相结合。第四章中国遭受及发起的反倾销等贸易摩擦比较分析中，第五章反倾销非对称性与中美双边贸易问题研究中，我们运用了静态分析和比较静态分析方法，而在第六章第三节反倾销与中美双边产业内贸易关联度的经验分析中，第八章第五节美国对华反倾销的宏观决定因素及其影响效应的经验结果分析中，我们运用了动态分析方法。

5. 理论分析与案例分析相结合。第七章美国对华反倾销的贸易效应

——基于行业产品的案例分析中，我们以 Prusa（1996）、Blonigen 和 Prusa（2001）研究为理论基础，选取中国涉案金额最大的两起典型制造品——木制卧室家具反倾销案和彩电反倾销案为例，来探究美国对华反倾销的贸易调查效应、贸易限制效应和贸易转移效应。

第四节 主要创新点及对策建议

本书围绕“反倾销等贸易壁垒与中美双边贸易问题”，选取反倾销贸易摩擦和知识产权保护作为研究切入点，运用理论模型、案例分析、比较分析及计量方法，重点探究了反倾销贸易摩擦及知识产权保护与中美双边贸易问题，并提出了科学的应对策略。在此基础上，主张将反倾销等贸易壁垒与中美双边贸易问题研究的目标最终落脚到实现中国外贸发展战略选择的转变之上。通过系统研究，本书在以下几个方面取得了可能的创新性研究结论，并提出对策建议：

第一，有关现时的美国反倾销等贸易壁垒。美国通过反倾销管理制度的变革，实现了反倾销损害调查判决和低于公平价值判决的客观独立性和效率的统一，而中国在反倾销损害调查判决和低于公平价值判决两个方面都存在着欠缺，从而在制度程序上造成了中国在反倾销中处于不利地位。对策建议是，主张中国反倾销管理制度改革的目标是实现反倾销损害调查判决和低于公平价值判决的客观独立性和效率的统一，并积极谋求 WTO 框架内完全市场经济地位，这是中国走出反倾销被动地位的根本制度保障。在国家层面解决非市场经济地位问题没有实质性突破的客观条件下，主张现阶段我国应积极争取获得主要贸易伙伴的行业市场经济地位。

第二，有关反倾销贸易摩擦与美国贸易逆差失衡问题。1995～2006 年美国反倾销的主要对象集中于东亚 6 国和地区，其中针对中国的反倾销位居首位。美国贸易逆差的主要国别分布与美国反倾销的主要国别对象不具有对等性，进而美国反倾销国别行动对改善美国贸易逆差的国别失衡状况失效；美国贸易逆差的主要行业产品分布与美国反倾销行动的行业产品分布不具有对等性，进而美国反倾销行业产品行动对改善美国贸易逆差的行业失衡状况失效。对策建议是，主张美国应另辟他径、发挥出自身的比较优势，而不能指望诉诸频繁的反倾销行动来解决贸易逆差的国别失衡问题和行业失衡问题。

第三，有关中国遭受及发起的反倾销等贸易摩擦比较分析。中国遭受的反倾销贸易摩擦既存在着世界范围内的广度，又具有主要来源国的集中度。反倾销强度指数表明，在 WTO 框架下中国强烈地遭受到国外反倾销行动的影响。虽然反倾销主要来源国对华反倾销行动强烈地抑制了从华进口，但同期中国对美国和欧共体反倾销能力不足，对墨西哥、印度、南非、阿根廷、土耳其、巴西、澳大利亚、加拿大和秘鲁等并未采取对等的举措。对策建议是，中国应区别对待反倾销主要来源国，适时调整自身的外贸政策。入世后，中国应加大对这些主要来源国反倾销的应诉和起诉力度，并且积极利用多边贸易体制来解决贸易摩擦问题，这是规避和应对反倾销贸易摩擦的根本策略。

第四，有关反倾销非对称性与中美双边贸易问题。从贸易金额来看，美国在化学制品贸易上面临着中国更大的反倾销可能性，同期美国对华纸制品贸易上具有更大的反倾销张力。WTO 框架下中国反倾销地位不平等、美中反倾销制度程序上的差异造成美中反倾销的非对称性。巨额的美中贸易逆差、较高的对美贸易依存度和过高的对美出口集中度致使美中双边反倾销能力出现严重的非对称性，这已对中美贸易关系产生严重的不利影响。对策建议是，主张通过升级中国出口产品结构来部分化解中国遭受的反倾销风险。中国从根本上应对和规避来自美国的反倾销等贸易摩擦，就必须降低过高的对美贸易依存度、过高的对美出口集中度，实现从贸易大国走向贸易强国。

第五，有关反倾销与美中双边产业内贸易的经验分析。1995～2006 年美国对华反倾销涉案的主要 20 类产品，其产业内贸易指数都比较小，且美方处于较大的贸易逆差失衡，这些成为引发美国对华不断发起反倾销贸易摩擦的实质原因。二元 Logit 模型回归发现，中美双边产品产业内贸易程度较低、且美国处于贸易逆差失衡的产品最容易招致美国对华反倾销行为。对策建议是，通过技术引进和产业升级来提升对美出口产品的质量和附加值，提高中美产业内贸易程度，以部分化解触发的反倾销风险。通过出口课税的方式改善中美商品贸易结构，缩减美中贸易逆差，以降低可能引发的反倾销行为。

第六，有关美国对华反倾销的贸易效应——基于行业产品的案例分析。美国对中国木制卧室家具反倾销产生了贸易调查效应，课征反倾销税对美国该行业进口产生了显著的贸易限制效应，实施反倾销引致了贸易进口转移效应，并促使中国木制卧室家具出口发生国家间贸易转移，特别是家具产品间贸易转移。短期内，美国对中国彩电反倾销的调查效应比较明显，实施反倾销并没有产生明显的贸易限制效应，也没有引发明显的贸易进口转移效应，但引致了显著的贸易出口转移效应，也发生了显著的产品间贸易转移效应。对策建议是，建立行业预警机制，加强行业自身协调与监督，积极参加反倾销应诉；鼓励和支持企业开拓国际市场，促进出口实现“多元化”；加强知识产权保护和研发投入，进行行业生产结构调整，提升我国对外出口产品结构。

第七，有关美国对华反倾销的宏观决定因素及其影响效应的经验研究。美国对华反倾销的宏观决定因素主要有美国工业生产增长率、失业率、从华进口渗透率、美元对人民币实际汇率变动率、美国对华出口比重和中国对美出口比重，以及美国反倾销法变化。美国工业生产增长率下降、失业率增加、从华进口渗透率提高和美元对人民币实际汇率变动率上升，则美国对华反倾销数量会增加；而美国对华出口比重增加，会降低对华反倾销数量。相比来看，美国从华进口渗透增加是对华反倾销的最主要决定因素；美国反倾销法变化增加了对华反倾销数量，而美国对华出口比重增加、中国对美出口比重减小会对美反倾销行动产生抑制效应。对策建议是：中国应大力拓展多元化的贸易主体，实施本地有竞争力的企业走出去战略；建立符合国际惯例的贸易救济体系，积极利用多边贸易体制来解决贸易摩擦问题；加强行业协会和商会建设，形成有效的出口协调及应诉机制。

第八，有关知识产权保护与中美双边贸易问题。入世后，中国对美知识版权保护程度增强，但知识产权保护成效存在着时滞，直到2004年美国遭受的版权贸易损失才得以改善。鉴于知识产权贸易占中美双边贸易权重过小，以及中美双边互补性商品贸易结构，故而美中知识产权争端难以升级为双边贸易战。美国对中国贸易制裁威胁会遭遇到其国内多个利益集团的强烈反对以及中国的反报复威胁。对策建议是，入世后中国坚持TRIPS协定设定的知识产权最低标准是必需的和基本的，无法建立一个有效的知识产权保护制度和执行制度将成为中国未来经济增长的掣肘。美国方面应正视中国在实施严格的知识产权保护中的困境，给予中国知识产权保护工作以支持和合作。可行的路径是美国抑制频繁挑起的贸易制裁威胁，而中国应完善其知识产权法并加强执行力度，满足美国知识产权行业的合理要求。

第九，有关反倾销等贸易壁垒下中国外贸发展的战略选择问题。全球化背景下中国外贸的发展环境是挑战与机遇并存，中国在获得对外贸易收益的同时，释放出的贸易增长实力也引致了大量的贸易摩擦。正视我国已进入贸易摩擦高峰期的客观现实，直面贸易摩擦挑战、积极进行应诉。其中，政府职能做出战略性调整是前提，企业积极应诉是关键，行业协会和商会的协调和组织是核心。中国外贸发展需要遵循内外配合的发展思路：对外加强国际经济合作，对内转变外贸增长方式。中国外贸发展的核心路径是实施品牌战略和市场战略。对策建议是，在多边贸易体制下，通过对外加强国际经济合作，对内转变外贸增长方式，推进品牌战略和市场战略来增强中国企业及产品的核心竞争力，进而实现中国外贸的可持续发展。

第二章

现时的美国反倾销等贸易壁垒

本章针对现时的美国反倾销等贸易壁垒问题，围绕以下几个联动的问题进行展开：（1）美国反倾销等贸易壁垒的制度演变；（2）现时的美国反倾销的管理制度基础；（3）美国对倾销幅度的测算方式；（4）美国对中国产品倾销幅度的测算方式；（5）美中两国反倾销制度程序的比较。

第一节 问题的提出及文献综述

美国商务部对 1980～2000 年反倾销幅度计算显示，美国平均反倾销幅度每年大约上升 2.5 个百分点，从 20 世纪 80 年代初的 15.5% 上升到 2000 年的 63%。美国 ITC 损害性裁决中肯定的案件百分比也呈上升趋势，从 80 年代初的 45% 上升到 2000 年的 60%。结果美国反倾销行动调查的外国企业平均预期的反倾销税从 5% 上升到 30%（Blonigen，2003，p. 2）。

由此，美国每年反倾销案件数量保持较高水平，反倾销税上升意味着美国反倾销保护急剧地上升。那么，现时的美国反倾销等贸易壁垒如何形成？其反倾销制度基础是什么？又是如何测算倾销幅度的？

就现有文献来看，有关美国反倾销等贸易壁垒的研究主要有：Mah（2000）指出，虽然 GATT 第 6 条款明确了反倾销裁决有三个基本条件：倾销幅度存在、对相关行业造成实质性损害、倾销进口与行业实质性损害之间存在因果关系。但根据美国法律，只要进口品对美国产品行业造成损害，就可以对美国市场上倾销的产品课征差额税。White 和 Jones（2000）证实，美国国会要求 ITC 在做出反倾销裁决时应考虑三个因素：必须考虑原先损害性裁决，必须评估美国产业是否现在比过去更好，必须考虑如果取消反倾销限制，美国产业是否易遭受实质性损害。ITC 的基本任务是预测美国产业是否在取消反倾销限制后很可能遭受实质性损害。Blonigen 和 Bown（2003）指出，由于界定倾销标准的弱化，美国商务部几乎每次都对倾销做出肯定裁决。因此，当今美国政府反倾销裁决几乎是由美国国际贸易委员会损害性检验来惟一决定的。Baldwin（2005）认为，乌拉圭回合谈判造成美国反倾销法的变化使得美国企业更容易通过反倾销路径获取进口保护，随之而来，美国商务部调查的反倾销案件数量在上升。但是反倾销行动不仅降低一国的经济福利水平，而且会带来产出和收入分配的变化，这些被认为是不公平的。据此，我们需要深入探究美国反倾销等贸易壁垒的发展演变，其反倾销的制度基础，以及反倾销测算方式。

第二节 美国反倾销等贸易壁垒的制度演变

就历史来看，美国反倾销等贸易壁垒的制度演变包括两部分：反倾销等法律制度的变化和反倾销管理制度的变革。美国反倾销法最早从 19 世纪末开始，可追溯到反托拉斯政策和相关的掠夺性定价中，是从反托拉斯运动和关注不公平竞争造成垄断上升中产生。20 世纪初期，美国针对外国生产者低价销售颁布了两部法律，即 1916 年《反倾销法》和 1921 年《反倾销法》，此后演变成 1930 年《关税法》第 7 款即 Smoot - Hawley 关税法，至今仍旧有效。反倾销条款成为美国贸易法的一部分已有 80 多年，但只是在过去 20 年内其作用才突显出来。现今熟知的美国反倾销法实际上来源于 1921 年《反倾销法》，是当年紧急关税法的一部分。1921 年《反倾销法》包含现今所有认知的反倾销因素：如果出口售价低于外国市场价值，则对其课征税收；如果外国市场价值不可查证，则计算其外国生产成本；倾销必须与国内行业遭受损害相关；更高的进口税是恰当的纠偏等。1921 年《反倾销法》主要在于发现价格歧视和损害。只有当存在有国际价格差别证据，即美国进口品低于其母国市场价格时，则认为对美国的产品销售是不公平的。可 1974 年《贸易法》规定，即使国内外价格一样，但如果它们销售价低于平均生产成本，则仍允许对进口进行调查。由此，1975 年以来美国反倾销调查的数量明显地增加。1979 年美国贸易协定法案撤销了 1921 年《反倾销法》，修正的《反倾销法》被作为《关税法》的新 VII 条款颁布。这一法案缩短了美国对反倾销调查和裁决的时间限制，在外国企业无法提供所寻信息下允许使用可获得的最好信息。1984 年贸易与关税法要求国际贸易委员会在做出损害性裁决时，审查遭受反倾销调查的所有国家对美累计出口，这增加了美国企业对倾销同样产品的几个不同国家多重调查的收益。

除了这些法律制度变化之外，美国国会在 1954 年和 1979 年对反倾销过程做出了两个重要的管理制度变革。1954 年 10 月 1 日，国会将损害调查从财政部移交给美国关税委员会，即现在的美国国际贸易委员会（ITC）。1979 年美国贸易协定法案（Trade Agreement Act）对反倾销做出重大修正，包含如低于公平价值的调查权从财政部移交给商务部，使用可获得的最好信息，以及案件的时间限制被缩短。1980 年 1 月 1 日，国会批准将低于公平价值（LTFV）的裁决权移交给美国商务部（DOC）。通过这两次重要的管理制度改革，使得美国 ITC 和 DOC 在反倾销案件上各司其职，实现了反倾销损害调查判决和低于公平价值判决的客观独立性和效率的统一。由此，自 20 世纪 70 年代末以来，美国反倾销的使用出现爆炸式增长，年均 45 ~ 50 起，国际贸易委员会损害性裁决中约一半是肯定的。80 年代后，由于企业倾向于提起多重调查，反倾销调查的数量明显比以前更大。近10年来，反倾销事件数量的增长主要反映盯住多重原产地的调查。美国反倾销事件年度数量受到失业率、汇率、进口渗透（与平均关税下降密切相关），以及80年代初反倾销法及其管理变化的影响。针对美国反倾销保护程度上升，许多经济学家主张，倾销问题应该像美国反托拉斯当局处理其他市场问题一样被解决。如Blonigen（2003）提出，可选的中间步骤是简单地取消反倾销代之以保障行动。倾销计算很少有可信度，为何耗费资源去做呢？保障措施仍旧依赖于损害性决定。对于损害性决定也存在自主决定问题，但是，美国证据显示，这一过程不会因自主决定而很快地演变成更多的保护，而且，保障措施有额外的收益。2000年初布什当局寻求钢铁保障行动就可看出这一未来变化趋势。

第三节　现时美国反倾销的管理制度基础

在美国，反倾销裁决是由两个独立的机构依据两套标准做出的，美国商务部（DOC）裁决是否提名的外国企业正在倾销，而同期美国国际贸易委员会（ITC）裁决是否美国国内行业遭受实质性损害，或者面临进口原产地实质性损害的威胁。程序上，美国反倾销裁决包括几个步骤：（1）当商务部（DOC）收到抱怨外国倾销时，国际贸易管理局（ITA）评估是否发生倾销。也就是，它要做出低于公平价值的裁决。（2）国际贸易委员会（ITC）必须裁决美国企业抱怨的行业是否因进口品销售低于公平价值而遭受实质性损害或者实质性损害威胁。（3）商务部和国际贸易委员会两个机构必须做出初始和最终的裁决。如果商务部和国际贸易委员会裁决都是肯定的，那么会签发反倾销命令，指导评定反倾销税额，等于出口商本国市场确立的商品价格超过美国市场进口价的差额。

具体实践中，如果美国某家商业企业认为，外国一家相应企业销往美国的产品低于市场公平价，或者美国该行业受到实质性损害或实质性损害威胁时，或者建立该行业因受到一国或多国政府补贴的进口而被实质性阻碍时，那么它可以同时向美国 DOC 和 ITC 提起反倾销或反补贴起诉来寻求救济。不过，起诉者必须是制造商、协会或者是与进口品相竞争的主体联合体[①]，至少代表该行业的 25% 份额，并且支持起诉的国内生产者或工人要占到国内同类产品总生产的 50% 以上，如果起诉没有确立 50% 以上的支持度，则 DOC 必须对该行业民意测验或者依赖其他信息来决定是否存在起诉所需的支持水平。向美国商务部（DOC）下属的国际贸易管理局（ITA）和美国国际贸易委员会（ITC）提起的起诉必须包含有关产业信息和倾销活动的证据。提起起诉要启动两个过程，两个机构（ITA 和 ITC）进行初始调查，在 45 天起诉期内，ITC 对国内产业是否存在被损害或被损害性威胁做出一个初始调查。如果存在损害，DOC 将在起诉后 160 天内做出初始裁决，判决是否有合理的基础使人相信进口品正在美国市场上倾销。如果 DOC 发现倾销发生，则要决定倾销幅度即倾销水平，然后将案件移交给 ITC。ITC 是由 6 个委员和 300 多个工作人员组成的联邦准司法机构，ITC 必须调查倾销是否实质性损害或者实质性损害威胁到美国产业。全面调查一般要耗费 12 ~ 18 个月，DOC 和 ITC 各自汇集它们分别调查的信息。ITC 6 位委员在公开听证会上做出最后损害裁定。由总统任命的这些委员们是代表两党的，来自同一党派的最多 3 个成员，委员任期 9 年，每两年轮流担当主席。委员们就听证会上提出的证据投票表决，如果大多数认为倾销发生，则美国海关负责将对目标进口商课征关税[②]。相比来看，ITC 调查阶段通常是更加重要的，因为 DOC 很少裁决倾销不会发生，但是在 20 世纪 90 年代 ITC 偶尔裁决国内产业并未受到损害，没有损害裁决的百分比大约占到 40%。这也证实了 Blonigen 和 Bown（2003）的研究发现，即当今美国政府反倾销裁决几乎是由美国国际贸易委员会损害性检验来惟一决定的。

---

① 参照 USITC（2007），能够代表行业提起起诉的合格权益方包括：美国国内同类产品的制造商、生产者或批发商；代表该行业被公认的协会或工会；贸易或商业协会；企业、协会或贸易协会的联合体；涉及农产品加工案例中加工者、生产者或种植者的贸易协会代表或联合体。

② White, Ying & Jones, Katherine (2000), "The Sun Sets on US Antidumping Orders", *China Business Review*, Vol. 27, Issue 3, p. 36.

第四节
美国对倾销幅度的测算方式

就现有情况来看，美国对被起诉的国外进口产品的倾销幅度的测算主要有以下几种方式：

第一，以外国企业在本国市场上销售价为标的。将出厂前（ex factory）美国价格与外国企业对同类产品在本国市场上索取的出厂前价格进行比较。正常价值被界定为外国企业在本国市场上索取的价格。当然，出厂前价格本身是无法观测的，这导致商务部观测最终消费价格，剔除大量附加在价格上的成本，如运输及相关成本、关税及其他税收，以及分销商毛利。假定考虑这些计算后企业成本是完全的，再进行汇率调整。一旦做出这些调整后，商务部会做出销售价格对价格比较。但是，商务部经常计算出外国市场价格的加权平均来界定正常价值，然后从测算的正常价值中扣除美国出厂前价格来计算特定交易的倾销幅度。总体上，特定企业倾销幅度是这些特定交易倾销幅度的加权平均。

第二，以外国企业在第三国市场销售价为标的。当受调查外国企业在本国市场上没有足够销售同样产品时，必须使用其他措施来测算正常价值。首选的是该企业对另一出口市场即第三国市场的销售，调整后再作价格比较。

第三，以构造价值（constructed value）为标的。若缺乏对第三国市场足够的销售，商务部将转向计算正常价值的构造价值。商务部使用外国企业详细的成本数据来测算调查期内该企业的平均成本（含边际利润），测算平均成本需要分摊固定成本到单位成本上，商务部然后将出厂前美国价格与构造价值进行比较。

第四，以替代国生产价格为标的。当美国商务部面临测算非市场经济如中国企业倾销幅度时，由于美方拒绝给予中国涉案企业市场导向行业地位，对于中国企业的成本和价格数据从经济或会计视角上不予认可，认为是不存在或无意义的。由此，美国商务部通常使用替代国信息通过生产要素分析来计算正常价值。更特殊地，商务部收集外国企业生产投入的数量数据，然后用选取的市场经济价格信息来给出这些投入的价值，再经过包装成本、运输成本和利润调整后，商务部能够构造出正常价值。有了正常价值，商务部就可依据通常方式计算出倾销幅度。

第五，以可获得事实（facts available）或最好信息（best information available）为标的。最受争议的做法是商务部使用可获得的事实来测算倾销幅度。1995 年乌拉圭回合协定之前被称为可获得的最好信息。给定计算倾销幅度所需的详细数据，当外国企业无法提供准确可用的数据或者没有对商务部调查做出反应时，问题就变得很难。在这些情况下，商务部使用可获得的事实作为小部分倾销幅度的测算，并使用它作为计算倾销幅度的惟一信息。

第六，以生产成本为标的。当使用受调查外国企业本国市场价格或第三国市场价格来计算正常价值时，生产成本检验做法就会发生。如果调查者提出指控，商务部将调查外国企业是否在其本国市场或者第三国以低于生产成本销售；如果在这些市场相当数量的交易（超过 10%）显示其价格低于生产成本，商务部将排除这些交易后决定正常价值；如果发现绝大多数交易（超过 90%）低于生产成本，商务部将完全放弃这样价格而以构造价值方式来测算其正常价值。

由上可见，美国对倾销幅度的测算方式是复杂多样的，加之中国加入 WTO 时所达成的承诺，在 2015 年以前美国可以视中国为非市场经济地位，由此美国在针对来自中国的进口产品倾销幅度的测算方式上就变得更加复杂和自由处置。

第五节 美国对中国产品倾销幅度的测算方式

具体实践中，美国针对中国产品倾销幅度的测算方式主要是以替代国生产价格为标的。根据中国加入 WTO 的承诺，在 2015 年以前美国可以视中国为非市场经济地位，造成美国商务部在计算中国产品倾销幅度时，拒绝给予中国涉案企业市场导向行业地位，所使用的商品价格及信息，往往不是来自中国，而是采用某一实行市场经济的替代国数据来计算正常价值，并以此来确定中国产品的倾销幅度。如 2005 年美国针对来自中国的艺术画布和金刚石锯片反倾销案件中，就选择印度作为替代国。具体地，在艺术画布反倾销案中，美国不顾中国应诉企业的实际情况，采用印度进口棉布的价格作为替代价格，而不是印度本地产棉布的价格，从而人为地提高了中国画布企业的倾销幅度。

再者，美国对中国产品倾销幅度的测算还采用以可获得事实为标的，或以第三国生产成本为标的，甚至以构造价值为标的。这些给我国行业企业应诉反倾销带来很大的不确定性。鉴于中国劳动力资源具有绝对和相对比较优势，中国现阶段许多出口产品生产成本中根本就没有包括环境保护成本，因而采用这些方式测算的结果与中国企业实际耗费的生产成本是相当不对称的。

这样，美国对中国产品倾销幅度的测算主要以替代国生产价格为标的，还以可获得事实为标的，或以第三国生产成本为标的，甚至以构造价值为标的，这些方式势必严重高估了中国对美出口产品的倾销幅度。

需要强调的是，美国商务部反倾销理论和测算方式上存在着诸多缺陷：（1）低于生产成本价问题。外国厂商低于生产成本价销售其产品几乎是不可能的，这样做的结果，长期内厂商只会自我毁灭。实际上，美国曾提起的几乎所有的反倾销行动都是由感到竞争压力的国内生产商所发起的，它们想借助政府力量来防止外国厂商获取其国内市场份额。这样，反倾销就成为美国政府保护其国内生产商遏制发展中国家——中国廉价商品销售的一种手段。（2）使用可获得的最好信息问题。美国商务部有权要求被诉企业提供无限量的信息，若对提供的信息完全不满意，可以弃之，使用可获得的最好信息（best information available），而后者经常是由起诉方提供的并不可靠的信息。这种方式得出的反倾销裁决只会对外国厂商不利。（3）汇率折算带来的价格低估问题，以及美国国内销售价低于外国市场销售平均价问题。因为即使按照同样的价格在世界范围内销售其产品，但是汇率折算也会造成外国公司被诉倾销之罪。并且，平均价是由低价和高价构成的，这样必然会有一些产品销售价低于外国市场平均价，结果外国厂商被诉倾销罪是不合理的。

第六节 美中两国反倾销制度程序比较分析

一、美国的反倾销体系

1. 美国反倾销法律体系。美国反倾销历史久远，早在1921年就正式制定了反倾销法。此后，经历了《1930年关税法》、《1979年贸易协定法》、《1984年贸易及关税法》和《1988年综合贸易及竞争法》的数次修订。目前，美国使用的反倾销法是国会于1994年底根据关税与贸易总协定乌拉圭回合谈判中的反倾销和平衡关税条约再度修订，并通过的反倾销法修正案，包括程序法和实体法。

2. 美国反倾销机构体系。美国反倾销调查和判定机构有两个：美国国际贸易委员会和美国商务部。美国国际贸易委员会（ITC）在倾销案件调查程序中负责调查进口涉案产品对美国国内同类产品产业是否造成实质性损害并以投票方式做出裁定。美国商务部（DOC）负责进口涉案产品是否在美国有倾销事实及其倾销幅度的调查和裁定，具体由其下属的国际贸易局（ITA）负责。此外，倾销案的调查还可能涉及其他行政和司法机构。具体而言，美国海关根据美国国际贸易委员会和商务部所做出的肯定裁定和征收反倾销税命令，负责征收反倾销税；美国国际贸易法院（原名海关法院）负责受理涉案当事人对反倾销行政裁定不服而提起的司法审查的请求；联邦巡回上诉法院有权对国际贸易法院的判决进行审查，做出二审判决。当事人如果不服联邦巡回上诉法院的判决，还可向最高法院上诉。

3. 美国反倾销立案调查判决程序。国际贸易委员会必须同商务部密切合作，协同调查，彼此制约，具体程序参见图2-1。

4. 其他相关程序。除了判决前期的调查程序外，美国在具体的征收反倾销税、行政复查、司法复查的程序设计上也比较详细完善。

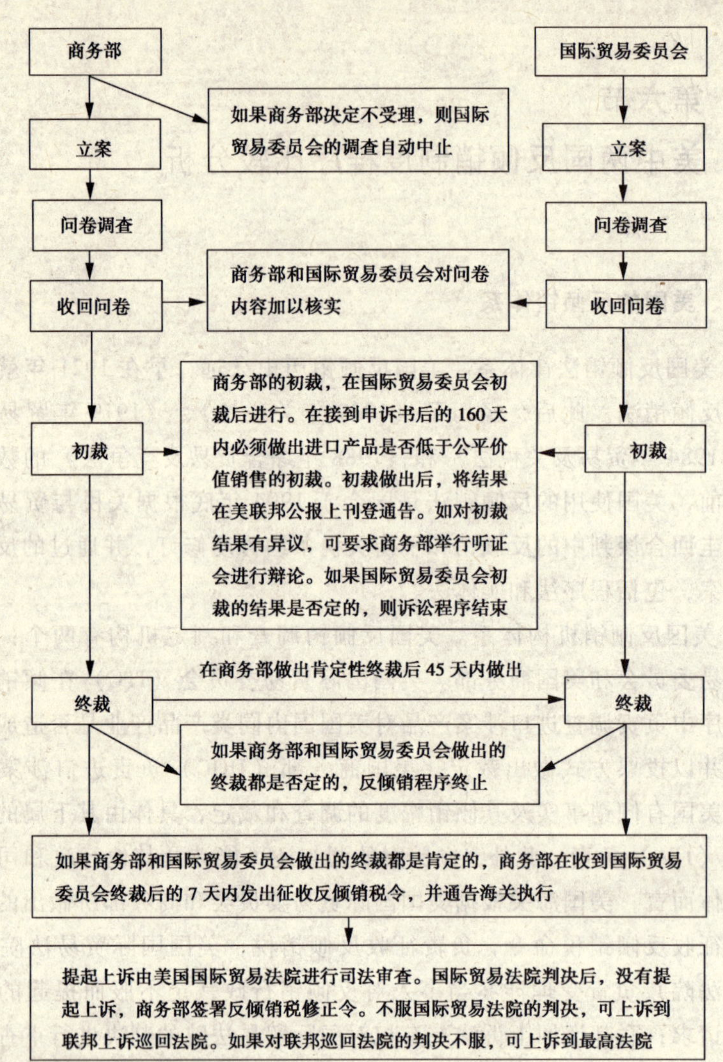

图 2-1 美国反倾销程序流程图

二、中国的反倾销体系

1. 中国反倾销法律体系。目前，中国反倾销主要依据的法律法规是1997年制定并实行的《中华人民共和国反倾销和反补贴条例》，此后经历了2001年、2004年《中华人民共和国反倾销条例》（以下简称《反倾销条例》）两次修订。具体实施办法上，则依据中国商务部出台的《反倾销产业损害调查规定》、《产业损害调查信息查阅与信息披露规定》和《反倾销调查抽样暂行规则》、《反倾销调查立案暂行规则》、《反倾销价格承诺暂行规则》、《反倾销退税暂行规则》，以及《倾销及倾销幅度期中复审暂行规则》等条例和规则来进行。

2. 中国反倾销机构体系。根据中国《反倾销条例》（2004 年）的规定，在反倾销申诉过程中涉及的机构为：商务部、农业部、海关总署和国务院关税税则委员会。中国商务部下设进出口公平贸易局和产业损害调查局分别处理相关事务。具体而言，有关倾销方面的工作由进出口公平贸易局负责，有关产业损害方面的工作由产业损害调查局负责，同时公平贸易局和产业损害调查局共同就倾销和损害之间的因果关系进行调查，由商务部统一做出决定或裁决并对外发出公告；农业部会同商务部对涉及农产品的反倾销国内产业损害进行调查；国务院关税税则委员会根据商务部的建议做出征收临时反倾销税和最终反倾销税等与“税”有关的决定；海关总署是反倾销案件中的具体执行机关，负责执行临时反倾销措施和征收反倾销税以及退税等事宜。

3. 中国反倾销立案调查判决程序。在申请人依照《反倾销条例》的规定向中国商务部提出反倾销调查的书面申请后，商务部应当自收到申请人提交的申请书及有关证据之日起 60 天内，对申请是否由国内产业或者代表国内产业提出、申请书内容及所附具的证据等进行审查，并决定立案调查或者不立案调查。商务部可以采用问卷、抽样、听证会和现场核查等方式向利害关系方了解情况，进行调查，并根据调查结果，就倾销、损害和两者之间的因果关系是否成立做出初裁决定，并予以公告。初裁决定确定倾销、损害以及两者之间的因果关系成立的，商务部应当对倾销及倾销幅度、损害及损害程度继续进行调查，并根据调查结果做出终裁决定，予以公告。初裁决定确定倾销成立，并由此对国内产业造成损害的，可以采取征收临时反倾销税或要求提供保证金、保函或者其他形式担保的临时反倾销措施。最终裁定决定倾销成立，并由此对国内产业造成损害的，可以征收反倾销税，具体程序参见图 2－2。

4. 其他相关程序。中国在反倾销判决成立之后的具体征税办法、复审程序，也在《反倾销条例》中做出明确的规定。

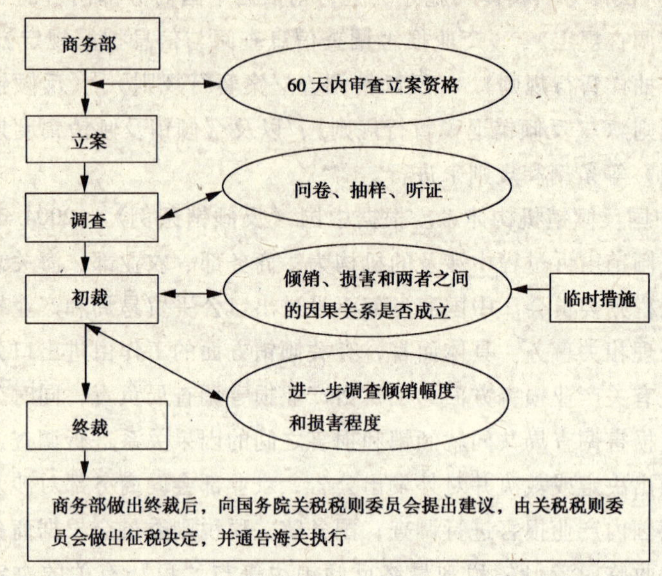

图 2-2 中国反倾销程序流程图

三、中美两国反倾销制度程序比较

由于中国改革开放起步较晚，真正面向全球市场的历史跨度要远远落后于美国这样的成熟市场经济强国，在贸易制度的建立和实施上也与美国存在着较大的差距。如果将中国 1997 年才出台的《中华人民共和国反倾销和反补贴条例》同美国 1921 年制定并经过 70 多年的发展和修订的反倾销法律相比，在法律的完整性和实用性上，中国的反倾销法都存在着明显的不足。此外，在拥有深厚民主传统的体制下创立的反倾销机构体系，也与中国特色社会主义制度中诞生的反倾销机构体系有着明显的差异。这些制度程序上的差别在一定程度上造成了中美反倾销中的非对称性。具体表现在：

1. 反倾销法理地位不对等。从反倾销立法层面来看，美国目前使用的反倾销法是美国国会通过的正式法律，其中不仅包括各种权责的界定，而且也包括了反倾销的具体程序和实施办法。但是，中国的反倾销条例并不是由对等的最高立法机构，即全国人大制定、审议并通过的，而是由国务院颁布的法规性文件。在国际上无法平等地同美国对话。

2. 中国反倾销实施操作难度大。从实施操作层面来看，中国的反倾销条例对于反倾销的具体实施办法和操作程序的制定并没有充分考虑，因而不得不通过事后颁布的一系列暂行规定来弥补该条例在操作层面上的不足。这使得中国企业在对外反倾销时会产生效率低下的状况，甚至陷入无法可依的被动局面，从而提高了反倾销的成本，影响了企业反倾销的积极性。

3. 中国反倾销机构权责界定不明确。中国《反倾销条例》中对于各职能部门在反倾销调查审判过程中的权利和职责并没有给出具体的界定。例如，《反倾销条例》规定对于倾销的调查和判决是由商务部做出的，在具体的实施中，是商务部下属的两个子部门分别负责倾销和损害的调查。但是，具体两部门是如何协调的，以及它们各自的权责，条例中并没有明确的规定。比如，在问卷调查中两部门是共享调查信息，还是独立运作，各项条款并没有给出界定。

4. 反倾销条例在具体操作的时间节点和判定标准依据上存在缺失。比如，条例只对整个立案到判决的过程规定了 12 个月的时间限制，但是没有对每个步骤的时间做出规定。如商务部做出初审判决后将进一步进行调查，并根据结果做出终审判决，这期间就没有明确的时间限制；商务部做出终审判决后，将向国务院税则委员会提起征收反倾销税的建议，但是并没有规定真正开始征税的时间。这些都会影响到政府部门的办事效率。此外，条例在一些判决标准上也存在缺位问题，如对于商务部如何认定倾销与国内损害之间的因果关系，并没有明确的标准。这给商务部的判决造成困扰，甚至影响到判决的客观性。

5. 中国的反倾销体系在机构设置上不合理。相比美国两部门各司其职，协调制约的机构设置，中国的反倾销机构的安排就显得叠加不清。中国对于倾销和损害的调查判定不是由两个独立的部门，而是由商务部下属的进出口公平贸易局和产业损害调查局分别负责，再由商务部做出统一的裁决。由于最终的判决由商务部做出，两个子部门相当于只起到调查的作用，而缺乏对判决结果的影响力，彼此之间也没有制约，容易使判决结果缺乏客观独立性。并且，中国还没有专属的贸易法庭来处理反倾销案件的上诉，甚至在条例中都未曾提及对商务部决议不满后如何上诉的内容，使商务部的权利进一步缺少制约。此外，商务部在判决后的具体制裁措施的实施上缺乏能动性。虽然商务部将对倾销和损害做出最终判决，但是征收临时反倾销税和最终反倾销税的决定却由国务院关税税则委员会给出，再通告海关具体执行（具体参见图2-2）。而在美国，商务部和国际贸易委员会的最终决议将直接传达给美国海关。相比来看，中国在这方面就显得比较低效了。

上述对比可见，美国的反倾销体系充分兼顾了反倾销损害调查判决和低于公平价值判决的客观独立性和反倾销效率的统一，而中国在这两个方面都存在着欠缺。中国反倾销法律法规的不完善，实施操作的难度大，反倾销机构权责界定的不明确，反倾销条例操作的时间节点和判定标准的缺失，以及反倾销机构设置的不合理，都在不同程度上影响了中国企业反倾销的积极性和实际实施效果。

第七节 主要结论及对策

通过对现时的美国反倾销等贸易壁垒研究，本章得出以下主要结论：

（1）美国反倾销等贸易壁垒的制度演变包括反倾销法律制度的变化和反倾销管理制度的变革。通过这两次重要的管理制度改革，使得美国ITC和DOC在反倾销案件上各司其职，实现了反倾销损害调查判决和低于公平价值判决的客观独立性和效率的统一。

（2）美国国际贸易委员会调查阶段通常是更加重要的，当今美国政府反倾销裁决几乎是由美国ITC损害性检验来惟一决定的。因为界定倾销标准的弱化，美国商务部几乎每次都对倾销做出肯定性裁决。

（3）美国对倾销幅度的测算方式主要有：以外国企业在本国市场上销售价为标的、以外国企业在第三国市场销售价为标的、以构造价值为标的、以替代国生产价格为标的、以可获得事实或最好信息为标的，以及以生产成本为标的。

（4）美国对中国产品倾销幅度的测算主要以替代国生产价格为标的，还以可获得事实为标的，或以第三国生产成本为标的，甚至以构造价值为标的，这些方式严重高估了中国对美出口产品的倾销幅度。

（5）美国的反倾销体系充分兼顾了反倾销损害调查判决和低于公平价值判决的客观独立性和反倾销效率的统一，而中国在这两个方面都存在着欠缺，并且在WTO框架内中国至今尚未得到主要贸易伙伴美国、欧盟和日本承认其市场经济地位，这些在制度程序上造成了中国在反倾销中处于不利地位。

对策建议是：

（1）基于美国反倾销制度的演变轨迹，主张中国反倾销管理制度要在不断改革中加以完善，目标是实现反倾销损害调查判决和低于公平价值判决的客观独立性和效率的统一，并积极谋求WTO框架内完全市场经济地位，这是中国政府在反倾销制度程序上努力的目标，也是中国走出反倾销被动地位的根本制度保障。

（2）基于中国加入WTO的门槛条件，2015年以前美国都将视中国为非市场经济地位，致使美国对中国产品倾销幅度的测算主要以替代国生产价格为标的，或以可获得事实为标的，这些方式高估和扭曲了中国对美出口产品的倾销幅度。据此，在国家层面解决非市场经济地位问题没有实质性突破的客观条件下，主张现阶段我国应积极争取获得主要贸易伙伴的行业市场经济地位。这方面政府应加强宏观协调和引导；行业协会等中介组织机构应积极发挥行业自律功效，组织和协调本行业参与统一的应诉，积极谋求本行业市场经济地位；企业自身应积极参与应诉，谋求本企业产品市场价格地位。

第三章

反倾销贸易摩擦与美国贸易逆差失衡问题

有关反倾销贸易摩擦与美国贸易差额问题研究，James（2000）认为，美国强烈使用反倾销是与其经济持续扩张造成统计上贸易逆差相关的。Mah（2000）探究了美国国际贸易委员会反倾销决定的宏观经济因素，结果发现，肯定的反倾销裁决百分比增长与贸易差额之间存在长期均衡关系。据此，本章拟从国别对象和行业产品视角来探究美国反倾销行动对改善美国贸易逆差失衡的有效性问题。

第一节 美国反倾销与美国贸易逆差失衡：纵向总量分析

根据前面文献研究发现，反倾销仅是影响贸易的一种保护主义手段，那么具体到美国反倾销贸易摩擦与美国的贸易逆差失衡关系如何？是贸易逆差失衡扩大引发反倾销贸易摩擦增加，还是反倾销摩擦增加有助于化解美国的贸易逆差失衡呢？

一、美国发起的、实施的反倾销状况

参照表 3－1 和图 3－1，1995～2006 年美国发起的反倾销调查和实施的反倾销措施都经历了升降起伏的波峰和波谷的过程。其中，在 2001 年，美国发起的反倾销调查和实施的反倾销最终措施数量都达到波峰的最大值，分别为 75 起和 33 起；美国发起的反倾销调查占世界调查比重达到最大份额，为 20.6%，并且美国实施的反倾销措施占世界反倾销措施比重也达到极大份额，为 19.8%。2001～2006 年，美国发起的反倾销调查无论是绝对量还是占世界相对比重都呈下降趋势，2006 年达到波谷的最小值；而同期美国实施的反倾销措施无论是绝对量还是占世界相对比重却呈先降后升再降之势，2005 年位居低水平的波峰值、2006 年又落入波谷值。相比来看，2001～2006 年美国发起的反倾销调查在不断下降，而美国实施的反倾销措施却经历了先降后升再降过程。可见，美国对反倾销肯定性裁决程度因时而异。

表 3－1　1995 年 1 月 1 日至 2006 年 12 月 31 日美国反倾销调查、反倾销措施数量及占世界比重

单位：起

反倾销调查	1995年	1996年	1997年	1998年	1999年	2000年	2001年	2002年	2003年	2004年	2005年	2006年	合计
美国发起数	14	22	15	36	47	47	75	35	37	26	12	7	373
世界总数	157	225	243	257	355	292	364	312	232	213	201	193	3044
占世界比重	8.9%	9.8%	6.2%	14.0%	13.2%	16.1%	20.6%	11.2%	15.9%	12.2%	6.0%	3.6%	12.3%
反倾销措施	1995年	1996年	1997年	1998年	1999年	2000年	2001年	2002年	2003年	2004年	2005年	2006年	合计
美国实施数	33	12	20	12	24	31	33	25	12	14	18	5	239
世界总数	119	92	125	170	185	227	167	216	221	151	131	137	1941
占世界比重	27.7%	13.0%	16.0%	7.1%	13.0%	13.7%	19.8%	11.6%	5.4%	9.3%	13.7%	3.6%	12.3%

数据来源：http：//www.wto.org/english/tratop_e/adp_e/adp_e.htm#statistics，2007 年 6 月发布。

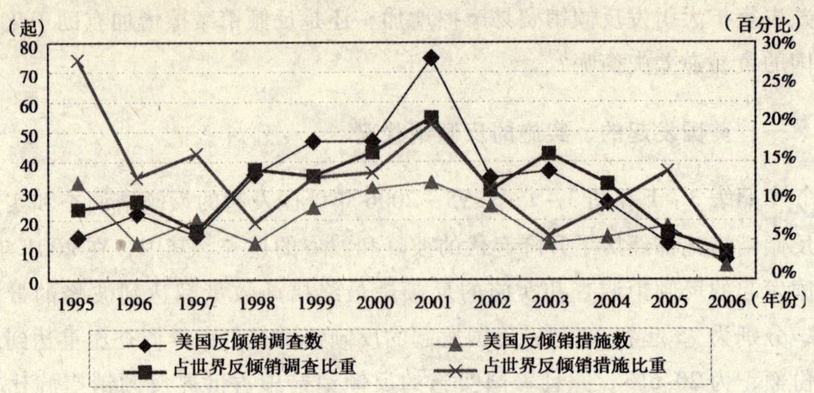

图 3－1　1995～2006 年美国反倾销调查、反倾销措施及占世界比重

注：左纵轴为反倾销调查、措施，右纵轴为占世界比重。

二、美国的贸易逆差失衡状况

参照表 3－2 和图 3－2，依据美国普查局统计，1995～2006 年美国对世界货物出口增加比较平缓，形成了两个波幅，波峰分别为 2000 年的 7819.2 亿美元和 2006 年的 10366.3 亿美元；同期美国从世界货物进口增加较为显著，除了 2000 年突兀增长异质点之外，美国从世界货物进口呈平滑的增长态势，由 1995 年的 7435.4 亿美元增加到 2006 年的 18539.4 亿美元。两项相抵，1995～2006 年美国的贸易逆差呈现出平滑的增长态势，参见图 3－2 中移动趋势线，除 2000 年增长异质点之外，美国的对外贸易逆差在持续地增长，从 1995 年的 1588.0 亿美元增加到 2006 年的 8173.0 亿美元，增加了近 4 倍。

表 3－2　1995～2006 年美国对世界出口、从世界进口及贸易差额

单位：亿美元

年份	美国对世界出口	美国从世界进口	美国贸易差额	美国贸易逆差
1995	5847.4	7435.4	－1588.0	1588.0
1996	6250.7	7952.9	－1702.2	1702.2
1997	6891.8	8697.0	－1805.2	1805.2

续表

年份	美国对世界出口	美国从世界进口	美国贸易差额	美国贸易逆差
1998	6821.4	9119.0	-2297.6	2297.6
1999	6958.0	10246.2	-3288.2	3288.2
2000	7819.2	12180.2	-4361.0	4361.0
2001	7291.0	11410.0	-4119.0	4119.0
2002	6931.0	11613.7	-4682.6	4682.6
2003	7247.7	12571.2	-5323.5	5323.5
2004	8187.7	14697.0	-6509.3	6509.3
2005	9059.8	16734.6	-7674.8	7674.8
2006	10366.3	18539.4	-8173.0	8173.0

数据来源：www.census.gov，美国与世界贸易数据经季节调整，2007 年 6 月发布。

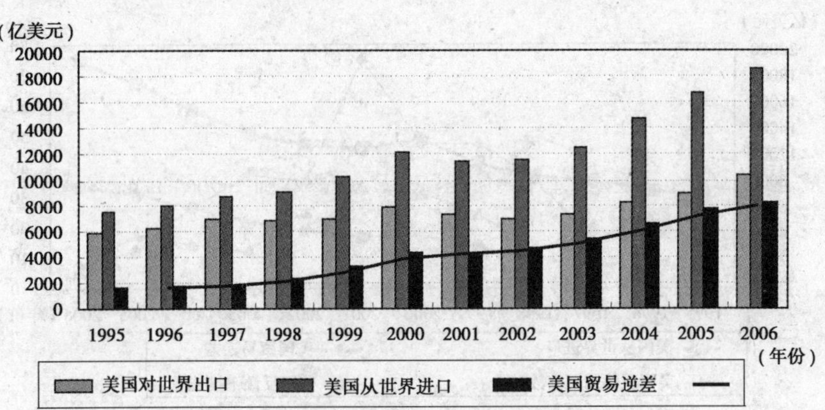

图 3-2　1995~2006 年美国对世界出口、从世界进口及贸易逆差

注：图中黑线为逆差趋势线。

数据来源：类同于表 3-2。

三、美国反倾销贸易摩擦与美国贸易逆差失衡之间的关系

美国的反倾销贸易摩擦主要是针对进口品“不公平贸易”采取的限制性措施，由此可将美国从世界进口、美国贸易逆差与美国反倾销调查、反倾销措施联系起来。理论上，美国从世界进口越大，美国贸易逆差越大，则进口品面临的“不公平贸易”起诉的可能性越大，表现为美国反

倾销调查和反倾销措施数量越多。但事实情况怎样呢？如图 3－3，1995～2000 年，美国从世界进口和美国贸易逆差在持续增加，到 2000 年达到一轮波峰，分别超过 12000 亿美元和 4000 亿美元；延展一期后，美国反倾销调查和反倾销措施数量也基本呈现出持续增加，到 2001 年达到波峰，分别为 75 起和 33 起。可见，世贸组织成立后前 6 年，美国的反倾销实践是与理论上预期相一致的。2001～2006 年，美国从世界进口和美国贸易逆差进入新一轮持续增加，2006 年分别达到 18539.4 亿美元和 8173.0 亿美元；而同期美国反倾销调查和反倾销措施数量却呈现出下降趋势，其中反倾销调查下降得尤为显著。由此，2001～2006 年美国的反倾销实践又与理论上预期的不一致。所以，从纵向总量上来看，尚无法明确地得出“美国从世界进口越大，美国贸易逆差失衡越大，则引发的美国反倾销数量越多”的结论。

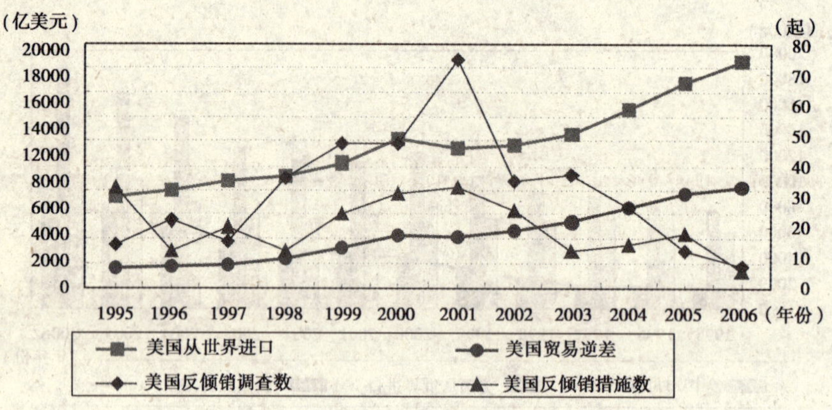

图 3－3　1995～2006 年美国反倾销与美国贸易逆差失衡

注：左纵轴为美国从世界进口、美国贸易逆差，右纵轴为美国反倾销调查、反倾销措施。

数据来源：类同于表 3－2 和图 3－1。

那么，美国的反倾销贸易摩擦增加是否有助于化解美国的贸易逆差失衡呢？如图 3－3，1995～2001 年，美国发起的反倾销调查在持续增加，1996～2001 年美国实施的反倾销措施数量也在持续增加，但同期美国从世界进口和美国贸易逆差非但没有持续下降，反而在平稳地增长。可见，美国发起的反倾销贸易摩擦并不能有效地改善美国的贸易逆差失衡状况，无法从根本上化解美国的贸易逆差失衡问题。

第二节 美国反倾销与美国贸易逆差失衡：国（地区）别分布分析

上述从纵向总量分析尚没有发现美国反倾销行动与美国的贸易逆差失衡之间明确的关系，但是总量分析往往可能会掩饰其中内在的联系。为此，我们对美国反倾销与美国贸易逆差失衡进一步做国（地区）别分布和行业产品分布分析。

一、美国反倾销的国（地区）别分布

据WTO统计，1995~2006年美国反倾销调查前12名的国（地区）别和比重排名为：中国64起、占美国反倾销调查总数的17.2%，即美国反倾销调查的1/6以上是针对中国的；日本32起、占8.6%；韩国25起、占6.7%；印度19起、占5.1%；中国台湾18起、占4.8%；印尼16起、占4.3%；其他6国分别是南非、加拿大、德国、墨西哥、俄罗斯和巴西。并且，1995~2006年美国反倾销措施前12名的国（地区）别和比重排名为：中国52起、占美国反倾销措施总数的21.8%，即美国反倾销措施的1/5以上是针对中国的；日本21起、占8.8%；中国台湾12起、占5.0%；韩国11起、占4.6%；印度11起、占4.6%；印尼9起、占3.8%；其他6国分别是南非、意大利、泰国、墨西哥、俄罗斯和巴西（见表3-3）。相比来看，1995~2006年美国反倾销调查和反倾销措施的主要对象集中于东亚六国和地区，其中，美国针对中国的反倾销调查和反倾销措施无论是绝对量还是相对份额都位居美国反倾销行动的首位。但是，美国对中国的反倾销调查和反倾销措施占中国遭受的反倾销调查和反倾销措施的比重却相对较低，而占加拿大和墨西哥遭受的反倾销调查和反倾销措施的比重最为突出。这表明中国遭受的反倾销调查和反倾销措施除了美国之外还有其他非常重要的来源地。

表 3－3　1995 年 1 月 1 日至 2006 年 12 月 31 日美国反倾销调查、反倾销措施的国（地区）别分布状况

单位：起

国（地区）别	美国反倾销调查的国（地区）别分布	美国反倾销调查国（地区）别占比重	占各国（地区）遭受的调查比重	国（地区）别	美国反倾销措施的国（地区）别分布	美国反倾销措施国（地区）别占比重	占各国（地区）遭受的措施比重
中国	64	17.2%	11.9%	中国	52	21.8%	13.9%
日本	32	8.6%	23.7%	日本	21	8.8%	21.6%
韩国	25	6.7%	10.9%	中国台湾	12	5.0%	11.2%
印度	19	5.1%	15.0%	韩国	11	4.6%	8.1%
中国台湾	18	4.8%	10.4%	印度	11	4.6%	14.7%
印尼	16	4.3%	12.3%	印尼	9	3.8%	12.3%
南非	15	4.0%	27.8%	南非	8	3.3%	23.5%
加拿大	14	3.8%	46.7%	意大利	8	3.3%	30.8%
德国	14	3.8%	17.9%	泰国	8	3.3%	10.5%
墨西哥	14	3.8%	35.9%	墨西哥	8	3.3%	32.0%
俄罗斯	11	2.9%	10.9%	俄罗斯	8	3.3%	9.5%
巴西	9	2.4%	9.8%	巴西	8	3.3%	11.6%

数据来源：http://www.wto.org/english/tratop_e/adp_e/adp_e.htm，经过整理，2007 年 6 月发布。

二、美国贸易逆差的国（地区）别分布

依据美国贸易统计快递（TradeStats Express）数据库统计，2004～2006 年美国对外商品贸易逆差在持续扩大，3 年间增加了 1662 亿美元，2006 年美国货物贸易逆差已达 8180 亿美元。虽然从总量上我们已经感触到美国商品贸易逆差不断扩大的严峻现实，但是要弄清造成美国巨额贸易逆差的事实根源，需要对美国贸易逆差做国（地区）别分布分析。参见表 3－4，2004～2006 年美国与其主要贸易伙伴的贸易逆差主要集中在 15 个国家和地区：中国、日本、加拿大、德国、墨西哥、委内瑞拉、马来西亚、尼日利亚、沙特阿拉伯、意大利、爱尔兰、韩国、中国台湾、泰国和法国。这 15 个国家和地区构成美国商品贸易逆差的 85%，其中，前 5 个国家中国、日本、加拿大、德国和墨西哥就占到美国商品贸易逆差的

60%以上，美中商品贸易逆差尤为显著。2004～2006年中国年均占到美国商品贸易逆差的26.5%，2006年上升到28.4%，即美国商品贸易逆差中1/4以上事关美中贸易逆差。2004～2006年美中商品贸易逆差无论是绝对量还是占美国商品贸易逆差相对比重都有了明显地增长，而其他14个主要贸易伙伴分别占美国商品贸易逆差的相对比重3年间基本保持不变，有的出现下降。中国所占美国商品贸易逆差比重与其他14个国家和地区相比，差距悬殊。2006年与所占美国商品贸易逆差较大份额的日本相比，中国就高出了将近18个百分点。因此，美中商品贸易逆差的凸显可能触发美国对中国产品提起更多的反倾销诉讼。问题是，所占美国贸易逆差严重的国（地区）别是美国反倾销的主要对象吗？

表3－4　2004～2006年美国对15个主要贸易伙伴的贸易逆差失衡状况

单位：亿美元

2004年	中国	日本	加拿大	德国	墨西哥	委内瑞拉	韩国	爱尔兰	意大利	马来西亚	沙特	尼日利亚	中国台湾	泰国	法国
逆差	1620	752	668	459	451	202	198	193	174	173	157	147	129	112	106
占比	24.9%	11.5%	10.3%	7.0%	6.9%	3.1%	3.0%	3.0%	2.7%	2.7%	2.4%	2.3%	2.0%	1.7%	1.6%
2005年	中国	日本	加拿大	德国	墨西哥	委内瑞拉	马来西亚	尼日利亚	沙特	意大利	爱尔兰	韩国	中国台湾	泰国	法国
逆差	2016	827	764	507	501	276	233	226	204	195	193	161	128	127	114
占比	26.3%	10.8%	10.0%	6.6%	6.5%	3.6%	3.0%	2.9%	2.7%	2.5%	2.5%	2.1%	1.7%	1.7%	1.5%
2006年	中国	日本	加拿大	墨西哥	德国	委内瑞拉	尼日利亚	马来西亚	沙特	意大利	爱尔兰	中国台湾	泰国	韩国	法国
逆差	2325	884	732	641	478	282	257	240	239	201	201	152	143	134	129
占比	28.4%	10.8%	8.9%	7.8%	5.8%	3.4%	3.1%	2.9%	2.9%	2.5%	2.5%	1.9%	1.7%	1.6%	1.6%

资料来源：美国贸易统计快递http://tse.export.gov，Top Trading Partners 2007年5月发布。

三、美国贸易逆差的主要国（地区）别分布与美国反倾销的国（地区）别分布：比较分析

将1995～2006年美国贸易逆差的主要国（地区）别分布与1995～2006年美国反倾销调查和反倾销措施的主要国（地区）别分布做

比较分析。参见图3－4，按照美国贸易逆差国（地区）别所占比重和美国反倾销国（地区）别所占比重，1995～2006年美国对外贸易逆差和反倾销主要发生在中国、日本、加拿大等22个国家和地区，合计占到美国贸易逆差的97.5%。其中，中国、日本、加拿大、德国、墨西哥、马来西亚、意大利、中国台湾、委内瑞拉、爱尔兰等前10位国家（地区）占到美国贸易逆差的80%。虽然1995～2006年美国反倾销调查和反倾销措施也主要发生在这22个国家和地区，合计占到美国反倾销调查数量的79.4%、美国反倾销措施数量的79.0%，但是就国（地区）别来看，所占美国贸易逆差比重与所占美国反倾销调查及反倾销措施比重并没有呈现充分对称性。如标识C点、D点和E点上，即加拿大、德国和墨西哥，1995～2006年这3国占美国贸易逆差比重达25.1%，而同期占美国反倾销调查比重为11.4%、占美国实施的反倾销措施比重仅为6.7%，因而加拿大、德国和墨西哥并没有因为它们占到美国贸易逆差的1/4份额而遭受到美国较大的反倾销行动及终裁措施。更有甚者，标识J点、K点和O点上，即爱尔兰、尼日利亚和沙特阿拉伯，这3国占美国贸易逆差比重为6.6%，而1995～2006年美国仅对爱尔兰发起1起反倾销调查，对尼日利亚、沙特阿拉伯至今尚未发起反倾销调查，且对这3国尚未发生反倾销措施。因此，在对待加拿大、德国、墨西哥、爱尔兰、尼日利亚和沙特阿拉伯6国上，美国并没有因为贸易逆差对等地采用反倾销贸易保护措施，表现为美国对这6国贸易逆差问题上反倾销行动的乏力。

相比而言，在标识A点和B点上，即中国和日本，1995～2006年这两国占美国贸易逆差较大的份额，其中，中国占24.0%，日本占16.1%，同期这两国也遭受到来自美国较大的反倾销调查和反倾销措施，中国尤为显著，占到17.2%和21.8%；日本次之，占到8.6%和8.8%。可见，中、日所占美国贸易逆差较大比重（40.1%）与其遭受美国较大的反倾销行动是基本对等的（占美国反倾销调查25.8%、反倾销措施30.6%）。但是，在L点、P点、Q点、S点、U点和V点上，即韩国、印尼、印度、俄罗斯、南非和巴西，1995～2006年这6国占美国贸易逆差的6.8%，而同期这6国却占美国反倾销调查的25.4%，占美国反倾销措施的22.9%。因此，这6国虽占美国贸易逆差相对较小份额，但却遭受到美国较大程度的反倾销调查和反倾销措施，约占美国反倾销行动的1/4，

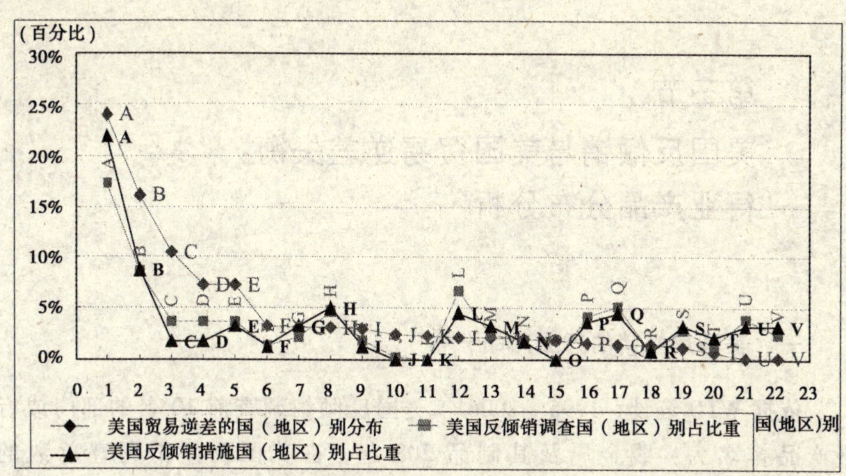

图 3-4 美国贸易逆差国（地区）别分布与美国反倾销调查、反倾销措施国（地区）别分布

注：图内英文字母 A~V 分别代表：中国、日本、加拿大、德国、墨西哥、马来西亚、意大利、中国台湾、委内瑞拉、爱尔兰、尼日利亚、韩国、泰国、法国、沙特阿拉伯、印尼、印度、瑞典、俄罗斯、英国、南非和巴西等 22 国和地区。

资料来源：逆差源于http：//tse. export. gov；反倾销源于www. wto. org/english/tratop_ e/adp_ e/adp_ e. htm。

表现为美国对这 6 国贸易逆差问题上反倾销行动十分强劲有力。与美国对待加拿大、德国、墨西哥、爱尔兰、尼日利亚和沙特阿拉伯 6 国的反倾销相比，可以发现美国的反倾销行动并非旨在解决美国的贸易逆差问题。

总的来看，由于行业产品贸易结构的原因，美国更倾向于对东亚工业制造品实施反倾销调查和反倾销措施，而对石油、天然气等重要能源出口国，美国至今尚未实施过反倾销行动，因而不对尼日利亚、沙特阿拉伯等能源大国实施反倾销也就不足为奇了。所以，美国贸易逆差的主要国别分布与美国反倾销调查、反倾销措施的主要国（地区）别对象并不具有对等性，这从国（地区）别视角证实了美国的反倾销行动并非旨在解决美国的贸易逆差问题，即美国反倾销国（地区）别行动对改善美国贸易逆差国（地区）别失衡状况错位失效。

第三节
美国反倾销与美国贸易逆差失衡：行业产品分布分析

一、美国反倾销的行业产品分布

依据 WTO 统计，1995～2006 年美国反倾销调查前 10 名的部门或行业产品排名为：贱金属及其制品 208 起，占美国反倾销调查总数的 55.8%；化学及相关行业制品 47 起，占 12.6%；塑料、橡胶及其制品 29 起，占 7.8%；机械、电气设备及家用电器 17 起，占 4.6%；活动物及畜产品 15 起，占 4.0%。其他 5 个行业产品分别是植物产品；纺织原料及纺织制品；纸浆、纤维材料、再生纸、纸及纸板；预制食品、饮料、醋和烟草及其代用品；矿产品。同期，美国反倾销措施前 10 名的部门或行业产品排名为：贱金属及其制品 140 起，占美国反倾销措施总数的 58.6%；化学及相关行业制品 29 起，占 12.1%；塑料、橡胶及其制品 14 起，占 5.9%；活动物及畜产品 11 起，占 4.6%；植物产品 9 起，占 3.8%。其他 5 个行业产品分别是机械、电气设备及家用电器；纺织原料及纺织制品；纸浆、纤维材料、再生纸、纸及纸板；预制食品、饮料、醋和烟草及其代用品；矿产品（见表 3－5）。相比来看，1995～2006 年美国反倾销调查和反倾销措施涉案的主要行业产品集中于贱金属及其制品，化学及相关行业制品，塑料、橡胶及其制品，以及活动物及畜产品上。这四类产品占到美国发起的反倾销调查的 80.2%，占到美国反倾销最终措施的 81.2%。其中，美国反倾销调查和反倾销措施涉案的贱金属及其制品的数量及比重都最为突显，化学及相关行业制品次之。

表 3－5　1995 年 1 月 1 日至 2006 年 12 月 31 日美国反倾销调查和反倾销措施的行业产品分布

单位：起

部门或行业产品类别	美国反倾销调查的行业分布	美国反倾销调查行业占比重	部门或行业产品类别	美国反倾销措施的行业分布	美国反倾销措施行业占比重
贱金属及其制品	208	55.8%	贱金属及其制品	140	58.6%
化学及相关行业制品	47	12.6%	化学及相关行业制品	29	12.1%
塑料、橡胶及其制品	29	7.8%	塑料、橡胶及其制品	14	5.9%
机械、电气设备及家用电器	17	4.6%	活动物及畜产品	11	4.6%
活动物及畜产品	15	4.0%	植物产品	9	3.8%
植物产品	12	3.2%	机械、电气设备及家用电器	7	2.9%
纺织原料及纺织制品	10	2.7%	纺织原料及纺织制品	6	2.5%
纸浆、纤维材料、再生纸、纸及纸板	9	2.4%	纸浆、纤维材料、再生纸、纸及纸板	6	2.5%
预制食品、饮料、醋和烟草及其代用品	8	2.1%	预制食品、饮料、醋和烟草及其代用品	6	2.5%
矿产品	8	2.1%	矿产品	4	1.7%

资料来源：www.wto.org/english/tratop_e/adp_e/adp_e.htm，经过整理，2007 年 6 月发布。

二、美国贸易逆差的行业产品分布

考察一下美国贸易逆差的具体行业产品分布情况。参见表 3－6，按照国际贸易标准分类（SITC）一分位统计，1995～2006 年美国的贸易逆差主要集中于 5 大类产品类别上，具体排序为：第 3 类矿物燃料、润滑油及有关原料，此类产品美国的贸易逆差在不断地增长，2006 年上升到 2986 亿美元，较 1995 年增加了 2498 亿美元；第 7 类机械及运输设备，此类产品美国逆差也在不断地增长，2006 年达 2154 亿美元，较 1995 年增加了1464亿美元；其他为第8类杂项制品、第6类原料制品以及第9类未分类的商品。在这3大类行业产品贸易上，美国的贸易逆差也在平稳地增长，2006年逆差分别达1605亿、1195亿和263亿美元，较1995年分别增加了1021亿、835亿和237亿美元。

表3-6　1995~2005年美国贸易逆差的行业产品分布　单位：亿美元

行业产品类别	1995年	1996年	1997年	1998年	1999年	2000年	2001年	2002年	2003年	2004年	2005年	2006年
矿物燃料、润滑油及有关原料	488	608	656	476	653	1203	1100	1054	1415	1870	2600	2986
机械及运输设备	690	566	433	658	1106	1410	1248	1559	1719	2035	2163	2154
杂项制品	584	599	699	833	950	1077	1096	1231	1341	1455	1560	1605
原料制品	360	359	387	503	548	620	564	619	652	915	1016	1195
未分类的商品	26	29	59	125	203	222	215	255	232	252	270	263
饮料及烟类	-28	-14	-5	-1	19	24	41	61	72	80	95	107
化学制品及有关产品	-213	-181	-205	-147	-98	-89	-35	25	69	1	52	42
食品及活动物	-149	-169	-90	-49	-31	-35	-40	-11	-4	15	31	18
动植物油、脂及蜡	-12	-2	-6	-12	-5	0	-2	-6	-4	3	6	8
非食用原料（燃料除外）	-140	-110	-102	-52	-25	-67	-78	-84	-135	-107	-126	-198
贸易逆差总值	1605	1685	1826	2334	3320	4365	4109	4703	5357	6517	7666	8180

注：表中带负号的为贸易顺差，贸易逆差取正号。数据来源：http：//tse. export. gov，2007年5月发布。

不过，按照SITC一分位分类统计还是过于笼统，由于贸易差额相互抵消无法真实地反映某一行业产品贸易逆差在美国商品贸易逆差中的作用。为此，我们采用SITC三分位数据来揭示某一具体产品的贸易逆差状况。参见表3-7，2006年美国商品贸易逆差的三分位产品排名前10位的是：石油、天然气及液化气，逆差2992.3亿美元；机械、电气设备及家用电器，逆差1835.0亿美元；运输设备及部件，逆差1305.9亿美元；服装及附件，逆差742.9亿美元；贱金属及其制品，逆差661.0亿美元；化学及相关行业制品，逆差411.5亿美元；家具及附件，逆差270.6亿美元；鞋类、箱包及皮革制品，逆差247.4亿美元；婴儿车、玩具及体育用品，逆差209.9亿美元；预制食品、饮料、醋和烟草及其代用品，逆差201.8亿美元。其他10类贸易逆差较大的三分位产品分别是木材及木制品，珍珠、宝石及贵金属，活动物及畜产品，塑料、橡胶及其制品，纺织原料及纺织制品，矿产品，仪器、钟表及摄影用品，纸及纸板，植物产品，以及不另说明的杂项制品。相比来看，美国的贸易逆差主要集中于第3类矿物燃料中石油、天然气及液化气，第7类中机械、电气设备、家用电器和运输设备及部件，第8类杂项制品中服装及附件、家具及附件、鞋类与箱包及皮革制品、婴儿车与玩具及体育用品，第6类原料制品中贱金属及其制品，以及第5类化学及相关行业制品上。这9大类三分位产品贸易逆差合计达8676.5亿美元，占到美国前20位三分位产品贸易逆差的87.8%。问题是，美国贸易逆差严重的主要行业产品是美国反倾销的主要行业部门吗？

表3-7　2006年美国三分位产品贸易逆差的主要行业产品分布　单位：亿美元

所属类别	SITC三分位产品	贸易逆差	所属类别	SITC三分位产品	贸易逆差
第3类	石油、天然气及液化气	2992.3	第6&2类	木材及木制品	177.3
第7类	机械、电气设备及家用电器	1835.0	第6&8类	珍珠、宝石及贵金属	166.4
第7类	运输设备及部件	1305.9	第0类	活动物及畜产品	129.6
第8类	服装及附件	742.9	第6&8类	塑料、橡胶及其制品	117.9
第6类	贱金属及其制品	661.0	第6类	纺织原料及纺织制品	108.2
第5类	化学及相关行业制品	411.5	第6类	矿产品	105.7
第8类	家具及附件	270.6	第8类	仪器、钟表及摄影用品	78.0
第8&6类	鞋类、箱包及皮革制品	247.4	第6类	纸及纸板	58.2
第8类	婴儿车、玩具及体育用品	209.9	第0类	植物产品	38.8
第0&1类	预制食品、饮料、醋和烟草及其代用品	201.8	第8类	不另说明的杂项制品	23.9

注：表中贸易逆差取正号，经过计算整理，Source：U. S. Census Bureau，U. S International Trade Deficit by 3 - digit Commodity Groupings，2007年6月发布。

三、美国贸易逆差的主要产品分布与美国反倾销的行业产品分布：比较分析

将2006年美国商品贸易逆差的前20位三分位产品比重分布与1995~2006年美国反倾销调查和反倾销措施的相应行业产品比重分布做比较分析。参见图3-5，除个别产品之外，1995~2006年美国三分位产品反倾销调查比重和同类三分位产品反倾销措施比重近乎重合，尽管各类产品反倾销调查数量普遍大于其反倾销措施数量。与其相比，美国三分位产品贸易逆差比重分布却与同类三分位产品反倾销调查或反倾销措施的比重分布相差较大，根本没有呈现出相同的变动趋势。

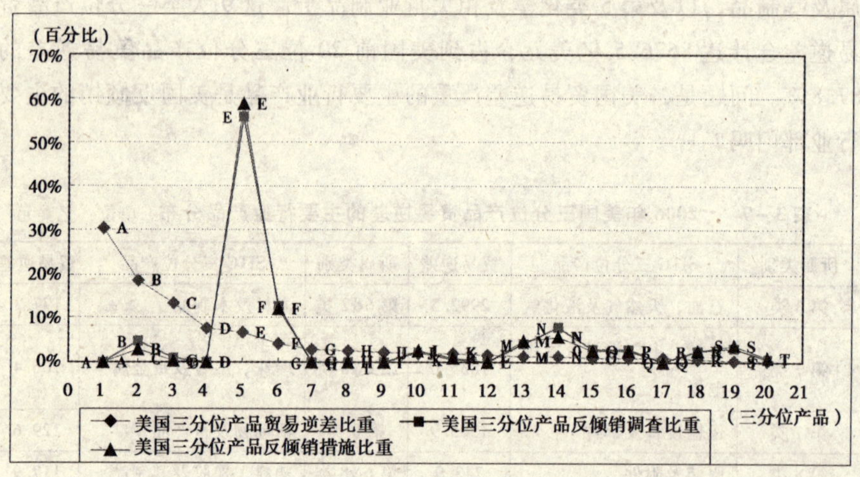

图3-5 美国贸易逆差的产品分布与美国反倾销调查、反倾销措施产品分布

注：图内英文字母A~T分别代表：石油、天然气及液化气，机械、电气设备及家用电器，运输设备及部件，服装及附件，贱金属及其制品，化学及相关行业制品，家具及附件，鞋类、箱包及皮革制品，婴儿车、玩具及体育用品，预制食品、饮料、醋和烟草及其代用品，木材及木制品；珍珠、宝石及贵金属；活动物及畜产品；塑料、橡胶及其制品；纺织原料及纺织制品；矿产品；仪器、钟表及摄影用品等；纸、纸板；植物产品；以及杂项制品等20类三分位产品。

资料来源：产品逆差源于U. S. Census Bureau；反倾销源于www. wto. org/english/tratop_ e/adp_ e/adp_ e. htm。

如标识A点至D点，即在石油、天然气及液化气，机械、电气设备及家用电器，运输设备及部件，以及服装及附件上，美国的贸易逆差比重分别为：30.3%、18.6%、13.2%和7.5%，远高于同类产品的反倾销调查比重（分别为0、4.6%、1.1%和0）和反倾销措施比重（分别为0、2.9%、0.4%和0）。而在E点和F点，即贱金属及其制品，化学及相关行业制品上，美国的贸易逆差比重（6.7%和4.2%）反而远小于同类产品的反倾销调查比重（55.8%和12.6%）和反倾销措施比重（58.6%和12.1%）。在G点、H点和I点，即家具及附件，鞋类、箱包及皮革制品，以及婴儿车、玩具及体育用品上，美国的贸易逆差比重大于同类产品的反倾销调查比重和反倾销措施比重。而在M点至P点、R点和S点，即活动物及畜产品，塑料、橡胶及其制品，纺织原料及纺织制品，矿产品，纸和纸板，以及植物产品上，美国的贸易逆差比重又小于同类产品的反倾销调查比重和反倾销措施比重。相比来看，美国贸易逆差最严重的4类三分位产品部门（石油、天然气及液化气，机械、电气设备及家用电器，运输设备及部件，以及服装及附件）却较少发起反倾销调查和实施反倾销最终措施。而占美国贸易逆差比重不大的两类三分位产品部门（贱金属及其制品、化学及相关行业制品）发起的反倾销调查和实施的反倾销措施却最多。所以，美国贸易逆差的主要行业产品分布与美国反倾销调查、反倾销措施的行业产品分布不具有对等性，这从行业产品视角进一步证实了美国的反倾销行动并非旨在解决美国的贸易逆差问题，即美国反倾销行业产品行动对改善美国贸易逆差行业失衡状况错位失效。

第四节 主要结论及对策

通过对反倾销贸易摩擦与美国贸易逆差失衡问题研究，得出以下主要结论：

1. 1995~2006年美国发起的反倾销调查和实施的反倾销措施经历了升降起伏的波峰和波谷过程，美国对反倾销肯定性裁决程度因时而异。同期，美国的贸易逆差呈现出平滑的增长态势。比较来看，纵向总量上尚无法明确地得出“美国从世界进口越大，美国贸易逆差失衡越大，则引发的美国反倾销数量越多”的结论。美国发起的反倾销贸易摩擦并不能有效地改善美国的贸易逆差失衡状况，无法从根本上化解美国的贸易逆差失衡问题。

2. 1995～2006 年美国反倾销调查和反倾销措施的主要对象集中于东亚 6 国和地区，其中，针对中国的反倾销位居美国反倾销行动的首位。在对待加拿大、德国、墨西哥、爱尔兰、尼日利亚和沙特阿拉伯 6 国上，美国并没有因为贸易逆差对等地采用反倾销保护措施，表现为美国对这 6 国反倾销行动的乏力。中、日所占美国贸易逆差较大比重与其遭受美国较大的反倾销行动是基本对等的。而韩国、印尼、印度、俄罗斯、南非和巴西等 6 国虽占美国贸易逆差相对较小份额，但却遭受到美国较大程度的反倾销，表现为美国对这 6 国反倾销行动十分有力。所以，美国贸易逆差的主要国别分布与美国反倾销的主要国别对象不具有对等性，进而美国反倾销国别行动对改善美国贸易逆差国别失衡状况失效。

3. 1995～2006 年美国反倾销调查、反倾销措施涉案的主要行业产品集中于贱金属及其制品，化学及相关行业制品，塑料、橡胶及其制品，以及活动物及畜产品上。相比来看，美国贸易逆差最严重的 4 类三分位产品部门（石油、天然气及液化气，机械、电气设备及家用电器，运输设备及部件，以及服装及附件）却较少发起反倾销。而占美国贸易逆差比重不大的两类三分位产品部门（贱金属及其制品、化学及相关行业制品）发起的反倾销调查和实施的反倾销措施却最多。所以，美国贸易逆差的主要行业产品分布与美国反倾销行动的行业产品分布不具有对等性，进而美国反倾销行业产品行动对改善美国贸易逆差行业失衡状况错位失效。

对策建议是：

1. 理论上，反倾销至多是部分地缓解美国来自特定国别的行业产品逆差，但现实中由于美国贸易逆差的主要国别分布与美国反倾销的主要国别对象不具有对等性，进而美国反倾销行动对改善美国贸易逆差的国别失衡状况失效。据此，主张美国应另辟他径、发挥自身比较优势，而不能指望诉诸频繁的反倾销行动来解决贸易逆差的国别失衡问题。

2. 鉴于美国贸易逆差的主要行业产品分布与美国反倾销行动的相应行业产品分布不具有对等性，进而美国反倾销行动对改善美国贸易逆差的行业失衡状况失效。据此，认为美国应发挥出自身的比较优势，而不能指望诉诸频繁的反倾销行动来解决贸易逆差的行业失衡问题。

第四章

中国遭受及发起的反倾销等贸易摩擦：比较分析[①]

本章针对中国进、出口遭受及发起的反倾销等贸易摩擦问题，围绕以下几个主要问题展开：（1）中国出口遭受的反倾销等贸易壁垒现状；（2）中国出口遭受的主要贸易壁垒——反倾销比较分析；（3）中国出口遭受的反倾销强度指数比较分析；（4）中国发起的反倾销调查及反倾销最终措施状况比较分析；（5）中国发起的反倾销强度指数比较分析。

第一节 问题的提出及文献综述

据中国商务部统计，2006 年中国外贸总额达 17606.9 亿美元，其中，

① 本章第 1 ~4 节参见沈国兵（2007b）：“反倾销等贸易壁垒与中美双边贸易问题”，《财经研究》2007 年第 1 期，第 101 ~107 页。

中国对外贸易顺差为1774.6亿美元，同比增长了74.2%。与2005年相比，中国无论是外贸总额还是外贸顺差都创历史新高。另据国际货币基金组织2007年7月公布的数据，2005年中国出口7619.5亿美元、2006年增至9693.8亿美元，位居德国、美国之后（2006年德、美出口分别为11258.3亿、10382.7亿美元），已超过日本。这一贸易状况加剧了中国进出口贸易不平衡的外在压力，致使中国遭受到的贸易摩擦和争端显著增加，其中针对中国产品的反倾销贸易摩擦尤为显著。由于中国出口品主要是有形的日常用品，因而有一种很强的直觉是中国产品席卷全世界。这种直觉导致在进口国贸易保护主义者心中播下了敌对的种子。所以，当进口国相对应行业遭受到显著损失时，中国产品经常被指控倾销。那么，中国出口遭受的反倾销等贸易壁垒究竟如何？中国在遭受反倾销的主要来源国打击时，会作出如何反应呢？

有关中国进、出口遭受及发起的反倾销等贸易摩擦问题，已有的文献研究主要有：

James（2000）指出，中国针对进口实施反倾销管理起步较晚，1997年中国才对美国、加拿大和韩国的新闻纸发起首例反倾销调查，1999年最终裁定对三国新闻纸征收反倾销税。Messerlin（2004）提出，中国反倾销法规包含了WTO反倾销条款中所有的保护主义偏爱，中国反倾销新法规第五十六条赋予了中国使用反倾销规则作为报复性工具，这使得中国可能成为潜在的另一个反倾销密集使用者。沈国兵（2007b）认为，若反倾销作为保护主义的一种方式，则美国和印度在对外贸易中有效地利用了这种保护手段，而中国尚未有效利用反倾销这种保护手段。与此相对地，近年来针对中国出口产品的反倾销案件在急剧地增长。对此，Jiang和Ellinger（2003）提出了4个原因：（1）中国出口补贴政策加剧了省际出口商之间削价竞争海外市场份额，结果招致大量的倾销指控；（2）中国仍被视为非市场经济，正常价值的基准是通过使用替代国数据计算出来的，这种替代国方式否定了中国产品固有的劳动成本竞争优势；（3）许多中国出口商对反倾销指控没有能力或经验进行辩护，这样只会激励美国等对中国发起更多的反倾销调查；（4）中国出口一直快速地增长，其低价商品影响到进口国国内企业，促使进口国使用反倾销战略来保护本土产业，防止中国产品占领其市场份额。Messerlin（2004）认为，中国入世协议包含了严格的反倾销和保障措施条款，中国的贸易伙伴可以针对中国出口使用这些条款。这意味着中国不可能期望在未来面临更少的反倾销摩擦，相反，中国应预期将继续面临大量的反倾销案件。中国进入 WTO 争端解决机制，这为遭受外国反倾销侵扰的中国出口商提供了一些救济。但是，这种救济可能仅仅是边际上的和短暂的。由此，在 WTO 框架下中国如何应对主要来源国的反倾销贸易摩擦，进而促进其外贸发展呢？

第二节 中国出口遭受的反倾销等贸易壁垒现状

2001 年 12 月 11 日，中国正式加入 WTO，入世后中国在保持对外贸易进、出口显著增长的同时，却遭受到来自主要贸易伙伴的一系列反倾销、保障措施等贸易壁垒（见表 4－1）。Jiang 和 Ellinger（2003）曾指出，中国已成为世界上最大的反倾销调查目标，20 世纪 90 年代初以来，中国出口产品已招致约 500 起反倾销调查，其中 350 多起遭受反倾销最终措施。

表 4－1　　入世以来中国遭受的反倾销等贸易壁垒状况　　单位：起

类　别	2001 年	2002 年	2003 年	2004 年	2005 年	2006 年
中国遭受的起诉国数量（个）	17	18	19	17	18	25
中国遭受的贸易摩擦次数	67	60	59	59	63	86
——反倾销	55	42	49	49	51	63
——反补贴	0	0	0	3	0	2
——保障措施	12	15	3	6	5	16
——特保调查	0	3	7	1	7	5

资料来源：《中国对外经济贸易年鉴（2002～2003）》、《中国商务年鉴（2005）》和中国贸易救济信息网。

参照表4-1，依据中国商务部统计，2002年全球发起的276起反倾销立案中，有42起是针对中国的，占总比重的15.2%。2003年共有19个国家和地区对中国反倾销和保障措施立案59起，涉案金额约22亿美元，创历年最高，其中反倾销49起，保障措施3起，特保案件7起。2004年共有17个国家和地区对中国发起反倾销、反补贴、保障措施及特保调查59起，涉案金额达14.3亿美元，为全球之最[①]。2005年共有18个国家和地区对我国发起反倾销、反补贴、保障措施和特保调查63起，涉案金额21亿美元。其中，反倾销51起，涉案金额17.9亿美元；保障措施5起，涉案金额0.9亿美元；特保案件7起，涉案金额2.2亿美元。而据中国商务部年终报告显示，2006年共有25个国家和地区对我国发起反倾销、反补贴、保障措施和特保调查共86起，同比增长37%，涉案金额20.5亿美元。其中，反倾销63起，涉案金额14.2亿美元；反补贴2起，涉案金额1.2亿美元；保障措施16起，涉案金额4.4亿美元；特保调查5起，涉案金额0.6亿美元[②]。可见，自加入世贸组织以来，我国面临的反倾销等贸易壁垒形势日益严峻。这一点可从图4-1中得到具体体现：2001~2006年，中国遭受的起诉国数量呈平稳地增长，同期中国遭受的贸易摩擦次数有了较大地增长。其中，中国遭受的反倾销贸易摩擦次数占据绝对份额，并呈现平稳地增长。

另据WTO新近统计，1995~2006年世贸组织成员国共发起反倾销立案调查3044起，裁定反倾销最终措施1941起。其中涉及中国产品的反倾销调查536起、反倾销措施375起，同比分别增长了14.3%和10.9%，分别占WTO反倾销调查总数的17.6%、反倾销最终措施的19.3%。无论从总体还是从单个年度来看，1995~2006年中国遭受的反倾销调查及反倾销最终措施数量都位居世界第一位。这表明在今后相当长的一个时期内，中国都将处于反倾销等贸易摩擦的高发期。

---

① 中国商务年鉴编辑委员会编（2005）：《中国商务年鉴》（2005），中国商务出版社，第12页。

② 天津市商务委员会公平贸易处（2007）：《公平贸易信息专刊》第71期第26页，www.tjcoc.gov.cn/wsbgwj/71.doc。

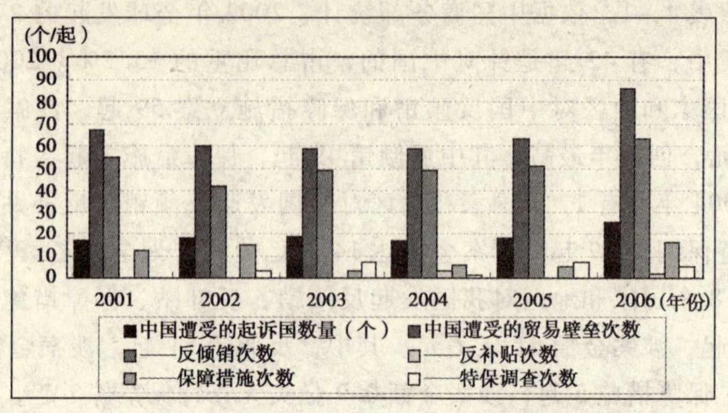

图 4－1　入世以来中国遭受的反倾销等贸易壁垒

第三节
中国出口遭受的主要贸易壁垒——反倾销比较分析

根据 WTO 统计，1995～2006 年中国出口遭受的反倾销（AD）调查案件共 536 起，遭受的反倾销最终措施案件共 375 起。与中国遭受反倾销密切相关的典型经济体如发达市场经济美国、新兴市场经济韩国，以及发展中国家印度相比，无论从总体还是从单个年度来看，中国遭受的反倾销调查和反倾销最终措施数量都位居世界第一位，1995～2006 年中国遭受反倾销调查总数占世界的 17.6%、反倾销最终措施占世界的 19.3%。同期，韩国遭受的反倾销调查和反倾销最终措施数量均位居第二，分别占世界的 7.5% 和 7.0%；美国第三，分别占世界的 5.7% 和 5.4%；而印度遭受的相对最少（见表 4－2）。究其原因，印度出口相对十分有限，不为市场所关注，而中国出口品多为有形的日常用品，虽然 2005 年中国出口占世界出口比重仅在 7.3% 左右（据 IMF 数据测算），但是日常用品的直觉使得贸易保护主义者经常产生中国出口倾销的幻觉，以致中国出口产品经常被指控倾销。

表 4－2　　1995 年 1 月 1 日至 2006 年 12 月 31 日中国遭受的
反倾销调查及反倾销措施数量与他国比较

单位：起

被 AD 调查	1995 年	1996 年	1997 年	1998 年	1999 年	2000 年	2001 年	2002 年	2003 年	2004 年	2005 年	2006 年	1995～2006 年
中国	20	43	33	28	40	43	53	51	52	49	56	68	536
美国	12	21	15	15	14	12	15	12	21	14	12	12	175
韩国	14	11	15	24	34	22	23	23	17	24	12	10	229
印度	3	11	8	12	13	10	12	16	14	8	14	6	127
世界总数	157	225	243	257	355	292	364	312	232	213	201	193	3044
被 AD 措施	1995 年	1996 年	1997 年	1998 年	1999 年	2000 年	2001 年	2002 年	2003 年	2004 年	2005 年	2006 年	1995～2006 年
中国	26	16	33	24	20	29	30	37	40	43	40	37	375
美国	8	4	9	11	8	12	4	10	6	10	13	9	104
韩国	4	6	3	12	13	20	12	13	22	13	8	10	136
印度	4	1	5	6	9	7	6	6	7	10	2	12	75
世界总数	119	92	125	170	185	227	167	216	221	151	131	137	1941

数据来源：http：//www. wto. org/english/tratop_ e/adp_ e/adp_ e. htm#statistics，2007 年 6 月发布。

鉴于中国出口频繁被指控倾销，那么现实中，中国出口遭受的反倾销贸易摩擦主要来自何方？根据 WTO 统计，1995～2006 年中国遭受的反倾销调查及最终措施数量最多的来自印度，分别为 93 起和 73 起，占中国遭受反倾销调查和最终措施的 17.4% 和 19.5%；欧共体对华反倾销调查位居第二、对华反倾销措施排名第三，分别为 72 起和 46 起，占中国被反倾销的 13.4% 和 12.3%；美国对华反倾销调查排名第三、对华反倾销措施数量位居第二，分别为 64 起和 52 起，占中国被反倾销调查的 11.9%、被反倾销最终措施的 13.9%。中国被反倾销调查其他主要来源国还有阿根廷、土耳其、巴西、南非、澳大利亚、墨西哥、加拿大、秘鲁、韩国、哥伦比亚和委内瑞拉等。合计起来，这 14 个主要来源国占到中国遭受的反倾销调查的 91.8%。而中国被反倾销最终措施主要来源国还有土耳其、阿根廷、墨西哥、秘鲁、南非、韩国、巴西、加拿大、委内瑞拉、澳大利亚和哥伦比亚（见表4-3)。合计起来，这14个主要来源国占到中国遭受的反倾销最终措施的93.1%。虽然印度对华发起的反倾销数量最多，美国和欧共体第二，但如果将中国对印度出口与中国对美出口或对欧共体出口相比，则印度发起的对华反倾销贸易摩擦的影响就显得并不重要，而美国或欧共体发起的对华反倾销贸易摩擦的影响凸显重要。正如Messerlin（2004）指出，在发起和实施的反倾销数量上，欧盟和美国是顶端的反倾销使用者，它们是中国出口的两个最大的市场，分别占中国出口的15%和21%。欧盟和美国共同的反倾销案件为58起，占美国对中国出口发起的反倾销的75%，占欧盟对中国出口反倾销的68%。这样大比例的共同反倾销事件及其结果的相似性是反倾销作为贸易保护主义工具的显现，起诉者试图使用反倾销方式来分割这两个最大的世界市场。

表4-3　1995年1月1日至2006年12月31日中国遭受的反倾销调查及反倾销措施的主要来源国

单位：起

中国被AD调查来源	印度	欧共体	美国	阿根廷	土耳其	巴西	南非	澳大利亚	墨西哥	加拿大	秘鲁	韩国	哥伦比亚	委内瑞拉
1995～2006年	93	72	64	50	43	26	26	24	22	18	18	17	10	9
中国被AD措施来源	印度	美国	欧共体	土耳其	阿根廷	墨西哥	秘鲁	南非	韩国	巴西	加拿大	委内瑞拉	澳大利亚	哥伦比亚
1995～2006年	73	52	46	40	35	15	15	14	13	12	11	11	9	3

数据来源：http：//www. wto. org/english/tratop_ e/adp_ e/adp_ e. htm#statistics，2007年6月公布。

由上可以得出，1995～2006年中国遭受的反倾销调查和反倾销最终措施数量既存在着世界范围内的广度，又具有主要来源国的集中度。但是，仅仅从中国遭受的反倾销调查和反倾销措施数量视角并不能真实地反映其对中国外贸出口的影响程度。因此，需要进一步综合考虑反倾销调查及反倾销措施数量和贸易进、出口额状况。

第四节 中国出口遭受的反倾销强度指数：比较分析

Finger 和 Murray（1993）提出了一国被指控倾销相对其出口绩效的强度指数，对于一国或地区，反倾销强度指数 ADI 可计算为：

$$ADI_i = \frac{AD_i\ (t,\ t+n)\ /AD_W\ (t,\ t+n)}{EX_i\ (t,\ t+n)\ /EX_W\ (t,\ t+n)}$$

其中：AD_i（t，t+n）——在［t，t+n］时期内针对 i 国反倾销调查或最终措施的数量；

AD_W（t，t+n）——在［t，t+n］时期内世界进行的反倾销调查或最终措施的总数量；

EX_i（t，t+n）——在［t，t+n］时期内 i 国或地区出口值；

EX_W（t，t+n）——在［t，t+n］时期内世界出口总值。

如果一国遭受的反倾销强度指数 ADI＞1，则该国或地区相对其在世界市场的出口份额强烈地遭受到反倾销行动的影响；如果 ADI＝1，则反倾销指控与该国出口份额成对等比例；如果 ADI＜1，则该国相对其出口市场份额稍许受到反倾销影响。据此，我们尝试对中国遭受的反倾销强度指数作出测算，并与其他相关的典型经济体进行横向比较。

一、中国出口遭受的反倾销强度指数：纵向比较分析

以 WTO 成立为分水岭，选取 1995～2006 年为样本期间，来考察中国遭受的反倾销强度指数包括反倾销调查（AD Investigations）指数和反倾销最终措施（AD Definitive Measures）指数（见表 4－4）。

表 4－4　　1995 年 1 月 1 日至 2006 年 12 月 31 日中国遭受的反倾销调查及反倾销最终措施指数

年　份	1995	1996	1997	1998	1999	2000	2001	2002	2003	2004	2005	2006
被 AD 调查指数	4.24	6.55	4.12	3.24	3.27	3.78	3.36	3.24	3.83	3.53	3.80	4.36
被 AD 措施指数	7.28	5.96	8.01	4.20	3.14	3.28	4.15	3.39	3.10	4.37	4.16	3.34

数据来源：反倾销 www.wto.org/english/tratop_e/adp_e/adp_e.htm#statistics，单位为起；贸易出口（Exports，f.o.b.）www.imfstatistics.org/imf/ifsBrowser.aspx，单位亿美元。2007 年 6 月发布，经测算整理。

依据表 4－2、表 4－4，从各年份来看，1995～2006 年中国遭受的反倾销调查和反倾销最终措施数量都呈增加态势，特别是 2001 年中国入世后每年遭受的反倾销尤为显著。从入世前后期来看，1995～2000 年中国遭受的反倾销调查指数 ADI 值为 4.05，而 2001～2006 年 ADI 值下降为 3.34。同期，中国遭受的反倾销最终措施指数 ADI 值从 1995～2000 年的 4.82 下降到 2001～2006 年的 3.41。虽然总体上中国遭受的反倾销强度指数呈现下降之势，但是两指数都大大超过 1，且 2006 年中国遭受的反倾销调查及反倾销最终措施指数分别为 4.36 和 3.34。这表明在 WTO 框架下中国强烈地遭受到国外反倾销行动的影响。具体到 WTO 成立后的每一年，中国遭受的反倾销强度指数（包括反倾销调查指数和最终措施指数）的 ADI 值均大于 3。所以，1995 年世贸组织成立以来，中国相对其在世界市场的出口份额强烈地遭受到国外反倾销行动的影响。

二、中国出口遭受的反倾销强度指数：横向比较分析

我们再选取一些与中国遭受反倾销密切相关的典型经济体如美国、韩国和印度为例，对他们遭受的反倾销强度与中国做横向比较。依据表 4－5，从遭受的反倾销总量来看，1995～2006 年中国遭受的反倾销调查和最终措施数量都位居第一位，韩国第二，美国第三，而印度遭受的相对最少。相比而言，1995～2006 年美国贸易出口位居第一位，中国第二，韩国第三，而印度对外贸易出口也相对最少。但是，从遭受的反倾销强度指数来看，结果却出乎预料，1995～2006 年总体上印度遭受的反倾销调查

指数和最终措施指数都最大，分别为5.37和4.97，而中国遭受的反倾销调查指数和最终措施指数均位居第二，分别为3.34和3.67；韩国第三；美国遭受的反倾销调查指数和最终措施指数相对最小，仅为0.54和0.51。由于中国、韩国和印度遭受的反倾销强度指数都大于或接近3，意味着自世贸组织成立以来，中、韩、印三国相对其在世界市场的出口份额都强烈地遭受到国外反倾销行动的影响。但是，同期美国遭受的反倾销强度指数却小于1，表明美国相对其在世界市场出口份额较少受到他国反倾销的影响。

表4-5　1995年1月1日至2006年12月31日中国与他国遭受的反倾销强度指数比较

1995~2006年	被AD调查	被AD最终措施	贸易出口	被AD调查指数	被AD最终措施指数
中国	536	375	44650.5	3.34	3.67
美国	175	104	89697.7	0.54	0.51
韩国	229	136	22096.6	2.89	2.69
印度	127	75	6592.0	5.37	4.97
世界总数	3044	1941	847763.9	—	—

数据来源：类同于上表4-4。

对于入世后中国强烈地遭受到国外反倾销等贸易壁垒的严峻形势，Messerlin（2004）认为，中国进入WTO争端解决机制，这为遭受外国反倾销侵扰的中国出口商提供了一些救济。但是，这种救济可能仅仅是边际上的和短暂的。最小化中国对外反倾销措施风险的更有前途的路径是中国调整自己的对外贸易政策。不过，中国在反倾销强烈部门的关税仍旧是高的，它无法对来自世界其他的进口采取严厉的反倾销措施。高的中国关税将允许中国国内市场高的价格，使得针对中国出口商的倾销主张更容易被证实。因此，中国产品出口强烈地遭受到国外反倾销，不仅有外生的重要影响因素，而且有中国外贸政策等内生的制度影响因素等。

三、反倾销主要来源国对华反倾销强度指数：比较分析

再比较一下反倾销主要来源国如印度、美国、欧共体、土耳其和阿根廷等对华反倾销强度指数状况。将Finger和Murray（1993）提出的反倾销

强度指数进行变体，得到反倾销主要来源国对华反倾销强度指数可测算为：$ADI_{jC}=\frac{AD_{jC}(t,\ t+n)\ /AD_{j}(t,\ t+n)}{IM_{jC}(t,\ t+n)\ /IM_{j}(t,\ t+n)}$

其中，$AD_{jC}(t,\ t+n)$ ——在［t，t+n］时期内反倾销主要来源j国对华反倾销调查（或最终措施）的数量；

$AD_{j}(t,\ t+n)$ ——在［t，t+n］时期内j国发起的反倾销调查（或最终措施）的总数量；

$IM_{jC}(t,\ t+n)$ ——在［t，t+n］时期内j国从华进口值；

$IM_{j}(t,\ t+n)$ ——在［t，t+n］时期内j国进口总值。

如果j国对华反倾销强度指数 $ADI_{jC}>1$，则j国对华反倾销行动强烈地影响到j国从华进口（或者中国对j国出口）；反之，其反倾销行动对j国从华进口的影响较小。据此，对反倾销主要来源国对华反倾销强度指数做出测算和比较分析。

表4-6　1995年1月1日至2005年12月31日反倾销主要来源j国（地区）对华反倾销强度指数比较

1995~2005年	对华AD调查	AD调查总数	对华AD措施	AD措施总数	对华AD调查占比	对华AD措施占比	从华进口占j国进口比重	对华AD调查指数	对华AD措施指数
委内瑞拉	9	31	11	25	29.03%	44.00%	1.67%	17.35	26.30
土耳其	38	101	33	86	37.62%	38.37%	3.29%	11.43	11.66
秘鲁	17	63	14	40	26.98%	35.00%	5.04%	5.35	6.94
阿根廷	47	204	34	147	23.04%	23.13%	4.26%	5.41	5.43
巴西	15	122	12	66	12.30%	18.18%	3.37%	3.65	5.40
哥伦比亚	5	27	2	12	18.52%	16.67%	3.67%	5.05	4.55
印度	86	428	66	315	20.09%	20.95%	4.66%	4.31	4.49
墨西哥	19	86	12	77	22.09%	15.58%	3.70%	5.97	4.21
加拿大	17	134	11	84	12.69%	13.10%	4.26%	2.98	3.07
韩国	16	81	10	46	19.75%	21.74%	9.92%	2.00	2.19
美国	61	366	50	234	16.67%	21.37%	10.37%	1.61	2.06
南非	25	197	14	113	12.69%	12.39%	6.61%	1.92	1.88
欧共体	60	328	41	219	18.29%	18.72%	10.35%	1.77	1.81
澳大利亚	21	179	7	67	11.73%	10.45%	9.04%	1.30	1.16

注：由于部分国别数据公布滞后，考虑到可比性，本表选取1995~2005年数据来测算，按反倾销措施指数排序。

数据来源：反倾销www.wto.org/english/tratop_e/adp_e/adp_e.htm#statistics，单位为起；贸易进口来源于联合国贸易数据库http://comtrade.un.org/db，来源国报告，单位亿美元，2007年6月公布。

根据表4-6，按照主要来源国对华反倾销调查和发倾销最终措施数量来看，1995~2005年印度、美国、欧共体、阿根廷和土耳其等对华反倾销最为严重。但是，仅仅从反倾销数量视角并不能真实地反映其对从华进口的影响程度。为此，依据反倾销主要来源j国对华反倾销强度指数发现，1995~2005年对华反倾销最终措施指数排名前10位的主要来源国是委内瑞拉、土耳其、秘鲁、阿根廷、巴西、哥伦比亚、印度、墨西哥、加拿大和韩国。这些国家对华反倾销调查及反倾销最终措施所占各自比重均较高，而其从华进口占各自进口比重却较低，对比发现，这10个反倾销主要来源国对华反倾销强度指数包括反倾销调查和反倾销最终措施指数都在2以上。因此，这些反倾销主要来源国对华反倾销行动强烈地抑制了他们从华进口，这可从反倾销主要来源国从华进口所占各自进口比重较低的事实中得到反映。相比来看，美国、南非、欧共体和澳大利亚对华反倾销所占各自比重与从华进口所占各自进口比重差距略为缩小，但是其比值仍然显著大于1，表明这4国（地区）对华反倾销行动同样强烈地影响到他们从华进口。

由于反倾销来源国报告的双边进出口贸易数据与中国报告的数据相差较大，因而需要再依据中国报告的对j国出口数据，来考察反倾销主要来源国对华反倾销对中国贸易出口的影响。通过对ADI变体处理，得到中国遭受k国反倾销强度指数表示为：

$$ADI_{kC}=\frac{AD_{kC}(t,\ t+n)/AD_{TC}(t,\ t+n)}{EX_{Ck}(t,\ t+n)/EX_{C}(t,\ t+n)}$$

其中，$AD_{kC}(t,\ t+n)$——在[t, t+n]时期内中国遭受k国反倾销调查（或最终措施）的数量；

$AD_{TC}(t,\ t+n)$——在[t, t+n]时期内中国遭受的反倾销调查（或最终措施）的总量；

$EX_{Ck}(t,\ t+n)$——在[t, t+n]时期内中国对k国出口值，$EX_{C}(t,\ t+n)$——在[t, t+n]时期内中国出口总值。

如果中国遭受k国的反倾销强度指数$ADI_{kC}>1$，则中国相对其在k国市场出口份额强烈地遭受到k国反倾销行动的影响。

表 4－7　　1995 年 1 月 1 日至 2006 年 12 月 31 日

中国遭 k 国（地区）反倾销强度指数比较

1995～2006年	印度	美国	欧共体	土耳其	阿根廷	墨西哥	秘鲁	南非	韩国	巴西	加拿大	委内瑞拉	澳大利亚	哥伦比亚
中国遭 k 国 AD 调查数	93	64	72	43	50	22	18	26	17	26	18	9	24	10
中国遭 k 国 AD 措施数	73	52	46	40	35	15	15	14	13	12	11	11	9	3
中国遭 k 国 AD 调查占比（%）	17.35	11.94	13.43	8.02	9.33	4.10	3.36	4.85	3.17	4.85	3.36	1.68	4.48	1.87
中国遭 k 国 AD 措施占比（%）	19.47	13.87	12.27	10.67	9.33	4.00	4.00	3.73	3.47	3.20	2.93	2.93	2.40	0.80
中国对 k 国出口占比（%）	0.97	20.73	—	0.49	0.18	0.69	0.08	0.40	4.57	0.60	1.37	0.11	1.38	0.10
中国遭 k 国 AD 调查指数	17.8	0.6	—	16.3	51.3	5.9	42.0	12.1	0.7	8.1	2.4	15.0	3.2	18.6
中国遭 k 国 AD 措施指数	20.0	0.7	—	21.7	51.3	5.8	50.0	9.3	0.8	5.4	2.1	26.2	1.7	8.0

数据来源：反倾销来源www.wto.org/english/tratop_e/adp_e/adp_e.htm#statistics，单位起；贸易出口来源于联合国贸易数据库http://comtrade.un.org/db，中国报告的数据，单位亿美元，2007 年 6 月公布。

由表 4－7 可见，1995～2006 年中国遭受反倾销调查及反倾销最终措施所占比重较高的国别和地区有印度、美国、欧共体、土耳其和阿根廷；遭受墨西哥、秘鲁、南非、韩国和巴西等反倾销所占比重次之，但同期中国对反倾销主要来源国如印度、土耳其、阿根廷、墨西哥、秘鲁、南非和巴西等贸易出口所占比重相对很低。结果相比，中国出口遭受到印度、土耳其、阿根廷、墨西哥、秘鲁、南非和巴西等反倾销调查指数及反倾销最终措施指数 ADI 值远大于 1，这表明中国在这 7 国市场出口份额强烈地遭受到他们反倾销行动的影响。相比来看，中国遭受美国和韩国的反倾销调查及反倾销措施所占比重分别低于中国对美国和韩国的贸易出口所占比重，中国出口遭受到美国和韩国的反倾销调查指数及反倾销最终措施指数都小于 1，说明相对于在美国和韩国市场的出口份额来讲，中国遭遇到两国的反倾销强度都处于中等偏上水平。所以，依据中国报告的数据测算的结果与反倾销主要来源国报告的数据测算的结果是相一致的。

对于这 14 个反倾销主要来源国，中国应根据近年来双边贸易发展情况，分类对待，区别处理。依据表 4－8，可将 2000～2005 年中国与反倾销主要来源国的双边贸易状况分为五类：一是双边进出口贸易额大，且中方顺差不断增大，如美中贸易、欧中贸易、加中贸易和墨中贸易；二是双边进出口贸易额大，且中方逆差不断增大，如韩中贸易；三是双边进出口贸易额在增加，且中方顺差有所增加，如印中贸易、土中贸易、南中贸易和澳中贸易；四是双边进出口贸易额在增加，且中方处于贸易逆差，如阿中贸易、秘中贸易和巴中贸易；五是双边进出口贸易额较小，且中方略有顺差，如委中贸易和哥中贸易。据此，针对第一类贸易状况，中方要坚持进口贸易与出口贸易同等重要，在国际贸易保护主义盛行的时代，中国在扩大对美国、欧共体、加拿大和墨西哥出口的同时应增加从这些地区进口，采取以出口带动进口的贸易政策，以平抑美国、欧共体、加拿大和墨西哥对华贸易保护主义势头。并且，通过商会和行业协会预先协商和沟通，并采取取消出口退税或自愿出口限制的贸易政策，以部分缓解反倾销贸易摩擦压力。因为美国、欧共体、加拿大和墨西哥不仅是中国反倾销的重要来源国，而且更是中国最重要的贸易伙伴，不可忽视这类经济体对华的反倾销行为。针对第二类贸易状况，中国在保持从韩国市场大量进口的同时，应积极拓展和增加对韩国市场出口，采取以进口促进出口的贸易政策。针对第三类贸易状况，中国应积极主张发展双边互惠贸易，在扩大对这类市场出口的同时，增加进口。针对第四类贸易状况，中国应积极主张发展双边互惠贸易，以进口来推动出口，并适时适度地对这类经济体发起反倾销行动，以抑制他们频繁地对华发起的反倾销贸易摩擦。因为 1995～2006年中国尚未对阿根廷、秘鲁和巴西发起反倾销调查。针对第五类贸易情况，中国可通过扩大从委内瑞拉和哥伦比亚石油等资源进口来推动中国工业制成品出口，部分化解两国对华反倾销贸易摩擦。

表 4－8　2000～2005 年反倾销主要来源国（地区）与中国贸易差额

单位：亿美元

年 \ 类别	印中差额	美中差额	欧中差额	阿中差额	土中差额	南中差额	秘中差额	墨中差额	巴中差额	加中差额	委中差额	韩中差额	澳中差额	哥中差额
2000	－7	－914	－448	－4	－12	－7	2	－27	－3	－51	－2	57	－26	－3
2001	－11	－901	－457	1	－7	－6	1	－37	4	－55	－2	49	－22	－5
2002	－8	－1114	－519	8	－11	－9	1	－58	8	－76	－1	64	－32	－5
2003	－11	－1348	－730	18	－21	－13	0	－84	22	－99	0	132	－42	－6
2004	－14	－1758	－986	12	－41	－25	5	－139	14	－134	－2	202	－51	－11
2005	－41	－2180	－1320	16	－63	－36	8	－166	10	－185	－8	233	－41	－14

注：反倾销主要来源国（地区）指印度、美国、欧共体、阿根廷、土耳其、南非、秘鲁、墨西哥、巴西、加拿大、委内瑞拉、韩国、澳大利亚和哥伦比亚。数据来源：http：//comtrade.un.org/db，反倾销来源国报告，2007 年 6 月公布。

第五节　中国发起的反倾销调查及最终措施状况：比较分析

上述从反倾销调查及反倾销措施数量和贸易进、出口额视角综合探究了中国遭受的反倾销状况，以及反倾销主要来源国对华反倾销强度指数状况。那么，在中国遭受反倾销的主要来源国印度、美国、欧共体、阿根廷、土耳其等贸易摩擦打击时，会做出如何反应？为此，需要探究中国发起的反倾销调查及最终措施状况。实践中，中国发起的反倾销调查起步比较晚，直到 2001 年 11 月才由外经贸部成立进出口公平贸易局来进行中国进口产品的反倾销、反补贴和保障措施系统调查，并指导中国企业积极参与应诉。截至 2001 年 12 月 31 日，中国对进口产品共发起反倾销调查案件 20 起，其中 2001 年立案 14 起。2001 年 12 月，中国国务院修订并颁布了《反倾销条例》、《反补贴条例》，新制定了《保障措施条例》。这些法规使得中国进口反倾销调查走上了法制化路径。就现有文献来看，越来越多的研究者将反倾销视为一种新的保护主义形式，如 James（2000）、Zanardi（2004）和 Prusa（2005）。既然反倾销已被作为保护主义的一种方式，那么针对其遭受的反倾销调查和反倾销最终措施的主要来源国，中国理应对称地对这些主要来源国提起反倾销调查和反倾销最终措施。但是，事实情况究竟如何呢？

一、中国发起的反倾销调查及反倾销最终措施：数量比较分析

依据 WTO 统计数据，从纵向比较来看，1995～1999 年中国尚未发起反倾销调查和反倾销最终措施案件，2000～2006 年中国发起的反倾销调查、反倾销措施数量开始增加，特别是 2001 年中国入世后增加尤为显著。2000～2006 年中国对进口产品共发起反倾销调查 133 起、反倾销最终措施 92 起。与典型经济体如发达经济美国、新兴市场经济韩国和发展中国家印度横向相比，1995～2006 年中国发起的反倾销调查、反倾销最终措施数量都相对不高，仅占同期世界反倾销调查的 4.4%、世界反倾销措施的 4.7%。而同期印度发起的反倾销调查、反倾销最终措施数量均位居世界第一位，分别为 457 起和 331 起，占世界反倾销调查的 15.0%、世界反倾销措施的 17.1%；美国位居第二（分别为 373 起和 239 起），占世界的 12.3% 和 12.3%；而韩国发起的反倾销调查、反倾销最终措施数量相对较少（见表 4－9）。

表 4－9　1995 年 1 月 1 日至 2006 年 12 月 31 日中国发起的反倾销调查及反倾销措施数量与他国比较

单位：起

反倾销调查（年）	1995	1996	1997	1998	1999	2000	2001	2002	2003	2004	2005	2006	1995～2006
中国	0	0	0	0	0	6	14	30	22	27	24	10	133
美国	14	22	15	36	47	47	75	35	37	26	12	7	373
韩国	4	13	15	3	6	2	4	9	18	3	4	7	88
印度	6	21	13	28	64	41	79	81	46	21	28	29	457
世界	157	225	243	257	355	292	364	312	232	213	201	193	3044

续表

反倾销调查（年）	1995	1996	1997	1998	1999	2000	2001	2002	2003	2004	2005	2006	1995～2006
中国	0	0	0	0	0	0	0	5	33	14	16	24	92
美国	33	12	20	12	24	31	33	25	12	14	18	5	239
韩国	0	5	10	8	0	5	0	1	4	10	3	8	54
印度	7	2	8	22	23	52	38	64	53	29	17	16	331
世界	119	92	125	170	185	227	167	216	221	151	131	137	1941

数据来源：http：//www. wto. org/english/tratop_ e/adp_ e/adp_ e. htm#statistics，2007 年 6 月发布。

二、中国发起的反倾销调查及反倾销最终措施对称率：比较分析

反倾销调查及反倾销最终措施对称率是指一国发起的反倾销调查（或反倾销最终措施）数量与该国遭受的反倾销调查（或反倾销最终措施）数量的比率。据此，可测算出 1995～2006 年中国反倾销调查和反倾销最终措施对称率，并与相关的典型经济体进行横向比较。根据表 4－10，从纵向比较来看，1995～1999 年中国反倾销调查及反倾销最终措施对称率皆为 0，究其原因是这段时期内中国尚未发起反倾销调查和反倾销措施案件；2000～2006 年尤其是入世后我国反倾销调查和反倾销措施对称率有了快速上升，2005 年分别为 0. 43 和 0. 40，2006 年我国反倾销调查对称率有所下降，而反倾销措施对称率有了上升。不过，从总体来看，1995～2006 年中国发起的反倾销调查及反倾销最终措施对称率都比较低，均为 0. 25。与典型经济体美国、韩国和印度横向相比，中国反倾销调查及反倾销最终措施对称率仍相对最低，而同期印度反倾销调查及反倾销最终措施对称率位居第一（3. 60 和 4. 41）；美国第二（2. 13 和 2. 30）；韩国第三（0. 38 和 0. 40）。从单个年度来看，这种反倾销调查及反倾销最终措施对称率格局基本没有改变。因此，若反倾销作为保护主义的一种方式，则美国和印度在对外贸易中有效地利用了这种保护手段，而中国尚未有效利用反倾销这种保护手段。与典型经济体相比，相对于中国出口遭受的反倾销调查及反倾销最终措施而言，中国发起的反倾销调查及反倾销最终措施尚处于低水平。不过，入世后这种状况有所改变，我国反倾销调查

及反倾销最终措施对称率均有上升。

表 4－10　1995 年 1 月 1 日至 2006 年 12 月 31 日中国与他国反倾销调查及反倾销措施对称率比较

AD 调查对称率（年）	1995	1996	1997	1998	1999	2000	2001	2002	2003	2004	2005	2006	1995～2006
中国	0.00	0.00	0.00	0.00	0.00	0.14	0.26	0.59	0.42	0.55	0.43	0.15	0,25
美国	1.17	1.05	1.00	2.40	3.36	3.92	5.00	2.92	1.76	1.86	1.00	0.58	2.13
韩国	0.29	1.18	1.00	0.13	0.18	0.09	0.17	0.39	1.06	0.13	0.33	0.70	0.38
印度	2.00	1.91	1.63	2.33	4.92	4.10	6.58	5.06	3.29	2.63	2.00	4.83	3.60
AD 措施对称率（年）	1995	1996	1997	1998	1999	2000	2001	2002	2003	2004	2005	2006	1995～2006
中国	0.00	0.00	0.00	0.00	0.00	0.00	0.00	0.14	0.83	0.33	0.40	0.65	0.25
美国	4.13	3.00	2.22	1.09	3.00	2.58	8.25	2.50	2.00	1.40	1.38	0.56	2.30
韩国	0.00	0.83	3.33	0.67	0.00	0.25	0.00	0.08	0.18	0.77	0.38	0.80	0.40
印度	1.75	2.00	1.60	3.67	2.56	7.43	6.33	10.67	7.57	2.90	8.50	1.33	4.41

数据来源：www.wto.org/english/tratop_e/adp_e/adp_e.htm#statistics，2007 年 6 月发布，经计算整理。

虽然整体上中国反倾销调查及反倾销最终措施对称率都比较低，但是具体到某一国别或地区来说，中国对特定国家或地区如印度、美国、欧共体、阿根廷、土耳其等反倾销调查及反倾销最终措施对称率又会如何呢？

根据表 4－11，1995～2006 年中国发起的反倾销调查及反倾销最终措施的主要对象国或地区有：日本、韩国、美国、中国台湾、欧共体和俄罗斯等，同期中国遭受的反倾销调查及反倾销最终措施的主要来源国或地区有：印度、美国、欧共体、土耳其、阿根廷、墨西哥、秘鲁、南非、韩国和巴西等。两厢相比，中国对日本、中国台湾和韩国的反倾销调查及反倾销最终措施对称率都大于 1，表明中国对东亚主要贸易伙伴已经很好地运用起反倾销保护工具；而对美国、欧共体的反倾销调查及反倾销最终措施对称率都大大小于 1，表明中国对这两个最主要贸易出口市场的反倾销能力不足，在遭受美国、欧共体反倾销壁垒打击时，无法做出对等的反倾销报复行动；中国对墨西哥、印度和南非的反倾销调查及反倾销最终措施对

表 4－11　　1995 年 1 月 1 日至 2006 年 12 月 31 日中国对特定国（地区）别反倾销调查及最终措施对称率比较　　单位：起

国别	中国对特定国（地区）别反倾销调查对称率			中国对特定国（地区）别反倾销最终措施对称率		
	中国发起调查	中国遭受调查	中国反倾销调查对称率	中国发起 AD 最终措施	中国遭受 AD 最终措施	中国反倾销最终措施对称率
日本	26	0	—	19	0	—
中国台湾	12	3	4.00	7	1	7.00
韩国	24	17	1.41	18	13	1.38
美国	20	64	0.31	16	52	0.31
印尼	3	7	0.43	1	4	0.25
欧共体	8	72	0.11	5	46	0.11
俄罗斯	8	—	—	6	—	—
墨西哥	1	22	0.05	1	15	0.07
印度	4	93	0.04	2	73	0.03
南非	1	26	0.04	0	14	0.00
阿根廷	0	50	0.00	0	35	0.00
土耳其	0	43	0.00	0	40	0.00
巴西	0	26	0.00	0	12	0.00
澳大利亚	0	24	0.00	0	9	0.00
加拿大	0	18	0.00	0	11	0.00
秘鲁	0	18	0.00	—	15	—
哥伦比亚	0	10	0.00	0	3	0.00
委内瑞拉	0	9	0.00	0	11	0.00
新西兰	0	7	0.00	0	2	0.00
世界	133	536	0.25	92	375	0.25

数据来源：www.wto.org/english/tratop_e/adp_e/adp_e.htm#statistics，2007 年 6 月发布。

称率远小于1，表明中国在遭受这些贸易竞争者发起的反倾销摩擦时并未采取对等的举措，究其原因是中国与墨西哥、印度和南非双边进出口贸易额在逐年增加，并且中方贸易顺差也在逐年增加，因而中国对这三市场反倾销贸易摩擦缺乏抑制能力；中国对阿根廷、土耳其、巴西、澳大利亚、加拿大和秘鲁等反倾销调查及反倾销最终措施对称率为零，表明中国尚未对这些国家发起反倾销调查和反倾销最终措施，而同期中国却遭受到这些国家密集的反倾销行动。现阶段，对于土耳其、澳大利亚和加拿大，中国处于双边贸易顺差，因而可通过增加进口来部分化解贸易摩擦；而对于阿根廷、巴西和秘鲁，中国处于双边贸易逆差，因而可采取反倾销报复威胁来抑制这三国对华频繁发起的反倾销摩擦。

总的来看，中国发起的反倾销调查及反倾销最终措施对称率都大大小于1，均为0.25。这表明中国相对其遭受的反倾销贸易摩擦，并没有对等地运用起反倾销这种贸易保护手段。中国对阿根廷、土耳其、巴西、澳大利亚、加拿大、秘鲁和委内瑞拉等尚未提起反倾销调查和反倾销最终措施，而这些国家是中国遭受反倾销的重要来源国。Blonigen 和 Bown（2003）证实，报复性反倾销行动上升的威胁对反倾销活动有着抑制效应。所以，基于反倾销对称性，入世后中国应加大对这些国家或地区反倾销应诉和起诉力度，以抑制这些主要来源国对华提起的反倾销行动，并且应积极谋求 WTO 去除中国非市场经济地位，这是中国频繁遭受反倾销调查和最终措施的关键因素之一。

第六节
中国发起的反倾销强度指数：比较分析

若仅仅从中国发起的反倾销调查及反倾销措施数量视角，尚不能真实地反映其对中国进出口贸易的影响程度。因此，需要综合考虑中国发起的反倾销数量和贸易进口额状况，测算反倾销强度指数。依据 Finger & Murray（1993）提出的反倾销强度指数理论，经过变体处理，中国发起的反倾销强度指数 ADI 可计算为：$ADI_C = \dfrac{AD_C\ (t,\ t+n)\ /AD_W\ (t,\ t+n)}{IM_C\ (t,\ t+n)\ /IM_W\ (t,\ t+n)}$

其中，AD_C（t, t+n）——在［t, t+n］时期内中国发起的反倾销调查或最终措施数量；

AD_W（t, t+n）——在［t, t+n］时期内世界发起的反倾销调查或最终措施总数量；

IM_C（t, t+n）——在［t, t+n］时期内中国进口值；

IM_W（t, t+n）——在［t, t+n］时期内世界进口总值。

如果反倾销强度指数 ADI 值大于 1，则中国发起的反倾销行动强烈地影响到贸易伙伴国；反之，则相反。据此，测算中国发起的反倾销调查指数及反倾销最终措施指数，并与其他相关典型经济体如发达市场经济美国、新兴市场经济韩国，以及发展中国家印度进行比较（见表4－12）。

表 4－12　1995 年 1 月 1 日至 2006 年 12 月 31 日中国与他国发起的反倾销调查及最终措施指数比较

AD 调查指数（年）	1995	1996	1997	1998	1999	2000	2001	2002	2003	2004	2005	2006	1995～2006
中国	0.00	0.00	0.00	0.00	0.00	0.60	1.00	2.14	1.76	2.12	1.92	0.80	0.97
美国	0.58	0.63	0.39	0.83	0.73	0.84	1.11	0.62	0.94	0.75	0.37	0.23	0.73
韩国	0.95	2.04	2.41	0.70	0.82	0.28	0.49	1.25	3.33	0.59	0.81	1.43	1.21
印度	5.57	13.06	7.30	14.16	22.30	17.94	27.32	30.24	20.96	9.26	10.67	10.51	15.36
AD 措施指数（年）	1995	1996	1997	1998	1999	2000	2001	2002	2003	2004	2005	2006	1995～2006
中国	0.00	0.00	0.00	0.00	0.00	0.00	0.00	0.52	2.78	1.55	1.97	2.71	1.05
美国	1.82	0.84	1.01	0.42	0.71	0.71	1.06	0.63	0.32	0.57	0.84	0.23	0.73
韩国	0.00	1.92	3.13	2.82	0.00	0.90	0.00	0.20	0.78	2.76	0.93	2.31	1.17
印度	8.57	3.04	8.74	16.82	15.38	29.28	28.65	34.51	25.36	18.04	9.94	8.17	17.45

数据来源：反倾销www.wto.org/english/tratop_e/adp_e/adp_e.htm#statistics，单位为起；贸易进口（Imports, c.i.f.）www.imfstatistics.org/imf/ifsBrowser.aspx，单位亿美元。2007 年 6 月公布，经测算。

依据表 4－12，从纵向来看，只是在入世前一年中国才开始发起反倾销调查，但入世后，中国发起的反倾销案件大幅增加，2001～2006年中国共发起反倾销调查案件127起、反倾销最终措施92起。从入世前后期来看，1995～2000年中国发起的反倾销调查指数ADI值为0.14，而2001～2006年中国反倾销调查指数ADI值上升为1.49。同期，中国只是在入世后才发起反倾销最终措施，并出现较大增加，2001～2006年中国共发起反倾销最终措施92起。从入世前后期来看，1995～2000年中国发起的反倾销最终措施指数ADI值为0，而2001～2006年中国反倾销最终措施指数ADI值上升为1.60。由于入世后中国发起的反倾销调查指数和反倾销最终措施指数大于1，因而在WTO框架下中国发起的反倾销行动俨然显著地影响到对华出口的贸易伙伴。

从横向比较来看，1995～2006年印度发起的反倾销调查指数和反倾销最终措施指数都最大，分别为15.36和17.45；韩国位居第二，分别为1.21和1.17；中国第三，为0.97和1.05；而美国发起的反倾销调查指数和反倾销最终措施指数都相对最小，均为0.73。据此，从所选的样本来看，印度和韩国发起的反倾销强度指数均大于1，印度尤为严峻，因而两国的反倾销行动对其贸易伙伴的影响强烈。同期，中国和美国发起的反倾销调查及反倾销最终措施指数近于或小于1，因而表象上两国的反倾销行动对其贸易伙伴的影响尚不强烈。但是，考虑到美国是世界上第一进口贸易大国，并且从各个年度来看，一些年份美国发起的反倾销强度指数大于或接近1，因而美国针对进口提起的反倾销行动势必对其贸易伙伴的出口产生显著的影响。并且，入世后各年度，中国发起的反倾销调查指数和反倾销最终措施指数基本上都大于1，这意味着入世后中国发起的反倾销行动对其贸易伙伴国的影响不容忽视。

第七节 主要结论及对策

通过对中国遭受及发起的反倾销等贸易摩擦研究，得出以下结论：

1. 自加入世贸组织以来，中国面临的反倾销等贸易摩擦形势日益严峻。无论从总体还是从单个年度来看，1995~2006年中国遭受的反倾销调查及反倾销最终措施数量都位居世界第一位。这表明在今后相当长的一个时期内，中国都将处于反倾销等贸易摩擦的高发期。

2. 1995~2006年中国出口遭受的反倾销贸易摩擦主要来自印度、美国、欧共体、土耳其、阿根廷、墨西哥、秘鲁、南非、韩国、巴西、加拿大、委内瑞拉、澳大利亚和哥伦比亚等14国。中国遭受的反倾销调查及反倾销最终措施数量既存在着世界范围内的广度，又具有主要来源国的集中度。

3. 1995~2006年中国遭受的反倾销强度指数的ADI值均大于3，表明在WTO框架下中国强烈地遭受到国外反倾销行动的影响。中国、韩国和印度相对其在世界市场的出口份额都强烈地遭受到国外反倾销行动的影响，而美国却较少遭受到他国反倾销的影响。中国出口强烈地遭受到国外反倾销，不仅有外生的重要影响因素，而且有中国外贸政策等内生的制度影响因素。

4. 1995~2005年对华反倾销最终措施指数排名前10位的主要来源国是委内瑞拉、土耳其、秘鲁、阿根廷、巴西、哥伦比亚、印度、墨西哥、加拿大和韩国。这10国对华反倾销行动强烈地抑制了从华进口。美国、南非、欧共体和澳大利亚对华反倾销强度指数显著大于1，表明这4国反倾销行动同样强烈地影响到从华进口。中国出口遭受到印度、土耳其、阿根廷、墨西哥、秘鲁、南非和巴西等反倾销强度指数ADI值远大于1，表明中国出口强烈地遭受到他们反倾销行动的影响。

5. 1995~2006年中国发起的反倾销调查及反倾销最终措施对称率都比较低，表明中国尚未有效利用反倾销这种保护手段。中国对日本、中国台湾和韩国的反倾销对称率都大于1，表明中国对东亚主要贸易伙伴已经很好地运用起反倾销保护工具；而对美国、欧共体的反倾销对称率都大大小于1，表明中国对这两个最主要出口市场的反倾销能力不足。中国对墨西哥、印度和南非的反倾销对称率远小于1，对阿根廷、土耳其、巴西、澳大利亚、加拿大和秘鲁等反倾销对称率为零，表明中国在遭受这些贸易竞争者发起的反倾销摩擦时并未采取对等的举措。

6. 1995~2006年中国和美国发起的反倾销调查及反倾销最终措施指数近于或小于1，因而表象上两国的反倾销行动对其贸易伙伴的影响尚不强烈。但入世后各年度，中国发起的反倾销调查及反倾销最终措施指数基本上大于1，表明入世后中国发起的反倾销行动对其贸易伙伴国的影响已不容忽视。

对策建议：

针对WTO框架下中国频繁遭受的反倾销等贸易摩擦，可行的外贸政策选择是：

1. 鉴于反倾销已发生变异，成为贸易保护主义的新形式，而入世后中国仍被视作为非市场经济，致使1995～2006年中国成为世界上遭受反倾销数量最多的国家。这样，中国要想减少主要来源国频繁的反倾销行为，就必须尽快完成向市场经济过渡，积极谋求WTO成员国承认其市场经济地位，以消除歧视性差别待遇造成的不公，这是中国频繁遭受反倾销的关键因素之一。

2. 在贸易保护主义盛行的时代，中国在扩大对美国、欧共体、加拿大、墨西哥、澳大利亚和土耳其出口的同时应增加从这些地区进口，采取以出口带动进口的贸易政策，以平抑对华贸易保护主义势头。中国在保持从韩国市场大量进口的同时，应积极拓展和增加对韩国市场出口，采取以进口促进出口的贸易政策。对于阿根廷、巴西和秘鲁，中国处于双边贸易逆差，可采取反倾销报复威胁来抑制反倾销贸易摩擦。因此，最小化中国对外反倾销措施风险的前途路径是中国应区别对待反倾销主要来源国，适时调整自身的外贸政策。

3. 针对中国遭受的反倾销强度指数ADI值普遍大于3，而1995～2006年中国发起的反倾销强度指数ADI值近于或小于1，中国发起的反倾销对称率更低（均为0.25），因而中国尚未充分有效地利用反倾销这种保护手段，需要进一步改进。中国对阿根廷、土耳其、巴西、澳大利亚、加拿大、秘鲁和委内瑞拉等尚未提起反倾销，而这些国家是中国遭受反倾销的主要来源国。基于反倾销对称性，入世后中国应加大对这些国家反倾销应诉和起诉力度，以抑制这些主要来源国对华提起的反倾销行动。

4. 积极利用多边贸易体制来解决贸易摩擦问题。在贸易摩擦中无论是处于发起者还是被诉者，中国都需要深入理解世贸规则和条款，学会利用WTO规则来保护自身的合法贸易地位，这是规避和应对反倾销贸易摩擦的根本策略。为此，中国要完善实施反倾销、反补贴和保障措施的法规体系，建立符合国际惯例的贸易救济体系；改善经济发展环境，建立与国际接轨的技术法规和标准体系；利用多边和双边协商和谈判机制，充分发挥商会和行业协会以及政府部门磋商的作用，通过预先协商和沟通，部分化解反倾销贸易摩擦压力。

第五章

反倾销非对称性与中美双边贸易问题[①]

自中国加入 WTO 以来，美国对华贸易逆差持续增加。据美国普查局统计，美中商品贸易逆差由 2001 年的 831 亿美元激增至 2006 年的 2325.9 亿美元[②]。另据中国海关统计，中国对美贸易顺差从 2001 年的 280.8 亿美元猛增至 2006 年的 1442.6 亿美元[③]。尽管中美双方统计数据差异很大，但是迅速增加的美中贸易逆差已成为中美之间贸易摩擦的经济根源，两国间的贸易摩擦迅速增加。在众多的贸易摩擦手段中，反倾销地位突显，已成为最重要的贸易保护手段之一。1995 年世贸组织成立以来，反倾销案件数量增加很快。据 WTO 统计，1995 ~ 2006 年中国遭受的反倾销调查 536 起，被实施反倾销最终措施 375 起，均位居世界第一。与此相对地，美国作为反倾销发起者，反倾销调查总数

① 本章第三节、第五节参见沈国兵（2007b）：“反倾销等贸易壁垒与中美双边贸易问题”，《财经研究》第 1 期，第 107 ~ 109 页。

② 资料来源：http：//www. census. gov/foreign - trade/balance/c5700. html。

③ 资料来源：http：//zhs. mofcom. gov. cn/tongji. shtml。

仅次于印度，达 373 起，实施的反倾销最终措施 239 起，也仅次于印度，均位居世界第二。据此，中美两国在反倾销层面上所处的地位恰好相反，中国是反倾销的主要受害者，而美国是反倾销的最主要实施者之一。

第一节 问题的提出及文献综述

具体到中美双边贸易，两国的反倾销行动存在着巨大的非对称性。从金额上看，据中国商务部统计，美国在 2003 年对中国产品的立案金额占到世界各国对中国产品立案总金额的 88%；从数量上看，据 WTO 统计，1995 ~2006 年美国对中国产品发起的反倾销调查及反倾销最终措施数量是中方对美方的 3 倍多。其中，美国对华反倾销调查 64 起、反倾销最终措施 52 起，而同期中国对美反倾销调查 20 起、反倾销最终措施 16 起。由此，问题是：中美双边贸易中反倾销为何存在如此大的非对称性？这种非对称性又将对中美双边贸易产生怎样的影响？

有关美中反倾销非对称性与中美双边贸易问题，已有的文献研究主要有：James（2000）认为，发起反倾销事件最多的国家主要是歧视贸易安排，如北美自由贸易区成员国美国，而经常被起诉国是区域贸易集团外国家，如中国，由此造成美中反倾销行动是非对称的。Messerlin（2004）研究发现，反倾销使用者与对象国之间存在着显著的非对称性，反倾销是当前一些大的国家如美国针对更小经济体实施的一种工具，因而很少有来自世界其他压力来敦促强烈的反倾销使用者抑制其反倾销行动。沈国兵（2007a）认为，中国反倾销法律法规不完善，实施操作难度大，反倾销机构权责界定不明确，反倾销条例操作的时间节点和判定标准缺失，以及反倾销机构设置的不合理，都在不同程度上影响了中国企业反倾销的积极性和实际实施效果，进而在制度程序上造成了美中反倾销的非对称性。

具体到中美双边贸易，James（2000）认为，美国强烈使用反倾销是与其经济持续扩张造成统计上贸易逆差相关的，可近10年来中国快速的技术变革、产业结构与竞争的变化，美国反倾销法很可能夸大了中国的倾销幅度，特别是没有考虑到中国市场和企业行为的变化。White 和 Jones（2000）提出，美国反倾销税指令对美中贸易施加了特别的负担，目前，美国至少有42个反倾销税指令生效，涵盖来自中国的各种进口产品，美国进口商和在华加工生产对美出口的企业越来越发现其经营遭受到美国反倾销税的破坏。Mallon 和 Whalley（2004）认为，在美国法规下，中国目前仍被视为非市场经济，这引起美国更严格地使用倾销诉讼程序，使用替代国成本来计算中国产品的倾销幅度，结果夸大了中国对美出口产品倾销幅度。Blonigen 和 Bown（2003）研究发现，报复性反倾销行动上升的威胁对反倾销活动有着最终抑制效应，导致某种类似于"冷战"式均衡。美国较少对具有积极反倾销措施和美国大量出口的国家发起反倾销调查；相反，美国对一国出口量越小，该国采取报复的能力越有限，则美国越有可能肯定地裁决对该国反倾销诉讼。据此，美国对华出口与中国对美出口相比较小，因而中国对美反倾销报复能力十分有限。美中反倾销能力严重非对称性部分解释了美国经常对华提起反倾销调查的原因。

根据以上文献研究，主要观点有两个：（1）区域贸易安排、经济体实力差距以及反倾销制度程序上差异都会造成美中反倾销的非对称性；（2）美国反倾销税指令对美中贸易施加了特别的负担，美国夸大了中国对美出口的倾销幅度，而中国对美反倾销报复能力有限更诱使美国企业经常对华提起反倾销诉讼。那么，具体到美国对华反倾销行业状况、中国对美反倾销行业状况，美中反倾销非对称性的内在原因，以及美中反倾销能力差异对中美双边贸易的影响如何？为此，本章进展如下：第二节就美国对华与中国对美反倾销数量的行业产品分布和贸易金额进行比较，第三节就美国对华与中国对美发起的反倾销强度指数进行比较，第四节对美中反倾销非对称性的原因做出分析揭示，第五节探究美中反倾销能力差异对中美双边贸易的影响效应，第六节给出主要结论及对策。

第二节

美国对华与中国对美反倾销的行业产品分布和贸易金额比较

自乌拉圭回合协定以来，美国反倾销的主要对象几乎没有变化。1994 年美国发起的反倾销主要对象是日本、中国、中国台湾、韩国、德国、加拿大、巴西、意大利和法国。11 年之后，美国反倾销的主要对象仍是前 7 个，只是中国已成为第一对象。CBO（2001）指出，虽然美国总体上对贸易有着明显更少的限制，但是自乌拉圭回合协定生效以来，美国仍旧是世界上最积极使用反倾销的国家之一。美国调查更多的反倾销案例，强征更多更高的反倾销税，已显著地妨碍了商品贸易。依据 WTO 统计，1995～2006 年美国对中国产品共发起反倾销调查 64 起、反倾销最终措施 52 起，均位居美国对外反倾销的第 1 位。另据美国 ITC 统计，2005 年美国对中国产品新发起 4 起反倾销调查，占当年的 1/3。并且，美国对中国的石蜡、蜡烛进行两项反规避调查，还对中国发起 27 起纺织品保障措施调查和 1 起涉及环状焊接钢管的特定产品保障措施调查。与此相对地，中国发起的反倾销起步比较晚，直到 2001 年 11 月才由外经贸部成立进出口公平贸易局来进行中国进口产品的反倾销、反补贴和保障措施系统调查。依据 WTO 统计，1995～2006 年中国对美国产品共发起反倾销调查 20 起、反倾销最终措施 16 起，均位居中国对外反倾销的第 3 位。另据中国商务部统计，2005 年中国发起反倾销调查 7 起，做出产业损害调查初步裁定 8 起，最终裁定 5 起，终止调查 2 起。这其中涉及对美国产品的反倾销调查 4 起，做出产业损害调查初步裁定 6 起，最终裁定 4 起。比较而言，就反倾销总量来看，美中在双边反倾销能力上存在着显著的非对称性。那么，具体到行业产品分布，美国对华与中国对美反倾销数量状况怎样？美中反倾销涉案的行业产品分布和贸易金额对称性如何？

一、美国对华反倾销数量的行业产品分布状况

虽然总体上美国对华反倾销调查及反倾销最终措施数量呈长期平稳增长，但是数字显示，反倾销起诉的数量逐年变动是相当大的，那么这些反倾销产品主要集中在哪些行业领域呢？参照表 5－1，在改革开放后初期（1978～1981 年），美国对中国产品很少发起反倾销起诉，只是在 1980 年才对华提起首例反倾销调查——化学品薄荷醇事件。但是，其后美国对华发起的反倾销调查及反倾销最终措施不仅在数量上有了较大增长，而且涉及的行业产品分布在不断扩大。1978～1990 年美国对华反倾销调查涉及 7 个行业产品：化学制品、纺织制品、食品、（贱）金属制品、矿物制品、杂项制品和工业（电子）设备；1991 年扩大到运输设备，2000 年扩大到矿物燃料，2003 年扩展到家用电器，2004 年又扩大到纸制品行业上。结果，1978～2005 年美国对华反倾销调查已涉及 11 个行业产品。相比而言，美国在 1983 年才对华裁定首例反倾销最终措施——纺织品印花布、棉毛巾事件。1984～1996 年美国对华裁定的反倾销最终措施涉及前 7 个行业产品，1997 年扩大到运输设备，2001 年、2004 年和 2005 年分别扩大到矿物燃料、家用电器和纸制品行业上。结果，美国对华反倾销最终措施也涉及 11 个行业产品。

具体来看，化学制品和（贱）金属制品是美国对华反倾销调查及反倾销最终措施的最主要两个行业。1978～2005 年美国对华化学制品反倾销调查 38 起、反倾销最终措施 26 起，分别占美国对华反倾销调查及反倾销最终措施比重的 32% 和 34%。同期，美国对华（贱）金属制品反倾销调查 32 起、反倾销最终措施 22 起，分别占美国对华反倾销调查、反倾销最终措施比重的 27% 和 29%。并且，美国对华化学制品和（贱）金属制品反倾销数量增加很快，其中反倾销调查分别从样本前半期（1978～1991 年）的 12 起、7 起增加到后半期（1992～2005 年）的 26 起、25 起；反倾销最终措施分别从 1978～1991 年的 8 起、4 起增加到 1992～2005 年的 18 起、18 起。总的来看，样本前后期美国对中国产品反倾销调查及反倾销最终措施数量都增加很快，分别从 32 起、21 起增加到 85 起和 56 起（见表 5－1）。1978～2005 年美国对华反倾销调查及反倾销最终措施数量的具体行业产品分布排序情况为：化学制品、（贱）金属制品、杂项制

品、食品、矿物制品、工业（电子）设备、运输设备、纺织制品、纸制品、矿物燃料和家用电器。

表 5－1　美国对华反倾销调查及反倾销最终措施的具体行业产品分布

单位：起

类别（年）	美国对中国产品反倾销调查数量			美国对中国产品反倾销最终措施数量		
	1978～1991	1992～2005	1978～2005	1978～1991	1992～2005	1978～2005
化学制品	12	26	38	8	18	26
纺织制品	3	1	4	2	0	2
食品	1	7	8	0	6	6
（贱）金属制品	7	25	32	4	18	22
矿物制品	3	2	5	3	2	5
杂项制品	1	9	10	1	5	6
工业（电子）设备	4	5	9	3	0	3
运输设备	1	4	5	0	3	3
矿物燃料	0	2	2	0	1	1
家用电器	0	1	1	0	1	1
纸制品	0	3	3	0	2	2
合　计	32	85	117	21	56	77

资料来源：http：//people. brandeis. edu/～cbown/global_ ad/；http：//www. wto. org/english/tratop_ e/adp_ e/adp_ e. htm#statistics，经整理。

二、中国对美反倾销数量的行业产品分布状况

中国对美发起的反倾销立案调查起步比较晚，直到 1997 年中国才对美国产品提起首例反倾销调查——新闻纸事件，1999 年裁定课征反倾销税。纵向比较来看，2001 年中国加入 WTO 成为正式成员国之后对美国产品提起的反倾销有了较大增加。究其原因，一方面入世后中国获得了平等的成员国地位，可诉诸于 WTO 规则；另一方面，2001 年 12 月中国修订并完善了《反倾销条例》，使得反倾销有法可依。横向比较来看，1997～

2005 年中国对美国产品反倾销主要集中在两大类产品上，具体是化学制品反倾销调查 16 起、反倾销最终措施 9 起，位居第 1 位；纸制品反倾销调查 4 起、反倾销最终措施 3 起，排在第 2 位；其他少量的反倾销行业产品是工业（电子）设备、纺织制品（参见表 5－2）。

表 5－2　中国对美反倾销调查及反倾销最终措施的具体行业产品分布

单位：起

年份	1997	1998	1999	2000	2001	2002	2003	2004	2005	1997～2005
化学制品	0（0）	0（0）	1（0）	1（0）	1（1）	3（1）	4（2）	4（3）	2（2）	16（9）
纺织制品	0（0）	0（0）	0（0）	0（0）	0（0）	0（0）	0（0）	0（0）	1（0）	1（0）
工业（电子）设备	0（0）	0（0）	0（0）	0（0）	0（0）	0（0）	1（0）	0（0）	0（1）	1（1）
纸制品	1（0）	0（0）	0（1）	0（0）	0（0）	1（0）	0（1）	1（0）	1（1）	4（3）
合　计	1（0）	0（0）	1（1）	1（0）	1（1）	4（1）	5（3）	5（3）	4（4）	22（13）

注：括号前为反倾销调查数、括号中为反倾销最终措施数。

资料来源：http：//people. brandeis. edu/～cbown/global_ad/；中国贸易救济信息网数据库 www. cacs. gov. cn。

三、中国对美与美国对华反倾销的行业产品分布和贸易金额：对称性比较

由于中国在 1997 年才颁布了反倾销条例，并于当年 12 月对来自韩国、加拿大和美国的新闻纸提起首例反倾销立案调查，因而我们以 1997 年为分界来比较 1997 年以来中美之间反倾销的主要行业产品分布状况。参见表 5－3，反倾销调查数据截止到 2005 年，反倾销最终措施数据延续到 2006 年。相比来看，1997 年以来中国对美国产品反倾销调查及反倾销最终措施数量主要集中在化学制品和纸制品上，同期美国对中国产品的反倾销调查及反倾销最终措施数量主要集中在化学制品、（贱）金属制品、食品、杂项制品和纸制品等之上。两厢相比，仅从行业产品发生的反倾销数量来看，1997 年以来中美两国反倾销在化学制品和纸制品行业上基本是对称的，即中美双方互相发起的反倾销案件数量基本持平，而在（贱）金属制品、食品和杂项制品上，美国对中国产品发起的反倾销强烈，而中

国尚未对美国发起反倾销，所以在（贱）金属制品、食品和杂项制品上美中反倾销是严重非对称的，美国处于反倾销强势，中国处于劣势，尚不具有反倾销对等的报复遏制能力。

表 5－3　　1997 以来中国对美与美国对华反倾销的行业产品分布比较

单位：起

类　别	中国对美国产品反倾销数量		美国对中国产品反倾销数量	
	AD 调查数量	AD 最终措施数量	AD 调查数量	AD 最终措施数量
化学制品	16	14	14	12
纸制品	4	4	3	3
工业(电子)设备	1	1	5	0
纺织制品	1	1	1	1
（贱）金属制品	0	0	15	11
食品	0	0	4	5
杂项制品	0	0	4	3
矿物制品	0	0	2	2
运输设备	0	0	1	3
矿物燃料	0	0	2	1
家用电器	0	0	1	1
合　计	22	20	52	42

数据来源：http：//people. brandeis. edu/～cbown/global_ ad/；中国贸易救济信息网数据库 www. cacs. gov. cn。

不过，仅从行业产品涉案的反倾销数量视角进行比较是有失偏颇的，考虑到每起反倾销数量涉及的贸易金额差异较大，因而需要进一步探究中美两国反倾销涉案的主要行业产品的贸易金额状况。为此，以中美两国反倾销数量最为集中且接近的化学制品和纸制品行业为例，考察一下这两大行业产品反倾销涉案的贸易金额的双边对称性状况。如表 5－4 所示，依据美方报告统计，1997～2006 年美国从华化学制品进口额与美国对华化学制品出口额近乎相当，只是一些年份美国对华化学制品出口额略占上风。据此，按照美方数据来看，美中在化学制品贸易上反倾销可能涉案的贸易金额具有基本对称性。参照 Blonigen 和 Bown（2003）研究发现，美国较少对具有积极反倾销措施和美国大量出口的国家产品发起反倾销调查，因而中国在化学制品贸易上对美具有对等的反倾销遏制能力。另据中方报告统计，1997～2006 年中国从美化学制品进口额远高于中国对美化学制品出口额，因而按照中方数据来看，美国在化学制品贸易上对华反倾销报复能力有限，结果中国对美化学制品反倾销数量位居同期中美双边反倾销的首位。并且，从美中双方统计来看，1997～2006 年美国对华化学制品出口额高于中国对美化学制品出口额，美国从华化学制品进口额低于中国从美化学制品进口额，说明在化学制品贸易上美国面临着中国更大的反倾销起诉可能性。

同理，依据美方统计来看，1997～2006 年美国从华纸制品进口额与美国对华纸制品出口额差距在不断拉大，由 1997 年逆差 0.7 亿美元增加到 2006 年逆差 16.1 亿美元。另据中方统计来看，1997～2006 年中国从美纸制品进口额基本保持稳定，而中国对美纸制品出口额在节节攀升，已由 1997 年逆差 5.5 亿美元转变为 2006 年顺差 5.3 亿美元。从美中双方统计来看，入世前后美国从华纸制品进口与中国从美纸制品进口相比出现逆转，差距在不断扩大。据此，美国对华纸制品贸易上具有更大的反倾销张力。

表 5－4　美中统计的双边化学制品和纸制品贸易金额

单位：亿美元

化学制品贸易	1997 年	1998 年	1999 年	2000 年	2001 年	2002 年	2003 年	2004 年	2005 年	2006 年
美国从华讲口	13.4	15.3	18.0	19.6	22.2	26.0	32.8	40.8	56.2	67.6
美国对华出口	19.4	19.7	20.9	23.3	22.1	29.6	36.2	47.3	50.6	60.1
中国从美进口	28.0	30.5	35.3	34.5	34.2	43.1	57.7	69.9	77.7	85.0
中国对美出口	11.7	13.3	14.5	16.6	18.4	22.4	27.5	35.5	48.6	57.8
纸制品贸易	1997 年	1998 年	1999 年	2000 年	2001 年	2002 年	2003 年	2004 年	2005 年	2006 年
美国从华进口	3.3	4.3	5.2	6.8	6.8	8.7	11.3	14.1	17.3	20.5
美国对华出口	2.6	3.3	3.4	3.9	3.2	3.9	4.2	4.7	4.7	4.4
中国从美进口	6.6	6.0	6.2	5.8	4.5	4.7	5.0	5.5	5.5	5.2
中国对美出口	1.1	1.4	1.7	2.1	2.6	3.4	4.7	6.2	8.0	10.5

数据来源：联合国商品贸易统计数据库，http：//comtrade. un. org/db。

第三节 美国对华与中国对美发起的反倾销强度指数：比较分析

上述分析比较了美国对华与中国对美反倾销的行业产品分布和贸易金额，那么美国对华发起的反倾销强度与中国对美发起的反倾销强度相比如何？现实中，由于美国是中国最主要的出口市场，因而美国发起的反倾销势必对中国出口产生首当其冲的影响。那么，中国遭受美国的反倾销强度指数或者美国对华发起的反倾销强度指数究竟多大呢？通过 ADI 变体处理，中国遭受美国的反倾销强度指数可计算为：

$$ADI_{AC}=\frac{AD_{AC}(t,t+n)/AD_{TC}(t,t+n)}{EX_{CA}(t,t+n)/EX_{C}(t,t+n)}$$

其中，$AD_{AC}(t, t+n)$ ——在 $[t, t+n]$ 时期内中国遭受美国反倾销调查（或最终措施）的数量；

$AD_{TC}(t, t+n)$ ——在 $[t, t+n]$ 时期内中国遭受的反倾销调查（或最终措施）的总量；

$EX_{CA}(t, t+n)$ ——在 $[t, t+n]$ 时期内中国对美出口值；

$EX_{C}(t, t+n)$ ——在 $[t, t+n]$ 时期内中国出口总值。

如果中国遭受美国的反倾销强度指数 $ADI_{AC}>1$，则中国相对其在美国市场出口份额强烈地遭受到美国反倾销行动的影响。由于中国对美出口占中国出口比重较大，因而若 $ADI_{AC}>0.5$，则表示中国在美国市场出口份额遭受到美国反倾销行动的显著影响。

鉴于中美贸易进出口统计口径差异很大，因而需要再测算美国对华发起的反倾销强度指数。美国对华发起的反倾销强度指数为：

$$ADI_{AC}=\frac{AD_{AC}(t,t+n)/AD_{A}(t,t+n)}{IM_{AC}(t,t+n)/IM_{A}(t,t+n)}$$

其中，$AD_{AC}(t, t+n)$ ——在 $[t, t+n]$ 时期内美国对华发起的反倾销调查（或最终措施）的数量；

AD_A (t, t+n) ——在 [t, t+n] 时期内美国发起的反倾销调查（或最终措施）的总量；

IM_{AC} (t, t+n) ——在 [t, t+n] 时期内美国从华进口值；

IM_A (t, t+n) ——在 [t, t+n] 时期内美国进口总值。

如果美国对华发起的反倾销强度指数 $ADI_{AC}>1$，则表示美国对华反倾销行动强烈地影响到美国从华进口。

表 5-5 1995~2006 年中国遭受美国、美国对华与中国对美发起的反倾销强度指数

1995~2006 年	被美国AD调查	被世界AD调查总数	被美国AD措施	被世界AD措施总数	对美出口	对世界出口	被美AD调查指数	被美AD措施指数
中国	64	536	52	375	9254.8	44647.0	0.58	0.67
1995~2006 年	对华AD调查	对世界AD调查总数	对华AD措施	对世界AD措施总数	从华进口	从世界进口	对华AD调查指数	对华AD措施指数
美国	64	373	52	239	16214.4	146121.6	1.55	1.96
1995~2006 年	对美AD调查	对世界AD调查总数	对美AD措施	对世界AD措施总数	从美进口	从世界进口	对美AD调查指数	对美AD措施指数
中国	20	133	16	92	3475.5	39084.4	1.69	1.96

数据来源：反倾销来源 http://www.wto.org/english/tratop_e/adp_e/adp_e.htm#statistics，单位为起；贸易数据来源于联合国商品贸易统计数据库 http://comtrade.un.org/db，单位为亿美元。

依据表 5-5，1995~2006 年中国共遭受美国反倾销调查 64 起、反倾销最终措施 52 起，分别占同期中国遭受反倾销调查、最终措施总数的 11.9% 和 13.9%。据联合国贸易统计数据库中国报告的数据，1995~2006 年中国对美出口额合计为 9254.8 亿美元，占同期中国出口总额的 20.7%。由此，1995~2006 年中国遭受美国反倾销调查、反倾销最终措施指数分别为 0.58 和 0.67。由于中国对美出口比重占到 20.7%，而 ADI_{AC} 值大于 0.5，所以中国在美国市场出口份额遭受到美国反倾销行动的显著影响。并且，从美方来看，1995~2006 年美国对华共发起反倾销调查 64 起、反倾销最终措施 52 起，分别占同期美国发起的反倾销调查、最终措施总数的 17.2% 和 21.8%。据联合国贸易统计数据库美国报告的数据，1995～2006 年美国从华进口额合计为 16214.4 亿美元，占美国进口总额的 11.1%。据此，1995～2006 年美国对华发起的反倾销调查指数、反倾销最终措施指数分别为 1.55 和 1.96。由于 ADI_{AC} 值大于 1，所以美国对华反倾销行动强烈地影响到美国从华进口（或者中国对美出口）。

类似地，测算一下中国对美发起的反倾销强度指数。ADI 变体得到中国对美发起的反倾销强度指数为：

$$ADI_{CA}=\frac{AD_{CA}(t,\ t+n)\ /AD_{C}(t,\ t+n)}{IM_{CA}(t,\ t+n)\ /IM_{C}(t,\ t+n)}$$

其中，$AD_{CA}(t,\ t+n)$ ——在 $[t,\ t+n]$ 时期内中国对美发起的反倾销调查（或最终措施）的数量；

$AD_{C}(t,\ t+n)$ ——在 $[t,\ t+n]$ 时期内中国发起的反倾销调查（或最终措施）的总量；

$IM_{CA}(t,\ t+n)$ ——在 $[t,\ t+n]$ 时期内中国从美进口值；

$IM_{C}(t,\ t+n)$ ——在 $[t,\ t+n]$ 时期内中国进口总值。

如果中国对美发起的反倾销强度指数 $ADI_{CA}>1$，则中国对美反倾销行动强烈地影响到中国从美进口（或者美国对华出口）。如表 5－5，1995～2006年中国对美共发起反倾销调查 20 起、反倾销最终措施 16 起，分别占同期中国发起的反倾销调查、最终措施总数的 15.0% 和 17.4%。与同期美国对华反倾销相比，中国对美发起的反倾销无论在数量上还是在所占自身比重上都比较低。但是，参照中国在联合国贸易统计数据库中报告的数据，1995～2006年中国从美进口合计仅占中国进口总额的 8.9%。结果，1995～2006 年中国对美发起的反倾销调查指数、反倾销最终措施指数分别为 1.69 和 1.96，竟比同期美国对华发起的反倾销调查指数还要高，反倾销最终措施指数持平。所以，中国对美反倾销行动也强烈地影响到中国从美进口（或者美国对华出口）。

第四节 美中反倾销非对称性：原因剖析

从原因上看，反倾销的制度因素差异、贸易差额状况和贸易结构问题等都会对美国是否提出反倾销起诉产生巨大的影响。以下将从制度因素差异、贸易差额状况和贸易结构问题视角来探究美中两国反倾销的非对称性。

一、美中反倾销非对称性：基于制度因素差异的分析

1. WTO 框架下中国反倾销地位不平等造成美中反倾销非对称。《中国入世议定书》第 15 条款允许其他 WTO 成员国在中国入世后 15 年内在倾销和补贴事件上把中国视作为非市场经济，这种地位的不平等引起美国等贸易伙伴更经常对华提起反倾销诉讼。他们往往不认可中国的出口品价格，而使用第三国替代价格来测算中国可能的倾销幅度。《中国入世议定书》第 16 条款更是为 WTO 成员国针对中国产品采取保障措施打开了方便之门。此外，WTO 成员国还对中国产品设置了“特保”手段。这些歧视性差别待遇极大地刺激了美国等贸易伙伴不断地提起对华反倾销、反补贴、保障措施及特保调查等，致使美中反倾销存在着严重的非对称性。

2. 美中反倾销制度程序上的差异造成美中反倾销的非对称。中国于 1997 年才出台了《中华人民共和国反倾销和反补贴条例》，若与美国反倾销法相比，则在法律的完整性和实用性上，中国的反倾销法规都存在着明显的不足。此外，在反倾销机构体系上中美之间也有着明显的差异。这些反倾销制度程序上的差异在很大程度上造成了美中反倾销的非对称性。具体地，美中反倾销的制度程序差异表现在：

（1）美中反倾销法理地位不对等。美国目前使用的反倾销法是美国国会通过的正式法律，而中国的反倾销条例并不是由对等的最高立法机构——全国人大制定、审议并通过的，而是由国务院颁布的法规性文件。

（2）美中反倾销实施操作的难易程度不同。美国反倾销实施操作程序明确，如规定好具体的裁决机构权限和调查期限等，这些促使美国企业更多地提起反倾销多重起诉。如 Blonigen 和 Prusa（2001）指出，过去 25 年里，美国修正其反倾销法规至少 6 次，几乎总是使反倾销保护更易于实现。但是，中国的反倾销条例对于反倾销的具体实施办法和操作程序的制定并没有充分考虑，而是通过事后颁布的一系列暂行规定来弥补该条例在操作层面上的不足。这使得中国企业在对外反倾销时效率低下，甚至陷入无法可依的被动局面。

(3) 中国反倾销条例在具体操作的时间节点和判定标准依据上存在缺失。如中国商务部对于如何认定倾销与国内损害之间的因果关系，并没有明确的标准，这给商务部的判决造成困扰，甚至影响到判决的客观性。

(4) 中国的反倾销体系在机构设置上不合理。相比美国 DOC 和 ITC 各司其职，协调制约的机构设置，中国的反倾销机构的安排显得叠加不清。虽然中国商务部对倾销和损害做出最终判决，但是征收临时反倾销税和最终反倾销税的决定却由国务院关税税则委员会给出，再由海关具体执行。而在美国，商务部和国际贸易委员会的最终决议将直接传达给美国海关。所以，美国的反倾销体系充分兼顾了反倾销损害调查判决和低于公平价值判决的客观独立性和反倾销效率的统一，而中国在这两个方面都存在着欠缺。中国反倾销法律法规的不完善，实施操作的难度大，反倾销条例操作的时间节点和判定标准的缺失，以及反倾销机构设置的不合理，这些都在不同程度上影响了中国企业反倾销的积极性和实际实施效果，结果反倾销制度程序上的差异进一步加剧了美中反倾销的非对称性。

二、美中反倾销非对称性：基于贸易差额状况的分析

在已有文献中，强调反倾销是与贸易差额状况紧密相关的，如 Mah (2000) 研究发现，贸易差额对反倾销肯定裁决的百分比增长具有单向的因果关系。James (2000) 认为，美国强烈使用反倾销是与其经济持续扩张造成统计上贸易逆差相关的。据此，需要从贸易差额状况来审视美中反倾销的非对称性。我们选取 WTO 成立以来 1995~2006 年为研究期间，考察一下美中双边贸易差额状况对双边反倾销的影响。参见表 5-6，依据联合国贸易统计数据库美国报告的数据，1995~2006 年美中贸易逆差在不断攀升，其直接表现是美国从华进口无论是绝对额还是相对值都在大幅上升，而美国对华出口绝对额较小，只是在中国入世后才呈现出大幅增长的态势。两厢相比，美中贸易逆差巨大，2006 年已达 2505.6 亿美元。同理，依据联合国贸易统计数据库中国报告的数据，1995~2006 年中美贸易顺差在不断上升，其直接表现为中国对美出口无论是绝对额还是相对值都在大幅上升，而中国从美进口绝对额相对较小。结果，出现巨额的中美贸易顺差，2006 年达 1444.9 亿美元。这样，参照已有的文献研究发现，巨额的美中贸易逆差必然引发美国对华发起大量的反倾销调查，而中国处

于巨额的贸易顺差，难以对美进行反倾销起诉。结果，巨额的美中贸易逆差致使美中双边反倾销出现严重的非对称性。

表 5－6　1995～2006 年美中双边贸易差额状况　　单位：亿美元

年　份	美国报告的数据			中国报告的数据		
	美国从华进口	美国对华出口	美中差额	中国从美进口	中国对美出口	中美差额
1995	485.1	117.5	－367.6	161.2	247.3	86.1
1996	544.0	119.8	－424.2	161.6	267.1	105.5
1997	658.1	128.0	－530.1	163.0	327.4	164.4
1998	750.9	142.6	－608.3	168.8	379.8	211.0
1999	877.8	131.2	－746.6	194.9	420.0	225.1
2000	1076.1	162.5	－913.6	223.7	521.6	297.9
2001	1093.8	192.3	－901.5	262.2	543.6	281.4
2002	1334.8	220.5	－1114.3	272.6	700.5	427.9
2003	1632.5	284.2	－1348.3	339.4	926.3	586.9
2004	2105.2	347.2	－1758.0	447.5	1251.5	804.0
2005	2598.3	418.4	－2179.9	487.4	1631.8	1144.4
2006	3057.8	552.2	－2505.6	593.1	2038.0	1444.9

数据来源：联合国商品贸易统计数据库http：//comtrade. un. org/db，2007 年 6 月公布。

三、美中反倾销非对称性：基于贸易结构问题的分析

自 WTO 成立以来，随着中国对美出口的迅速增长，中国对美贸易结构问题不容乐观，这些贸易结构问题加剧了美中双边反倾销的非对称性。具体来看，美中贸易结构问题对双边反倾销的影响主要表现在：

1. 中国较高的对美贸易依存度，形成了美中双边反倾销非对称的基础。参见表 5－7，依据联合国贸易统计数据库中国报告的数据，1995～2005 年中国对美贸易依存度（中美进出口贸易额/当年中国 GDP）呈现出不断上升态势。1995 年中美进出口贸易额为 408.5 亿美元，当年中国对美贸易依存度为 5.6%。到 2000 年，中美进出口贸易额上升到 745.3 亿美元，中国对美贸易依存度上升到 6.2%，而到入世后 2003 年中美双边贸易额已突破 1200 亿美元大关，中国对美贸易依存度上升到 7.7%；2005 年中美进出口贸易额已高达 2119.2 亿美元，当年中国对美贸易依存度上

升到9.5%。并且，依据美国报告的贸易数据，1995年美中进出口贸易额为602.5亿美元，当年中国对美贸易依存度为8.3%，而到入世后2005年美中进出口贸易额已高达3016.6亿美元，当年中国对美贸易依存度上升到13.5%。与同期中方报告的贸易数据相比，依据美方报告的贸易数据测算的中国对美贸易依存度更高（参见括号中百分比）。由此，中国经济增长呈现出对美贸易依存度增加的态势，这不仅加重了中国经济发展对美国的依赖性，而且也放大了中国产品易遭受美国反倾销起诉的风险。

表5-7　1995~2006年中国对美贸易依存度与美国对华贸易依存度

年　份	1995	1996	1997	1998	1999	2000
中美进出口额	408.5	428.6	490.4	548.7	614.9	745.3
美中进出口额	602.5	663.7	786.2	893.5	1008.9	1238.7
中国GDP（亿元）	60793.7	71176.6	78973.0	84402.3	89677.1	99214.6
美国GDP（亿美元）	73976.5	78168.2	83043.3	87469.8	92684.3	98169.7
对美贸易依存度	5.6%（8.3%）	5.0%（7.8%）	5.1%（8.3%）	5.4%（8.8%）	5.7%（9.3%）	6.2%（10.3%）
对华贸易依存度	0.8%	0.8%	0.9%	1.0%	1.1%	1.3%
年　份	2001	2002	2003	2004	2005	2006
中美进出口额	805.7	973.1	1265.7	1699.0	2119.2	2631.2
美中进出口额	1286.1	1555.4	1916.7	2452.4	3016.6	3610.0
中国GDP（亿元）	109655.2	120332.7	135822.8	159878.3	183084.8	—
美国GDP（亿美元）	101279.0	104696.0	109607.0	117125.0	124558.0	132466.0
对美贸易依存度	6.1%（9.7%）	6.7%（10.7%）	7.7%（11.7%）	8.8%（12.7%）	9.5%（13.5%）	—
对华贸易依存度	1.3%	1.5%	1.7%	2.1%	2.4%	2.7%

资料来源：中、美报告的进出口额http://comtrade.un.org/db，单位亿美元；中国GDP来源《中国统计年鉴（2006）》，单位亿元，按人民币兑美元中间价折算。美国GDP来源IFS数据库。2007年6月公布。

再者，比较一下美国对华贸易依存度情况。参见表5-7，依据美国报告的贸易数据，1995~2006年美国对华贸易依存度（美中进出口贸易额/当年美国GDP）只有较小升幅。1995年美中进出口贸易额为602.5亿美元，当年美国对华贸易依存度仅为0.8%。到2000年，美中进出口贸易额上升到1238.7亿美元，而美国对华贸易依存度仍仅为1.3%。中国入世后，到2005年美中双边贸易额已突破3000亿美元大关，而美国对华贸易依存度仅上升至2.4%。与同期中国对美贸易依存度相比，美国经济增长对美中双边贸易的依赖程度都很小，因而中国相对较高的对美贸易依存度，就形成了美中双边反倾销非对称的基础，它决定了美中双方在反倾销行动中的非对称地位，美方占优，中方处于劣势。

表5-8　　1995~2006年中国对美国出口集中度　　单位：亿美元

年　份	1995	1996	1997	1998	1999	2000
中国对美出口	247.3	267.1	327.4	379.8	420.0	521.6
中国对世界出口	1487.8	1510.5	1827.9	1838.1	1949.3	2492.0
对美出口集中度	16.6%	17.7%	17.9%	20.7%	21.5%	20.9%
年　份	2001	2002	2003	2004	2005	2006
中国对美出口	543.6	700.5	926.3	1251.5	1631.8	2038.0
中国对世界出口	2661.0	3256.0	4382.3	5933.3	7619.5	9689.4
对美出口集中度	20.4%	21.5%	21.1%	21.1%	21.4%	21.0%

资料来源：中国报告的出口额来源http://comtrade.un.org/db，2007年6月公布。

2. 中国过高的对美出口集中度，加剧了美中双边反倾销的非对称性。参见表5-8，依据联合国贸易统计数据库中国报告的数据，1995~2006年中国对美出口额每年都在快速地增长，同期，中国对世界贸易出口额也在快速地增长，结果两厢相比，中国对美出口集中度（即中国对美出口额/当年中国出口总额）在稳步上升，由1995年的

16.6%逐步上升到2000年的20.9%。入世后，中国对美出口集中度稳定在21%左右。也就是，美国市场事关中国外贸出口的1/5之多。这表明中国外贸出口对美国市场的依赖性程度过高。而中国对美过高的外贸出口集中度，一方面放大了中国外贸出口遭受美国反倾销调查的风险；另一方面也加剧了美中双边反倾销中的非对称性，即美国具有利用反倾销手段实行贸易保护的优势和底气，而中国处于劣势，尚不具备对等地实施反倾销。所以，当务之急是拓展中国外贸出口对象，降低过高的对美出口集中度。

3. 中国过高的出口加工贸易比重加剧了美中双边反倾销的非对称性。据《亚洲华尔街日报》2003年8月14日撰文，中国对美贸易顺差扩大的最大原因莫过于那些对美国出口的公司如今转移到中国生产。华盛顿国际经济研究所一项调查显示，中国对美贸易顺差中75%是这种“贸易转移效应”产生的结果。而且，近年来，中国对外贸易出口中加工贸易占据很大比重。具体地，1995~2005年加工贸易出口占中国外贸出口总额的比重年均都高达55.0%。入世后，这种出口贸易格局仍未改变，2001~2005年中国对外加工贸易出口占中国外贸出口的比重仍高达55.2%（见表5-9）。无论是来料加工贸易还是进料加工贸易，加工贸易的大部分收益都为外资企业（包括国内“三资企业”、外国原料供给商或中间产品供给商以及国外最终产品销售商）所有，中国只获得微薄的加工费。也就是，外国企业利用中国廉价的劳动力、便宜的厂房及地租资源，在中国内地生产加工出用以对外出口销售的最终消费品和工业制成品。虽然中国只获得较低的外贸出口加工附加值，但却表现为中国对外贸易出口额特别是对美贸易出口额大幅攀升。在现阶段，虽然加工贸易为中国提供了大量就业机会，培训和提高了中国产业工人的知识和技能，也为中国本土企业带来了先进的管理理念和营销技能。但是，随着中国经济的持续发展和环保意识的不断增强，以及人民币逐步升值，可以预见中国产业工人的劳动力成本、地租成本和环保成本将会不断上升。在此新形势下，现有的依托中国作为生产加工基地用以出口的加工贸易模式必将面临严峻挑战。而且，大量的出口加工贸易产生的贸易逆差向中国内地转移，在放大中国对美出口张力的同时，也加剧了中国与美国等主要贸易伙伴之间反倾销的非对称性，恶化了中国对外贸易环境。

表 5-9　　1995~2005 年按贸易方式划分中国货物出口总额　　单位：亿美元

年　份	一般贸易出口	加工贸易出口	其他贸易出口	中国出口总额	加工贸易出口占比
1995	713.70	737.00	37.10	1487.8	49.5%
1996	628.40	843.30	38.80	1510.5	55.8%
1997	779.74	996.02	52.14	1827.9	54.5%
1998	742.35	1044.54	50.22	1837.1	56.9%
1999	791.35	1108.82	49.14	1949.3	56.9%
2000	1051.81	1376.52	63.70	2492.0	55.2%
2001	1118.81	1474.33	67.83	2661.0	55.4%
2002	1361.87	1799.28	94.82	3256.0	55.3%
2003	1820.34	2418.51	143.45	4382.3	55.2%
2004	2436.06	3279.70	217.44	5933.2	55.3%
2005	3150.63	4164.67	304.23	7619.5	54.7%

数据来源：《中国统计年鉴（2006）》。

第五节 美中反倾销能力差异对中美双边贸易的影响效应

反倾销作为 WTO 所允许的贸易救济手段，成为进口国保护本国产业和社会福利的重要手段。但是，由于在反倾销实施过程中，贸易的参与主体、利益涉及者以及产业内部因素的多样性，造成反倾销的影响效应往往呈多样化形态。美中两国反倾销的非对称性或反倾销能力差异必然对中美双边贸易产生不同的影响效应。依据表 5-10 测算，1995~2006 年中国对美反倾销调查及反倾销最终措施对称率分别为 0.313 和 0.308（显著小于 1），即世贸组织成立以来中国对美反倾销调查及反倾销最终措施处于非对等的劣势地位；而美国对华反倾销调查及反倾销最终措施对称率分别为3.20和3.25（显著大于1），即同期内美国对华反倾销调查及反倾销最终措施处于绝对优势地位。并且，1995～2006年美国对华发起的反倾销调查指数及最终措施指数分别为1.55和1.96（显著大于1），说明美国对华反倾销行动已强烈地影响到美国从华进口；同期中国对美反倾销最终措施指数也达到1.96，说明中国对美反倾销行动也强烈地影响到中国从美进口。相比而言，虽然考虑到双边贸易进口额之后，中国对美反倾销强度指数已与美国对华反倾销强度指数趋于对等，但是美中在双边反倾销能力上仍存在着显著的差距，表现为美国对华反倾销调查及反倾销最终措施仍处于非对等的绝对数量优势。

究其原因主要是：

（1）中国非市场经济地位。《中国入世议定书》第15条款中允许其他WTO成员国在2015年以前视中国为非市场经济，这种歧视性差别待遇极大地刺激了美国企业不断提起对华反倾销调查，使用第三国替代成本来测算中国可能的倾销幅度。

（2）中国对美出口集中度过高，而美国对华出口比重较低。据联合国贸易统计数据库统计，入世后中国对美出口集中度高达21%之上，即美国事关中国1/5的外贸出口；但同期美国对华出口占美国出口比重仅在4%左右。因而中国对美反倾销报复能力十分有限。

（3）中国企业对反倾销指控辩护能力不足，或者出现反倾销应诉“搭便车”幻觉，但是在反倾销应诉中缄默或放弃自我辩护权利，只会鼓励美国企业对中国发起更多的反倾销调查。现实案件显示，美国进口商、中国生产商及出口商在美国反倾销日落评议（sunset review）中并不顺利，因为他们几乎没有参与涉及中国产品的日落评议。例如，在对巴西、加拿大、中国和印度的钢铁铸件日落评议中，来自印度的相关利益集团对美国ITC的信息要求做出充分回应，使得反倾销指令经历一次全面评议。但是，由于没有相关的中国利益集团积极参与或提供任何信息，因而全面评议不会对中方有利。结果，针对中国的反倾销指令继续存在，而针对印度的指令却被撤销了。在对中国和西班牙的高锰酸钾日落评议中同样如此。因此，就日落评议而言，由于美国进口商、中国生产商及出口商的不参与，造成主张撤销的反倾销指令的前景机会完全丧失，结果针对中国产品的反倾销指令继续维持。

表 5－10　　1995～2006 年中美反倾销对称率及反倾销强度指数比较

1995～2006 年	对美 AD 调查	对世界 AD 调查总数	对美 AD 最终措施	对世界 AD 最终措施	从美进口	从世界进口	对美 AD 调查指数	对美 AD 措施指数
中国	20	133（536）	16	92（375）	3475.5	39084.4	1.69	1.96
1995～2006 年	对华 AD 调查	对世界 AD 调查总数	对华 AD 最终措施	对世界 AD 最终措施	从华进口	从世界进口	对华 AD 调查指数	对华 AD 措施指数
美国	64	373（175）	52	239（104）	16214.4	146121.6	1.55	1.96
1995～2006 年	中国对美 AD 调查	中国对世界 AD 调查	中国对美 AD 措施	中国对世界 AD 措施	美国对华 AD 调查	美国对世界 AD 调查	美国对华 AD 措施	美国对世界 AD 措施
对称率	0.313	0.25	0.308	0.25	3.20	2.13	3.25	2.30

注：括号中为中国、美国遭受世界相应的反倾销调查数和反倾销最终措施数。

数据来源：反倾销 www.wto.org/english/tratop_e/adp_e/adp_e.htm#statistics，单位为起；联合国贸易统计数据库 http://comtrade.un.org/db，单位为亿美元。2007 年 6 月发布。

现实中，美中双边反倾销能力的差异已对中美双边贸易关系产生了严重的影响。主要表现在：

1. 中国对美出口频繁遭受到美国的反倾销行为，已对中美双边贸易构成了严峻挑战。1995～2005 年美国裁定对从中国进口的香豆素、粒状纯镁、糠醇、甘氨酸、金属锰、聚乙烯醇、蜜胺餐具、刹车鼓、刹车转子、过硫盐酸、小龙虾仁、定尺碳钢板、墙壁钉、蘑菇罐头、一水肌氨酸、阿司匹林、浓缩苹果汁、靛蓝染料、混凝土钢筋、铸造焦炭、蜂蜜、金属镁、热轧碳钢板、折叠礼盒、汽车挡风玻璃、金属折叠桌椅、铁钒合金、铁栅栏杆、糖精、聚乙烯醇、碳酸钡、可锻铸铁管件、褐色精制氧化铝、彩电、购物袋、四氢糠醇、熨衣板、木制卧室家具、手推车、咔唑紫颜料、冷冻或罐装暖水虾、皱纹纸、薄棉纸、金属镁、无机氯酸盐、艺术画布和格记录纸等 50 多种商品强征反倾销税，分别涉及中国刹车鼓和刹车转子 5147 万美元、定尺碳钢板 6227 万美元、蘑菇罐头 6757 万美元、浓缩苹果汁 3339 万美元、靛蓝染料 1839 万美元、铸造焦炭 1294 万美元、蜂蜜 2401 万美元、金属镁 3546 万美元、汽车挡风玻璃 5241 万美元、聚乙烯醇1023万美元、可锻铸铁管件2040万美元、褐色精制氧化铝1964万美元、彩电2.71亿美元、聚乙烯购物袋1.26亿美元、熨衣板1244万美元、木制卧室家具9.58亿美元、手推车1484万美元、冷冻或罐装暖水虾2.95亿美元、薄棉纸3010万美元、金属镁2402万美元和格记录纸1.32亿美元。[①] 其中，中国虾产品对美出口被强征高额反倾销税，遭受毁灭性打击，除湛江国联水产有限公司因获得零税率幸免于难外，其他虾产品企业对美出口被迫关闭。而且，2004年10月22日，美国纺织品协议执行委员会（CITA）对从中国进口的袜类产品采取特别限制措施，设限期为一年。10月29日后，美国近10次以“市场扰乱威胁”为由，对中国棉制裤子等多类纺织品提起设限，金额超过10亿美元。2005年4月4日，美国CITA宣布启动针对3类中国纺织品进口的保障程序；5月13日宣布对中国棉织裤等3类产品设限；5月18日CITA又宣布，决定对原产中国的男式梭织衬衫、化纤制裤子、化纤制针织衬衫、精梳棉纱等4种产品采取“特保”措施。这些反倾销等贸易壁垒措施已严重干扰到中美正常贸易。

2. 在中国遭受的反倾销等贸易摩擦中，美国无论在涉案金额还是在涉案次数上都占据较大比重，这对中美互补性贸易关系产生严重的不利影响。据《中国商务年鉴（2004）》统计，2003年中国对美出口产品共遭遇11起贸易救济调查，其中反倾销9起，涉案金额高达18.5亿美元。2003年美国对中国产品的立案金额已占到世界各国对中国产品立案总金额的88%。另据WTO统计，1995~2006年中国遭受的反倾销调查及反倾销最终措施数量中，美国排在第3位和第2位，分别为64起和52起，均位居美国对外反倾销的第1位，分别占同期中国遭受反倾销调查总数的11.9%、反倾销最终措施的13.9%。鉴于美国在中国对外贸易中所处的重要地位，入世后美国市场事关中国外贸出口的1/5之多，因而美国对华反倾销的贸易影响效应甚大。另据美国国际贸易委员会（ITC）统计，2005年美国对中国产品新发起4起反倾销调查，2006年对中国产品新发起3起调查，分别占当年美国新发起反倾销调查的33.3%和42.9%，即

① USITC (2006), “Import Injury Investigations Historical Case Statistics (FY 1980 ~ 2005)”, pp. 13 – 24, http://www.usitc.gov.

美国对华反倾销所占自身比重较高。再如美国商务部副部长拉文（Lavin, Franklin）所言，中美双边贸易继续面临重大障碍，美国商务部目前针对中国有58项反倾销命令在执行之中，涉案金额超过50亿美元，包括从中国进口的消费品、钢材、农产品、海鲜和化工产品等①。所以，美国对华反倾销等贸易摩擦致使美国从华进口受到抑制，中国对美出口相对下降，这将对中美互补性双边贸易关系产生严重的不利影响。

第六节 主要结论及对策

针对反倾销非对称性与中美双边贸易问题，研究发现主要有：

1. 1978 ~2005 年美国对华反倾销调查及反倾销最终措施数量的具体行业分布排序为：化学制品、（贱）金属制品、杂项制品、食品、矿物制品、工业（电子）设备、运输设备、纺织制品、纸制品、矿物燃料和家用电器。1997 ~2005 年中国对美国产品反倾销调查及反倾销最终措施主要集中在化学制品和纸制品上，其他少量的反倾销行业产品是工业（电子）设备、纺织制品。

2. 从反倾销数量来看，中美两国反倾销在化学制品和纸制品行业上基本是对称的，而在（贱）金属制品、食品和杂项制品上美中反倾销是严重非对称的，美国处于反倾销强势，中国处于劣势。从贸易金额来看，1997 ~2006 年美国在化学制品贸易上面临着中国更大的反倾销起诉可能性，而美国对华纸制品贸易上具有更大的反倾销张力。

3. 1995 ~2006 年美国对华发起的反倾销调查指数、反倾销最终措施指数分别为 1.55 和 1.96，因而美国对华反倾销行动强烈地影响到美国从华进口（或者中国对美出口）；而同期中国对美发起的反倾销调查指数、反倾销最终措施指数分别为 1.69 和 1.96，所以中国对美反倾销行动也强

① Krause, Susan (2006)：“美国经贸官员谈美中经济关系”，《美国参考》2006 年 3 月 31 日，http：//usinfo. state. gov/mgck/。

烈地影响到中国从美进口（或者美国对华出口）。

4. 美国的反倾销体系充分兼顾了反倾销损害调查判决和低于公平价值判决的客观独立性和反倾销效率的统一，而中国在这两个方面都存在着欠缺。WTO 框架下中国反倾销地位不平等造成美中反倾销的非对称，并且美中反倾销制度程序上的差异进一步造成美中反倾销的非对称性。

5. 巨额的美中贸易逆差致使美中双边反倾销出现严重的非对称性；而中国较高的对美贸易依存度，形成了美中双边反倾销非对称的基础；中国过高的对美出口集中度、中国过高的出口加工贸易比重，加剧了美中双边反倾销的非对称性。

6. 美中在双边反倾销能力上存在着显著的差距，表现为美国对华反倾销调查及反倾销最终措施仍处于非对等的绝对数量优势。美中双边反倾销能力的差异已对中美双边贸易关系产生了严重的不利影响，主要表现在：中国对美出口频繁遭受到美国的反倾销行为，已对中美双边贸易构成了严峻挑战；在中国遭受的反倾销等贸易壁垒中，美国无论在涉案金额还是在涉案次数上都占据较大比重，这对中美互补性贸易关系产生严重的不利影响。

对策建议是：

1. 鉴于美国无视中国市场和企业行为的变化，仍将中国视为非市场经济地位，夸大中国对美出口的倾销幅度。这样，囿于中国加入 WTO 的门槛条件，在国家层面解决非市场经济地位问题没有实质性突破进展的条件下，现阶段，中国行业和企业应积极争取获得行业的市场经济地位。

2. 由于中国在国际分工中仍然处于低端，外贸增长方式粗放，质量和效益不高，出口结构过于集中不合理，低附加值产品多，高能耗、高污染和资源性产品出口增长过快，贸易争端涉及的产品和产业增多。因此，我们主张通过升级中国出口产品结构来部分化解中国遭受的反倾销风险。在全球经济失衡的背景下，中国从根本上应对和规避来自美国的反倾销等贸易摩擦，就必须降低过高的对美贸易依存度、降低过高的对美出口集中度，实现从贸易大国走向贸易强国。

3. 通过对美中反倾销制度程序上的差异比较，认识到美中反倾销法理地位不对等、美中反倾销实施操作的难易程度不同、中国反倾销条例在具体操作的时间节点和判定标准依据上存在缺失，以及中国的反倾销体系在机构设置上不合理。因此，在今后相当长的时期内，中国的反倾销管理制度要在不断改革中加以完善，实现反倾销损害调查判决和低于公平价值判决的客观独立性和效率的统一。这是解决美中反倾销非对称性问题的根本制度保障。

4. 中国政府应积极支持和协调行业协会加强倾销与反倾销信息搜集和整理，及时反馈给会员企业，并通过行业协会等市场组织机构加大统一应诉和起诉力度，同时增进与美国商会和行业协会之间信息沟通和了解，以便通过事前协商来化解部分的反倾销冲突。

第六章

反倾销与美中双边产业内贸易：经验分析①

本章针对反倾销与美中双边产业内贸易关系问题，围绕以下几个主要问题进行展开：（1）探究美国对华反倾销涉案的主要产品及金额状况；（2）测算美国对华反倾销涉案产品的双边产业内贸易指数状况；（3）对反倾销与美中双边产业内贸易关联度进行经验研究。

第一节 问题的提出及文献综述

产业内贸易是指同一产业部门内部产品及其中间产品同时发生的跨

① 本章参见沈国兵（2008a）："反倾销与美中双边产业内贸易：经验分析"，《世界经济研究》2008 年第 3 期，第 48 ~ 55 页。

国界或跨地区进出口贸易。现实中，随着中国对美进出口贸易的不断增长，[①] 两国之间行业产品贸易形成了国际范围内的分工和细化，但由于两国企业生产规模经济的不同、产品异质性以及消费者偏好的差异导致了美中之间在一些行业产品上产业内贸易程度不断提升，如化学制品行业。据联合国贸易统计数据库中国报告的数据测算，中美化学制品行业产业内贸易 GL 指数已从 1995 年的 0.47 上升到 2006 年的 0.81；另据美国报告的数据测算，美中化学制品行业产业内贸易 GL 指数已从 1995 年的 0.64 提升到 2006 年的 0.94。也就是，美方统计的美中化学制品产业内贸易程度更高，这意味着美中在化学制品行业内产品间竞争性程度在不断上升。而与此同时，1995 ~2006 年，即世界贸易组织成立以来，美国对中国产品的反倾销调查及反倾销最终措施数量最主要集中在化学制品上；并且，中国对美国产品反倾销调查及反倾销最终措施数量也主要集中在化学制品上。[②] 由此，问题是：反倾销密集程度是否与美中双边产业内贸易程度正相关？若不是，那么反倾销与美中双边产业内贸易关系如何？本章将对此问题做出深入探究。

有关反倾销与美中双边产业内贸易问题，已有的文献研究主要有：

第一，关于产业内贸易测算研究。[③] Grubel 和 Lloyd（1975）原创性地提出产业内贸易 GL 指数：

$$GL_j = \frac{(X_j + M_j) - |X_j - M_j|}{(X_j + M_j)}$$

其中，X_j 和 M_j——第 j 产业的出口和进口；

GL_j——第 j 产业内贸易指数，用以衡量相同产业内产品进出口贸易之间平衡贸易程度或重叠程度。

---

① 依据联合国贸易统计数据库中国报告的数据，1995 年中国从美进口、对美出口分别为 161.2 亿和 247.3 亿美元，2001 年分别增加到 262.2 亿和 543.6 亿美元。入世后，中国对美进出口贸易增长迅猛，到 2006 年，中国从美进口、对美出口已增加至 593.1 亿和 2038.0 亿美元。若依据美方报告的数据，则进出口贸易额增加更大。2006 年美国从华进口、对华出口分别达 3057.8 亿和 552.2 亿美元。引用时间为 2007 年 7 月。

② 数据来源：http：//people. brandeis. edu/ ~cbown/global_ ad/；中国贸易救济信息网数据库www. cacs. gov. cn.

③ 文献研究参见沈国兵（2007c）：“显性比较优势、产业内贸易与中美双边贸易平衡”，《管理世界》2007 年第 2 期。

GL 指数取值 0 时，表示完全产业间贸易；取值 1 时，表示完全产业内贸易。随后，经济学家们对静态 GL 指数测算方式进行了不断地修正。其中，Greenaway 和 Milner（1983）认为，如果产业 j 在 j－1 集合水平上构成的亚类有着不同的要素投入比率时，则产业内贸易指数 B_j[①] 将会因分类集合抵消而被扭曲。由此，他们提出产业内贸易调整指数：

$$C_j = \left[1 - \frac{\sum |X_{ij} - M_{ij}|}{\sum (X_{ij} + M_{ij})}\right] \times 100$$

其中，j——第 j 产业；

i——在 j－1 水平上构成的亚类。

当使用 C_j 而非 B_j 时，由于考虑了相反的符号效应和权重效应，贸易失衡不会相互抵消，因而测算的 C_j 就会免于分类集合抵消产生的扭曲。

第二，关于行业贸易与反倾销研究。McGee（2002）认为，反倾销法被指向锚住特定国家特定的行业，甚至特定的外国生产商，因而反倾销在保护国内生产商上比关税或配额更有效率。Blonigen 和 Bown（2003）认为，进口渗透率越大、遭受报复风险越低，则进口国行业越有可能提起反倾销起诉。Stevenson（2007）发现，当一些敏感的中国进口品增长时，在价格较低并有进口品显著增长的国家很可能国内行业将转向反倾销起诉。USITC（2004a）具体指出，调查期内，美国从华木制卧室家具行业涉案进口量显著快速地增长，对美国国内该行业产生显著的不利影响，致使美国 ITC 最终裁定，美国国内木制卧室家具行业受到来自中国的不公平价值进口的实质性损害，结果课征反倾销税。

根据上述文献研究，行业内贸易程度与反倾销起诉具有一定的相关性，那么具体到中美两国，反倾销与美中双边产业内贸易关系如何？本章将对两者的关联性进行研究。本章具体进展如下：第二节探究美国对华反倾销涉案的主要产品及金额状况，第三节测算美国对华反倾销涉案产品的双边产业内贸易指数状况，第四节对反倾销与美中双边产业内贸易关联度进行经验研究，第五节主要结论及对策。

---

① $B_j = \left[1 - \frac{|X_j - M_j|}{(X_j + M_j)}\right] \times 100$。这里的 B_j 就是 GL_j 指数的简单变形。参见 Greenaway 和 Milner（1983，p. 901）。

第二节 美国对华反倾销涉案的主要产品及金额状况

从数量上看，美国对华反倾销的具体行业产品分布排序为：化学制品、（贱）金属制品、杂项制品、食品、矿物制品、工业（电子）设备、运输设备、纺织制品、纸制品、矿物燃料和家用电器。但是，某一行业产品遭受美国反倾销数量的多少尚无法反映其实际的经济影响。为此，我们以反倾销涉案金额为基准，详细地考察世贸组织成立以来美国对华反倾销究竟哪些主要产品涉案？参见表 6 – 1，依据 USITC（2006）统计显示，1995 ~2006财政年度美国对中国产品反倾销涉案金额超过亿美元的主要产品是：(1) 木制卧室家具，涉案金额 9. 5795 亿美元，被课征 198. 08% 的反倾销税；(2) 碳钢合金盘条，涉案金额 3. 4088 亿美元，但初裁被否决；(3) 冷冻或罐装暖水虾，涉案金额 2. 9530 亿美元，被课征 112. 81% 的反倾销税；(4) 彩电，涉案金额 2. 7111 亿美元，被课征 78. 45% 的反倾销税；(5) 自行车，涉案金额 2. 2130 亿美元，但被裁定无损害结案；(6) 格记录纸，涉案金额 1. 3184 亿美元，被课征 78. 39% 的反倾销税；(7) 滚珠轴承，涉案金额 1. 2796 亿美元，但被裁定无损害结案；(8) 聚乙烯袋，涉案金额 1. 2572 亿美元，被课征 77. 57% 的反倾销税。

其他涉案金额超过千万美元尚不足亿美元的产品排序为：(1) 环形焊缝管，涉案 0. 6818 亿美元；(2) 蘑菇罐头，涉案 0. 6757 亿美元；(3) 定尺碳钢板，涉案 0. 6227 亿美元；(4) 石油管，涉案 0. 5597 亿美元；(5) 汽车挡风玻璃，涉案 0. 5241 亿美元；(6) 刹车鼓和刹车转子，涉案 0. 5147 亿美元；(7) 冷轧碳钢板，涉案 0. 5072 亿美元；(8) 小龙虾仁，涉案 0. 357 亿美元；(9) 金属镁，涉案 0. 3546 亿美元；(10) 浓缩苹果汁，涉案 0. 3339 亿美元；(11) 薄绵纸，涉案 0. 301 亿美元；(12) 蜂蜜，涉案 0. 3005 亿美元；(13) 建筑钢梁，涉案 0. 2707 亿美元；

(14) 金属镁，涉案 0.2402 亿美元；（15）蜂蜜，涉案 0.2401 亿美元；(16) 柠檬酸，涉案 0.2254 亿美元；（17）锻铸铁管件，涉案 0.204 亿美元；(18) 钢缆索，涉案 0.1987 亿美元；(19) 精制氧化铝，涉案 0.1964 亿美元；(20) 靛蓝染料，涉案 0.1839 亿美元；(21) 金刚石锯片，涉案 0.1824 亿美元；(22) 冷轧碳钢平板，涉案 0.1772 亿美元；(23) 漆刷，涉案 0.1712 亿美元；(24) 铸造焦炭，涉案 0.1294 亿美元；(25) 熨衣板及部件，涉案 0.1244 亿美元；（26）聚乙烯醇，涉案 0.1023 亿美元（见表 6－1）。不过，在这些反倾销涉案产品中有相当一部分最终被裁定无损害结案或者中止协议。

表 6－1　美国对华反倾销涉案的主要产品及金额状况

（按金额排序）　　单位：百万美元

商品名称	立案期	终裁期	裁决结果	涉案金额	商品名称	立案期	终裁期	裁决结果	涉案金额
木制卧室家具	2003.1	2004.1	征税	957.95	浓缩苹果汁	1999.6	2000.6	征税	33.39
碳钢合金盘条	2005.1	2006.1	初裁否决	340.88	薄绵纸	2004.2	2005.3	征税	30.10
冷冻或罐装暖水虾	2004.1	2005.1	征税	295.30	蜂蜜	1994.1	1995.8	中止协议	30.05
彩电	2003.5	2004.6	征税	271.11	建筑钢梁	2001.6	2002.6	无损害	27.07
自行车	1995.4	1996.6	无损害	221.30	金属镁	2004.3	2005.4	征税	24.02
格记录纸	2005.1	2006.9	征税	131.84	蜂蜜	2000.1	2001.11	征税	24.01
滚珠轴承	2002.2	2003.4	无损害	127.96	柠檬酸	1999.12	2000.2	无损害	22.54
聚乙烯袋	2003.6	2004.8	征税	125.72	锻铸铁管件	2002.11	2003.12	征税	20.40
环形焊缝管	2001.6	2002.7	无损害	68.18	钢缆索	2000.3	2001.4	无损害	19.87

续表

商品名称	立案期	终裁期	裁决结果	涉案金额	商品名称	立案期	终裁期	裁决结果	涉案金额
蘑菇罐头	1998. 1	1999. 2	征税	67. 57	精制氧化铝	2002. 11	2003. 11	征税	19. 64
定尺碳钢板	1996. 1	1997. 1	征税	62. 27	靛蓝染料	1999. 7	2000. 6	征税	18. 39
石油管	2002. 4	2002. 5	无损害	55. 97	金刚石锯片	2005. 6	2006. 7	无损害	18. 24
汽车挡风玻璃	2001. 3	2002. 4	征税	52. 41	冷轧碳钢平板	2001. 1	2002. 11	无损害	17. 72
刹车鼓/转子	1996. 3	1997. 4	部分征税	51. 47	漆刷	1999. 8	1999. 9	无损害	17. 12
冷轧碳钢板	1999. 6	2000. 7	无损害	50. 72	铸造焦炭	2000. 9	2001. 9	征税	12. 94
小龙虾仁	1996. 9	1997. 9	征税	35. 70	熨衣板及部件	2003. 7	2004. 8	征税	12. 44
金属镁	2000. 1	2001. 1	征税	35. 46	聚乙烯醇	2002. 9	2003. 1	征税	10. 23

资料来源：http：//people. brandeis. edu/ ~ cbown/global_ ad/；http：//www. usitc. gov/trade_ remedy/Report - 10 - 06 - PUB. pdf.

为了揭示反倾销与美中双边产业内贸易程度的可能关系，我们剔除无损害结案和中止协议的涉案产品，得到被裁定课税的美国对华反倾销涉案的主要产品有：木制卧室家具、冷冻或罐装暖水虾、彩电、格记录纸、聚乙烯袋、蘑菇罐头、定尺碳钢板、汽车挡风玻璃、刹车鼓及转子、小龙虾仁、金属镁、浓缩苹果汁、薄绵纸、蜂蜜、锻铸铁管件、精制氧化铝、靛蓝染料、铸造焦炭、熨衣板及部件，以及聚乙烯醇等20类。据此，我们将测算这些涉案产品的美中双边产业内贸易状况，以期揭示美国对华反倾销与双边产业内贸易程度之间可能的关系。

第三节 美国对华反倾销涉案产品的双边产业内贸易指数状况

尽管 Greenaway 和 Milner（1983）提出产业内贸易调整指数，指出 GL 指数会因分类集合抵消而被扭曲，但是如果细化到具体某一类产品来测算其产业内贸易指数，则就不存在分类集合加总引发的数值抵消造成的扭曲问题。因此，可以直接采用 GL 指数来测算这些具体涉案产品的产业内贸易程度。GL 指数取值在 0 和 1 之间，当取值 0 时，表示完全产业间贸易，即两国该产业内贸易完全失衡；当取值 1 时，表示完全产业内贸易，即两国该产业内贸易完全平衡。据此，若某一产品产业内贸易指数越大，则该产业内贸易平衡状况越好，对双边贸易产生的摩擦张力越小；反之，则相反。鉴于产业内贸易指数数值介于 0 和 1 之间，因而为了细分不同产品产业内贸易对双边贸易的影响程度，只能采取经济学中静态比较分析方法设定好分段值进行区分比较。不妨设定产业内贸易指数分段值为 0～0.5、0.5～0.7 和 0.7～1，分别表示产业内贸易对双边贸易失衡的摩擦张力较大、适中和较小（沈国兵，2007c）。

这样，根据 GL 指数方法，我们来测算美国对华反倾销涉案产品的产业内贸易 GL 指数，探究哪些产品产生的反倾销摩擦张力较大，进而揭示这些产品产生反倾销摩擦张力的实质原因（见表 6－2）。

表 6－2　美国对华反倾销涉案的主要产品产业内贸易指数

产品（行业）	1995 年	1996 年	1997 年	1998 年	1999 年	2000 年	2001 年	2002 年	2003 年	2004 年	2005 年	2006 年
木制卧室家具	0.007	0.043	0.007	0.007	0.001	0.001	0.002	0.001	0.002	0.002	0.001	0.001
冷冻（罐装）暖水虾	0.16	0.18	0.10	0.17	0.26	0.06	0.01	0.03	0.04	0.01	0.25	0.19

续表

产品（行业）	1995年	1996年	1997年	1998年	1999年	2000年	2001年	2002年	2003年	2004年	2005年	2006年
彩电	0.04	0.11	0.30	0.27	0.07	0.09	0.08	0.03	0.02	0.02	0.02	0.02
格记录纸	0.00	0.01	0.01	0.01	0.01	0.00	0.01	0.01	0.00	0.00	0.01	0.01
聚乙烯袋	0.02	0.01	0.01	0.01	0.02	0.02	0.01	0.02	0.02	0.04	0.03	0.02
蘑菇罐头	0.00	0.00	0.01	0.01	0.08	0.00	0.00	0.01	0.01	0.00	0.00	0.00
定尺碳钢板	0.69	0.07	0.04	0.11	0.06	0.03	0.13	0.18	0.02	0.27	0.32	0.06
汽车挡风玻璃	0.67	0.25	0.27	0.11	0.05	0.03	0.02	0.03	0.02	0.01	0.03	0.02
刹车鼓（转子）	0.03	0.02	0.02	0.02	0.05	0.12	0.03	0.06	0.05	0.03	0.06	0.10
小龙虾仁	/	0.08	0.00	0.00	0.00	0.00	0.29	0.00	0.23	0.16	0.32	0.35
浓缩苹果汁	0.02	0.05	0.00	0.01	0.02	0.02	0.06	0.00	0.00	0.00	0.00	0.00
薄绵纸	0.64	0.92	0.79	0.91	0.83	0.68	0.88	0.52	0.44	0.17	0.29	0.47
金属镁	0.20	0.00	0.00	0.03	0.01	0.01	0.00	0.02	0.00	0.03	0.06	0.24
蜂蜜	0.00	0.00	0.00	0.05	0.03	0.01	0.00	0.10	0.15	0.04	0.03	0.02
锻铸铁管件	0.53	0.12	0.18	0.34	0.22	0.20	0.11	0.15	0.12	0.17	0.16	0.16
精制氧化铝	0.10	0.08	0.75	0.35	0.43	0.17	0.40	0.14	0.83	0.46	0.25	0.26
靛蓝染料	0.08	0.06	0.03	0.08	0.15	0.17	0.17	0.16	0.20	0.21	0.22	0.19
铸造焦炭	0.00	0.00	0.00	0.00	0.00	0.00	0.00	0.00	0.00	0.01	0.02	0.04

续表

产品（行业）	1995年	1996年	1997年	1998年	1999年	2000年	2001年	2002年	2003年	2004年	2005年	2006年
熨衣板及部件	/	0.26	0.27	0.11	0.21	0.79	0.23	0.06	0.47	0.27	0.43	0.47
聚乙烯醇	0.15	0.27	0.13	0.10	0.15	0.13	0.19	0.95	0.83	0.93	0.90	0.99

资料来源：联合国贸易统计数据库http：//comtrade.un.org/db，美国报告的数据测算。2007年8月公布。

依据表6－2，将1995～2006年美国对华反倾销涉案的主要产品按大的行业和GL指数分段值分类是：

1. 食品及活动物行业内反倾销摩擦张力较大的涉案产品有：冷冻暖水虾（GL≤0.26）、蘑菇罐头（GL≤0.08）、小龙虾仁（GL≤0.35）、浓缩苹果汁（GL≤0.06）和蜂蜜（GL≤0.15）。在这5类涉案产品上，1995～2006年美中产业内贸易指数较小，美国对华一直存在着大的逆差失衡，致使策略占优的美方易于发起反倾销事件。

2. 非食用原料（燃料除外）行业内反倾销摩擦张力较大的涉案产品有精制氧化铝。在此类产品上，除个别年份外，GL指数都小于0.5，且在2002年GL指数降至极值点0.14后，处在逆差方的美国对华发起了氧化铝反倾销案。此后，美国对华该产品出口大幅增加，而进口相对减少，致使2004年始中方反而成为顺差方。

3. 矿物燃料、润滑油及有关原料行业内反倾销摩擦张力较大的涉案产品有铸造焦炭（GL≤0.04）。1995～2006年美国在此类产品上对华一直保持有巨大的贸易逆差，虽然2000年美国对华发起了铸造焦炭反倾销案，但是经过3年后美国对华铸造焦炭逆差出现了更大的反弹，很可能再度展期对华反倾销。

4. 化学制品行业内反倾销摩擦张力较大的涉案产品有：靛蓝染料和聚乙烯醇。1995～2006年美国对华靛蓝染料的产业内贸易指数比较小（GL≤0.22），说明该产品产业内贸易平衡状况差，表现为美国对华大的贸易逆差。1999年美国对华发起靛蓝染料反倾销案后，虽然短期内该产品从华进口出现减少，对华出口相对增加，但是到2003年后该产品贸易逆差出现了大的反弹。同理，1995～2001年间，美国对华聚乙烯醇的产业内贸易指数比较小（GL≤0.27），而2002～2006年间，该产品产业内贸易指数较大（GL>0.83），说明前半期该产品的美中产业内贸易平衡状况较差，表现为该产品美国对华存在大的贸易逆差，产生的摩擦张力大，致使策略占优的美方在2002年对华发起聚乙烯醇反倾销案，并于次年裁定生效。结果，2002年以后美国从华进口聚乙烯醇大幅下降，而出口相对增加，表现为实施反倾销后美中聚乙烯醇产业内贸易指数有了较大上升。

5. 原料制品行业内反倾销摩擦张力较大的涉案产品有：格记录纸（GL≤0.01）、定尺碳钢板（GL≤0.32，1995年除外）、汽车挡风玻璃（GL≤0.27，1995年除外）、薄绵纸、金属镁（GL≤0.24）和锻铸铁管件（GL≤0.34，1995年除外）。其中，1995～2001年间，美国对华薄绵纸的产业内贸易指数较大，而2001年之后该产品GL指数出现大幅下降，2004年降至极低点0.17，表现为该产品美国对华贸易逆差不断增大，产生的摩擦张力变大，结果策略占优的美方在2004年对华提起薄绵纸反倾销案，并于次年裁定生效。而在其他5类涉案产品上，1995～2006年美中产业内贸易指数较小，美国对华一直存在着巨额的贸易逆差，特别是在格记录纸和铸铁管件上，美国对华贸易逆差尤甚，所以产生的反倾销摩擦张力大。

6. 机械及运输设备行业内反倾销摩擦张力较大的涉案产品有：彩电（GL≤0.30）、刹车鼓及转子（GL≤0.12）。这表明美国对华彩电和刹车鼓及转子的产业内贸易指数比较小，表现为1995～2006年美国对华在这两类产品上贸易逆差严重失衡。尽管美国实施了反倾销措施，但是其影响并未显现。

7. 杂项制品行业内反倾销摩擦张力较大的涉案产品有：木制卧室家具（GL≤0.043）、聚乙烯袋（GL≤0.04）、熨衣板及部件（GL≤0.47，2000年除外）。在这3类涉案产品上，1995～2006年美中产业内贸易指数较小，其中前两类产品GL指数非常小，表现为美国对华木制卧室家具和聚乙烯袋存在着巨额的贸易逆差，致使策略占优的美方于2003年发起反倾销起诉，并于次年裁定生效。

由上可见，1995～2006年美国对华反倾销摩擦张力较大的20类涉案产品，其产业内贸易指数都比较小，且美方处于较大的贸易逆差失衡，这些成为引发美国对华不断发起反倾销贸易摩擦的实质原因。由此，否定了反倾销密集程度与美中双边产业内贸易程度的正相关关系。不过，这一结论还需要进一步计量证伪。

第四节 反倾销与美中双边产业内贸易关联度：经验研究

虽然上述美国对华反倾销涉案产品的产业内贸易指数都比较小（GL<0.5），但是是否较小的产业内贸易指数易于引发反倾销贸易摩擦呢？理论上，就美中双边产业内贸易角度来看，进行反倾销一般分为两种情况：一是双边产品产业内贸易程度较高情况下，若美方发起反倾销，则中方会报复性实施反倾销行动，结果占优策略是双方都不发起反倾销；二是双边产品产业内贸易程度较低情况下，往往是策略占优的一方易于发起反倾销，表现为美国往往利用其贸易逆差失衡形成的策略占优对华发起反倾销。这样，依据博弈论的结果，反倾销一般只会发生在双边产品产业内贸易程度较低的情况下，且一方处于贸易逆差失衡造成的反倾销策略占优。现实中，上述美国对华反倾销涉案的主要产品产业内贸易指数都比较小、且美方处于较大的贸易逆差失衡状态就很好地说明了这一点。不过，这种直观的描述仍限于表象，为此，我们选取1995～2006年为样本期间，考察涉案产品的产业内贸易程度与引发反倾销案件之间是否存在内在的关联性。

一、变量选取及数据说明

1. 反倾销涉案产品。我们以WTO成立为起点，选取1995～2006年为样本期间，考察被裁定课税的美国对华反倾销涉案的主要产品是：木制卧室家具、冷冻或罐装暖水虾、彩电、格记录纸、聚乙烯袋、蘑菇罐头、定尺碳钢板、汽车挡风玻璃、刹车鼓及转子、小龙虾仁、金属镁、浓缩苹果汁、薄绵纸、蜂蜜、锻铸铁管件、精制氧化铝、靛蓝染料、铸造焦炭、熨衣板及部件，以及聚乙烯醇等20类产品。对于这些涉案产品的反倾销调查期数据都来自全球反倾销数据库（Global Antidumping Database）和WTO数据库。[①] 我们取美国对每类涉案产品进行反倾销立案调查前为0，之后取值为1，用以衡量美国对华该类产品有无发起反倾销行为。不妨以变量 AD_{jt} 来表示在t年美国对华第j类产品进行反倾销，则 AD_{jt} 取值0时，表示美国尚未对该类产品发起反倾销行为，而 AD_{jt} 取值1时，表示美国对该类产品发起反倾销行为。具体地，各类涉案产品变量 AD_{jt} 取值见表6-3。

表6-3　美国对华反倾销涉案的主要产品变量 AD_{jt} 取值

产品（行业）	1995年	1996年	1997年	1998年	1999年	2000年	2001年	2002年	2003年	2004年	2005年	2006年
木制卧室家具	0	0	0	0	0	0	0	0	1	1	1	1
冷冻（罐装）暖水虾	0	0	0	0	0	0	0	0	0	1	1	1
彩电	0	0	0	0	0	0	0	0	1	1	1	1
格记录纸	0	0	0	0	0	0	0	0	0	0	1	1
聚乙烯袋	0	0	0	0	0	0	0	0	1	1	1	1
蘑菇罐头	0	0	0	1	1	1	1	1	1	1	1	1
定尺碳钢板	0	1	1	1	1	1	1	1	1	1	1	1
汽车挡风玻璃	0	0	0	0	0	0	1	1	1	1	1	1

① 网址：http：//people. brandeis. edu/～cbown/global_ad/；http：//www. wto. org/english/tratop_e/adp_e/adp_e. htm#statistics。单位为起，2007年7月公布。

续表

产品（行业）	1995年	1996年	1997年	1998年	1999年	2000年	2001年	2002年	2003年	2004年	2005年	2006年
刹车鼓（转子）	0	1	1	1	1	1	1	1	1	1	1	1
小龙虾仁	0	1	1	1	1	1	1	1	1	1	1	1
浓缩苹果汁	0	0	0	0	1	1	1	1	1	1	1	1
薄绵纸	0	0	0	0	0	0	0	0	0	1	1	1
金属镁	0	0	0	0	0	1	1	1	1	1	1	1
蜂蜜	0	0	0	0	0	1	1	1	1	1	1	1
锻铸铁管件	0	0	0	0	0	0	0	1	1	1	1	1
精制氧化铝	0	0	0	0	0	0	0	1	1	1	1	1
靛蓝染料	0	0	0	0	1	1	1	1	1	1	1	1
铸造焦炭	0	0	0	0	0	1	1	1	1	1	1	1
熨衣板及部件	0	0	0	0	0	0	0	0	1	1	1	1
聚乙烯醇	0	0	0	0	0	0	0	1	1	1	1	1

资料来源：类同于上表6－1。

2. 涉案产品的产业内贸易程度。由于细化到具体某一类产品测算其产业内贸易指数，不存在分类集合加总引起的数值抵消造成的扭曲问题，因而我们可以直接采用GL指数来测算并衡量这些涉案产品的产业内贸易程度。理论上，反倾销一般只会发生在双边产品产业内贸易程度较低的情况下。不妨以变量GL_{jt}来表示在t年美国对华第j类产品的产业内贸易程度。具体涉案产品的产业内贸易指数参见表6－2。

3. 涉案产品的贸易差额。产业内贸易程度的大小只能反映美中贸易平衡或失衡的程度，但无法反映美方是否具有反倾销策略占优，因而需要考虑美中产品的贸易差额状况。理论上，产业内贸易程度较低、且美方处于贸易逆差的产品易于引发反倾销。不妨以变量 NX_{jt} 来表示在 t 年美国对华第 j 类产品的贸易差额，为缩小与产业内贸易指数数值差距，不妨采用亿美元作为产品贸易差额单位。这样，美国对华第 j 类产品贸易差额越小（为负数），意味着美方逆差越大，则该产品越易于引发反倾销；反之，则相反。具体涉案产品的贸易差额来源于联合国商品贸易统计数据库。①

二、模型构建及经验结果分析

理论上博弈预期的结果是：反倾销一般只会发生在双边产品产业内贸易程度较低的情况下，且一方处于逆差失衡造成的反倾销策略占优。据此，引出的命题是：美中双边产品产业内贸易程度较低、且美方处于贸易逆差失衡的产品易于引发反倾销行为。鉴于因变量只有两种选择，未发生反倾销时取值为 0，发生反倾销时取值为 1，故而我们拟构建二元选择模型（Binary Choice Model），并选取上述美国对华反倾销涉案的主要产品来检验这一命题。该二元选择回归模型具体可表示为：

$$AD_{jt}^* = \beta_0 + \beta_1 \times GL_{jt} + \beta_2 \times NX_{jt} + \mu_{jt}$$

其中，AD_{jt}^* 取值 0 或 1；

GL_{jt}——在 t 年美国对华第 j 类产品的产业内贸易程度；

NX_{jt}——在 t 年美国对华第 j 类产品的贸易差额；

β_0；β_1，β_2 分别为常数项和自变量参数；

μ_{jt}——误差项。

根据该二元选择回归模型，我们选取 1995～2006 年为样本期间，取因变量为美国对华第 j 类产品有、无发起反倾销。模型设定和自变量选取如上所述。在估计美中涉案产品的产业内贸易程度及贸易差额对引发反倾销行为影响时，依据变量回归结果的显著性，AIC、SC 数值极小化和对数似然值极大化原则来选择采用当期数据或滞后 q 期处理（q = 1，2，…）。

① 资料来源：联合国商品贸易统计数据库，网址：http：//comtrade. un. org/db，美国报告的数据。2007 年 8 月公布。

据此，该二元选择回归模型的最佳检验结果如表 6－4 所示。

表 6－4　美国对华反倾销涉案主要产品的二元 Logit 模型回归结果

因变量：美国对华第 j 类产品有无发起反倾销				
自变量	变量系数	标准差	Z 统计值	P 值
GL（－2）	－1.026865 *	0.549317	－1.869348	0.0616
NX	－0.113874 **	0.050858	－2.239068	0.0252
Mean dependent var	0.521008	S. D. dependent var		0.500611
S. E. of regression	0.490900	Akaike info criterion（AIC）		1.352307
Sum squared resid	56.87201	Schwarz criterion（SC）		1.381485
Log likelihood	－158.9245	Hannan－Quinn criter.		1.364066
Avg. log likelihood	－0.667750			
Obs with Dep = 0	114	Total obs		238
Obs with Dep = 1	124			

注：** 表示在 5% 水平上统计显著，* 表示在 10% 水平上统计显著。

数据来源：参见上述“变量选取及数据说明”。

根据表 6－4，在二元估计方法中，我们采用 EViews 默认的 Logit 模型，鉴于回归结果中常数项不显著，将其剔除，建立不含常数项的二元 Logit 模型。并且，考虑了样本期间内美中涉案产品的产业内贸易程度及贸易差额对引发反倾销可能存在的滞后影响。经过变量显著性和 AIC、SC 数值极小化及对数似然值极大化比较，对涉案产品的产业内贸易指数取滞后 2 期，贸易差额取当期数据。由此，得到在 5% 及 10% 水平上，两个解释变量对因变量都具有统计上显著的影响效应。

具体来看，在 5% 水平上，美中涉案产品的贸易差额变量回归系数为负，表明假定其他条件不变，则美国对华第 j 类产品发起反倾销的概率将随该产品美国对华贸易差额下降而增加，从而验证了美国处于贸易逆差失衡的产品易于引发反倾销行为。

在 10% 的显著性水平上，美中涉案产品的产业内贸易指数变量回归系数也为负数，说明假定其他条件不变，则美国对华第 j 类产品发起反倾销的概率将随美国对华该产品产业内贸易程度上升而减少；反之，则随美国对华该产品产业内贸易程度下降而增加。不过，其影响效应存在着两期滞后期。据此，我们从经验上否定了反倾销密集程度与美中双边产业内贸易程度的正相关关系；并且，很好地验证了样本期间内美中双边产品产业内贸易程度都比较低，才出现美国对中国产品频频发起反倾销行为。所以，美中双边产品产业内贸易程度较低、且美国处于贸易逆差失衡的产品最容易招致美国对华反倾销行为。

第五节 主要结论及对策

通过对反倾销与美中双边产业内贸易关系的经验分析，得出以下主要结论：

1. 1995~2006 财政年度美国对中国产品反倾销涉案金额超过亿美元的主要产品是：木制卧室家具、碳钢合金盘条、冷冻或罐装暖水虾、彩电、自行车、格记录纸、滚珠轴承和聚乙烯袋等 8 类。其他涉案金额超过千万美元尚不足亿美元的产品共有 26 类。不过，在这些反倾销涉案产品中有相当一部分最终被裁定无损害结案或者中止协议，如碳钢合金盘条、自行车和滚珠轴承等。

2. 1995~2006 年美国对华反倾销摩擦张力较大的 20 类涉案产品，其产业内贸易指数都比较小，且美方处于较大的贸易逆差失衡压力，这些成为引发美国对华不断发起反倾销贸易摩擦的实质原因。

3. 二元 Logit 模型回归显示，在 5% 水平上，美国对华第 j 类产品发起反倾销的概率将随该产品美国对华贸易差额下降而增加；在 10% 水平上，美国对华第 j 类产品发起反倾销的概率将随美国对华该产品产业内贸易程度下降而增加。所以，从经验上否定了反倾销密集程度与美中双边产业内贸易程度的正相关关系。结论是，美中双边产品产业内贸易程度较低、且美国处于贸易逆差失衡的产品最容易招致美国对华反倾销行为。

根据这些研究性发现，政策建议是：

1. 通过技术引进和产业升级来提升中国对美出口产品的质量和附加

值，在扩大同类产品出口的同时增加中国进口，逐步提高美中双边产品产业内贸易程度，以部分化解触发的反倾销风险。

2. 通过对资源耗竭型、环境污染型企业的出口产品课征出口税的方式改善中国对美出口商品的贸易结构，减少这些类型企业的产品对美出口，缩减中美贸易在这些产品上产生的巨额贸易逆差，以降低可能引发的反倾销行为。

第七章

美国对华反倾销的贸易效应：基于行业产品的案例分析[①]

本章基于行业产品的案例分析来探究美国对华反倾销的贸易效应，具体围绕以下几个主要问题展开：（1）以木制卧室家具反倾销案为例探究美国对华反倾销的贸易效应；（2）以彩电反倾销案为例探究美国对华反倾销的贸易效应；（3）探究美国对华反倾销的非贸易效应。

第一节 问题的提出及文献综述

反倾销行动作为 WTO 所允许的贸易救济手段，已成为进口国在保护

① 参见沈国兵（2008b）："美国对中国反倾销的贸易效应：基于木制卧室家具的实证分析"，《管理世界》2008 第 4 期。

本国产业和社会福利时的重要措施。但由于在反倾销实施过程中，贸易的参与主体、利益涉及者以及产业内部因素的多样性，最终造成的影响效应呈多样化形态。在反倾销造成的影响效应中，最直接且最为重要的是反倾销产生的贸易效应。除此之外，反倾销行为还会引致一系列非贸易效应，如对进口国国内价格、外国直接投资和贸易双方的国民福利产生不同程度的影响。1995～2005 年美国裁定对从中国进口的聚乙烯醇、刹车转子、小龙虾仁、定尺碳钢板、蘑菇罐头、浓缩苹果汁、靛蓝染料、铸造焦炭、蜂蜜、金属镁、热轧碳钢板、汽车挡风玻璃、铁栅栏杆、糖精、可锻铸铁管件、精制氧化铝、彩电、聚乙烯袋、熨衣板及部件、木制卧室家具、手推车、暖水虾、皱纹纸、薄绵纸、艺术画布和格记录纸等 50 多种商品强征反倾销税，其中涉案进口金额最高的 3 类产品分别是木制卧室家具 9.58 亿美元、冷冻或罐装暖水虾 2.95 亿美元和彩电 2.71 亿美元。[①] 在这里，为了突出地显现美国对华反倾销的贸易效应，我们将以中国涉案金额最大的两类工业制成品——木制卧室家具和彩电的反倾销案为例，来探究美国对华反倾销的贸易效应。

就美国反倾销行动产生的贸易效应来看，主要有反倾销引致的贸易调查效应、贸易限制效应和贸易转移效应。从文献来看，Staiger 和 Wolak（1994）、Prusa（1999）研究认为，反倾销威胁的存在和预期裁定反倾销税的可能性都对被诉国产生贸易调查效应。有证据表明，一些企业有时发起反倾销程序就是单单为了反倾销的贸易调查效应。Prusa（1996）、Blonigen 和 Prusa（2001）曾做出深入的研究。如 Prusa（1996）研究发现：（1）反倾销产生显著的贸易调查效应（Investigation Effect）。即使没有做出最终课征反倾销税裁决，但反倾销调查本身仍会造成调查期内进口下降，起到对被控对象侵扰作用。具体的，在调查期内来自被诉国的贸易会下降 20%。（2）反倾销产生贸易限制效应（Restrictive Effect）。反倾销明显地限制了来自被诉国的贸易额，对于高税率的反倾销案件更是如此。（3）反倾销产生贸易转移效应（Diversion Effect）。即使成功的反倾销行动限制了来自被诉国的进口，但是未受调查的国家会增加其在进口国的市

---

① USITC（2006），"Import Injury Investigations Historical Case Statistics（FY 1980～2005）"，http://www.usitc.gov，pp. 14～15.

场份额，即出现从被诉国向非被诉国明显的贸易转移。Blonigen 和 Prusa（2001）认为，过去 25 年，国家已日益转向使用反倾销，以便为进口竞争行业提供保护。反倾销是一种贸易政策，围绕调查和裁决的诉讼过程有着显著的贸易影响，已超越可观察的反倾销税本身。反倾销调查事件显示出对进口和国内生产的影响，而且反倾销调查能够导致其他无意识的市场效应，冲淡贸易保护效力，如造成贸易转移和跨越关税的外国直接投资。

随着美国对中国频繁发起反倾销行动，有关反倾销可能引发的贸易效应及非贸易效应也日益为国内理论界所重视。唐宇（2004）认为，实施反倾销措施后对进口国可能会产生四种经济效应：贸易转移效应、投资跨越效应、上下游行业继发性保护效应，以及国家间报复效应。其中，反倾销贸易转移效应导致真正受益的可能不是进口国的进口竞争行业，而是那些未遭到反倾销调查的其他国家的出口企业。胡麦秀、严明义（2005）研究表明，欧盟反倾销保护导致了中国对其彩电出口量大幅度下降，中国彩电出口市场明显地转移到未对中国彩电提起反倾销诉讼的美国、日本、阿联酋和澳大利亚等国，即反倾销保护导致了出口国的市场转移效应。鲍晓华（2004）认为，反倾销限制了来自指控对象国的产品进口，对本国产业起到保护作用，但非指控对象国可通过增加他们对目标市场的销售来部分抵消这种限制和保护的效果，即发生国别贸易转移效应。此外，反倾销引致基于避免贸易保护壁垒的目的而发生的跨越关税的外国直接投资效应。鲍晓华（2007）实证研究发现，中国反倾销措施对指控对象国的进口有明显的贸易限制效应，即使是无损害结案的反倾销指控仍然对指控对象国的进口具有反倾销贸易调查效应，但是涉案产品可能在指控对象国和非指控对象国之间转移，这种贸易转移效应部分削弱了反倾销措施的保护效果。总体上看，反倾销起到了救济本国产业的作用，导致进口价格上升，控制了涉案产品的进口总量。

根据上述文献研究，反倾销行动的确会产生贸易影响效应，那么具体到木制卧室家具和彩电的反倾销案件上，美国对华反倾销产生的贸易效应及非贸易效应又将如何？本章将对此进行探究。本章具体进展如下：第二节探究美国对华木制卧室家具反倾销的贸易效应，第三节探究美国对华彩电反倾销的贸易效应，第四节就美国对华反倾销的非贸易效应进行分析，第五节给出主要结论及对策。

第二节 美国对华反倾销的贸易效应：以木制卧室家具反倾销案为例

一、美国对中国木制卧室家具反倾销的贸易调查效应

木制卧室家具（Wooden Bedroom Furniture，简称 WBF）反倾销案。美国调查起诉时间：2003 年 11 月；终裁时间：2004 年 12 月（见表 7 - 1）。终裁结果：美国该行业受到中国木制卧室家具进口品的实质性损害，课征反倾销税。2003 年 10 月 31 日，美国家具制造商委员会，特别是美国木制卧室家具制造商协会和其他 6 个协会一起向美国商务部（DOC）和国际贸易委员会（ITC）提起反倾销诉讼，锁定 133 家中国家具生产商和出口商。应诉者包括美国家具零售商，特别是 35 家木制卧室家具零售商和进口商协会，以及中国一些家具生产商及其联合会。调查期间内，ITC 共收到 154 家中国 WBF 生产商的调查问卷回应。最终，USITC（2004a，p. 33）认为，调查期内涉案木制卧室家具进口对美国国内行业条件产生显著的不利影响，涉案进口量的显著增长明显地低于美国国内该商品的价格销售。而低于公平价值的进口，致使美国国内该行业失去了明显的市场份额，这反过来显著地影响到该行业生产、出货、销售量和其他指标。尽管该行业营运利润在调查期内仍旧为正的，但是该行业总的营运收入却显著下降。因此，调查期内涉案进口的中国木制卧室家具对美国国内该行业绩效产生显著的不利影响。据此，ITC 裁定美国国内木制卧室家具行业受到来自中国的不公平价值进口的实质性损害。

表 7 - 1　美国对中国木制卧室家具反倾销案：调查记事表

调查日期	美国对中国木制卧室家具反倾销行动
2003 年 10 月 31 日	向 DOC 和 ITC 提起申诉
2003 年 10 月 31 日	ITC 开始初步调查

续表

调查日期	美国对中国木制卧室家具反倾销行动
2003 年 11 月 10 日	ITC 在联邦登记上公布调查的告示
2003 年 11 月 21 日	ITC 公共讨论会
2003 年 11 月 24 日	DOC 在联邦登记上公布开始调查日期的告示
2003 年 12 月 17 日	DOC 在联邦登记上公布开始调查的告示
2004 年 1 月 9 日	ITC 在初始阶段调查中投票日期
2004 年 1 月 12 日	ITC 将初始裁决提交给 DOC
2004 年 1 月 20 日	ITC 意见被提及给 DOC
2004 年 6 月 24 日	DOC 在联邦登记上公布反倾销初始裁决
2004 年 7 月 15 日	ITC 在联邦登记上公布最终阶段调查的时间表
2004 年 8 月 5 日	DOC 在联邦登记上公布修正的反倾销初始裁决
2004 年 9 月 9 日	DOC 在联邦登记上公布修正的反倾销初始裁决
2004 年 11 月 9 日	ITC 听证会
2004 年 11 月 17 日	DOC 在联邦登记上公布反倾销最终裁决
2004 年 12 月 10 日	ITC 投票裁定
2004 年 12 月 22 日	美国 ITC 将终裁结果和意见提交给 DOC

Source：USITC（2004a），*Wooden Bedroom Furniture from China*，Investigation No. 731 – TA – 1058（Final），Publication 3743，p. 40.

当对中国木制卧室家具反倾销起诉被提出，至涉案产品在最终裁决之前，这一期间对于反倾销行为是否成立的调查，都会对中美两国该行业产品的贸易额产生很大的影响。具体如下：

（一）纵向动态比较

中国是美国进口木制卧室家具的最大原产地，2003 年约占美国进口 WBF 的 50.2%。在调查期内，中国 WBF 生产量仍有相当地增长，2001～2003 年数量翻了 1 倍多，2003～2004 年中国计划的 WBF 生产能力仍在增长。并且，调查期内无论是绝对额还是相对于美国消费 WBF 的份额，中国对美 WBF 出口都在持续地增长。如以价值测算，2001 年中国对美 WBF 出口 1.70 亿美元，2002 年 3.35 亿美元，2003 年 5.08 亿美元，2004 年 6.02 亿美元，分别占当年美国消费 WBF 的比重为 4.1%、7.4%、10.8%

和12.0%。相比来看，2003年10月31日，在遭受美国反倾销起诉调查后，尽管中国对美木制卧室家具出口额仍有所增长，但是，纵向动态比较显示，调查期内中国对美WBF出口增长率已出现大幅下滑，从2002年的96.8%迅猛下挫到2003年的51.6%，2004年更是下降到18.6%（见表7－2）。问题是，中国对美WBF出口增长率大幅下降是反倾销调查效应所致吗？为此，需要比较考察中国对世界木制卧室家具出口情况，以及中国对美在其中所占的份额。

（二）横向动态比较

调查期内，中国对世界木制卧室家具出口一直在增长。虽然这一期间出口增长率出现了下降，从2002年的61.3%下降到2003年的50.8%，再降至2004年的31.3%，但是与同期中国对美WBF出口增长率变化相比，中国对世界WBF出口增长率下降得更为平缓，这表明美国反倾销调查致使中国对美WBF出口增长显著受阻，造成更大幅度下滑，即产生了反倾销的贸易调查效应。并且，从所占比重来看，调查期内中国对美WBF出口占对世界WBF出口的份额也出现了下降。如2002～2003年所占比重为58%，而2003年10月31日美国反倾销立案调查后，致使2004年中国对美WBF出口所占对世界比重下降至52%，2005～2006年持续下降（见表7－2）。这进一步证实了美国对中国木制卧室家具进行反倾销调查确实对中国该行业对美出口产生了显著的不利影响。

表7－2　2001～2006年中国对美、对世界木制卧室家具出口情况及所占比重　单位：百万美元

年　份	2001	2002	2003	2004	2005	2006
中国对美WBF出口额	170.2	334.9	507.8	602.2	712.4	906.9
中国对美WBF出口增长率	/	96.8%	51.6%	18.6%	18.3%	27.3%
中国对世界WBF出口额	360.4	581.4	876.9	1151.5	1422.5	1834.7
中国对世界WBF出口增长率	/	61.3%	50.8%	31.3%	23.5%	29.0%
中国对美WBF出口所占对世界比重	47%	58%	58%	52%	50%	49%

数据来源：http：//comtrade.un.org/db，中国报告的数据；2007年8月援引。

反倾销调查之所以会导致中国对美 WBF 出口增长率下降，主要有四个方面的原因：第一，美国可置信反倾销税威胁效应。美国是中国出口 WBF 的最大目的地，即使美国初裁不征税，但由于中国 WBF 企业受到来自美国方面的可置信征税威胁，因而为规避可能的税负风险，在立案调查期内美国 WBF 进口商也会减少从中国的 WBF 进口量。并且，美国反倾销案是以现金保证金的形式预征反倾销税的，这笔保证金会对涉案产品的价格产生不确定性影响，进而阻碍美国从中国 WBF 进口增长量。第二，替代国扭曲效应。《中国入世议定书》第 15 条款允许其他 WTO 成员国在中国入世后 15 年内在倾销和补贴事件上把中国视为非市场经济。他们往往不认可中国的出口品价格，而使用第三国替代价格来测算中国可能的倾销幅度，替代国方式扭曲了中国 WBF 产品劳动成本竞争优势，致使中国对美 WBF 出口遭受的反倾销调查效应更为突出。第三，反倾销调查的应诉成本效应。美国对中国 WBF 反倾销调查，涉案的中国企业要么积极应诉，要么接受高昂的反倾销税代价。前者产生的应诉费用直接增加了出口企业的成本，致使出口到美国市场上 WBF 价格上升，需求量下降，导致中国对美 WBF 出口增长率下降。后者会因美国惩罚性反倾销税致使被起诉企业对美 WBF 出口市场丧失。第四，反倾销调查产生的预期效应。中国 WBF 企业对美国反倾销调查结果的预期提前发生了作用，为避免美国课征反倾销税或其他结果，中国 WBF 企业及出口商会选择部分减少对美 WBF 出口增长量，转向其他市场，或者转产其他家具产品。同样，美国 WBF 进口商也对反倾销调查产生预期效应，在调查期内会部分减少从中国 WBF 进口量。这些因素共同形成美国对中国 WBF 反倾销调查效应。

二、美国对中国木制卧室家具反倾销的贸易限制效应

反倾销一旦被最终裁定生效、课征反倾销税之后，一直到为期 5 年的日落评议（Sunset Review），无论是继续还是撤销，都会直接对该产品从出口国到进口国的贸易流量起到限制作用，即产生反倾销贸易限制效应。一般而言，反倾销是作为关税壁垒的替代手段出现的，其主要做法是对出口国倾销性产品课征进口反倾销税。具体到美国对中国木制卧室家具反倾销事件上，2004 年 11 月 17 日，美国商务部在联邦登记上公布了反倾销

最终裁定，决定对中国 7 家企业分别执行反倾销税率，从价税范围为 0.79% ~198.08%；有 115 家中国生产商或出口商答复了商务部的 A 部分问卷调查，它们被课以 8.64% 的从价税；其他未应诉的中国生产商或出口商被处以 198.08% 的从价税（见表 7-3）。

表 7-3　美国商务部对中国木制卧室家具企业课征的反倾销税

制造商或出口商	最终倾销幅度	制造商或出口商	最终倾销幅度
	从价税百分比		从价税百分比
东莞联东	2.22	上海思达可	15.24
瑞丰家具	16.70	东莞德源	198.08
东莞台升	6.95	115 家填写 A 卷的中国企业	8.64
天津美克	0.79	其他未应诉企业	198.08
震兴家具	5.07		

资料来源：USITC（2004a），*Wooden Bedroom Furniture from China*，Investigation No. 731 - TA - 1058（Final），Publication 3743，p. 42.

根据经济学成本和收益分析，中国木制卧室家具生产商或出口商在面对美国反倾销税带来的出口成本上升的情况下，短中期内中国对美 WBF 出口额将会出现减少现象。那么，事实情况怎样呢？如表 7-4 所示，按照联合国贸易统计数据库（UN Comtrade Database）中国报告的数据显示，2004 年美国对中国 WBF 课征反倾销税之后，中国对美 WBF 出口无论是出口数量还是出口金额仍在继续增长。若以数量测算，2004 年中国对美 WBF 出口 736.9 万件，2005 年 849.3 万件，2006 年 1121.2 万件，分别增长了 9.0%、15.3% 和 32.0%。并且，同期中国对美 WBF 出口占对世界出口数量比重保持在 33%，因而从数量上来看并没有发现美国对中国 WBF 反倾销产生贸易限制效应。若以价值测算，2004 年中国对美 WBF 出口 6.02 亿美元，2005 年 7.12 亿美元，2006 年 9.07 亿美元，分别增长了 18.6%、18.3% 和 27.3%。不过，同期中国对美 WBF 出口占对世界出口金额比重出现了下降，从 2004 年的 52%，降到 2005 年的 50%，再降到 2006 年的 49%。并且，与同期中国对世界 WBF 出口金额增长率相比，中国对美 WBF 出口增长率明显更低。因此，从出口金额来看，美国对中国 WBF 实施反倾销产生了贸易限制效应。

表 7-4　　2004~2006 年中国对美、对世界木制卧室家具出口情况及所占比重

类别	以出口数量测算			以出口金额测算		
	2004 年	2005 年	2006 年	2004 年	2005 年	2006 年
中国对美 WBF 出口	736.9	849.3	1121.2	602.2	712.4	906.9
中国对美 WBF 出口增长率	9.0%	15.3%	32.0%	18.6%	18.3%	27.3%
中国对世界 WBF 出口	2204.3	2543.7	3349.7	1151.5	1422.5	1834.7
中国对世界 WBF 出口增长率	21.7%	15.4%	31.7%	31.3%	23.5%	29.0%
中国对美 WBF 出口所占比重	33%	33%	33%	52%	50%	49%

数据来源：http://comtrade.un.org/db，中国报告的数据。注：出口数量为万件；出口金额为百万美元。

再者，依据联合国贸易统计数据库美国报告的数据显示，在美国对中国 WBF 课征反倾销税之前的调查期内，无论是绝对进口额还是相对增长率，美国从中国 WBF 进口都在持续地增长。如 2001 年美国从中国 WBF 进口 5.69 亿美元，2002 年为 9.60 亿美元，2003 年为 14.06 亿美元，2004 年为 15.1 亿美元，同比分别有了较大地增长。尽管调查期内美国从中国 WBF 进口额仍在增长，但是纵向动态比较显示，调查期内美国从中国 WBF 进口增长率已出现大幅下降，从 2002 年的 68.8% 快速下降到 2003 年的 46.5%，2004 年更是猛跌到 7.3%。并且，调查期内美国从世界 WBF 进口增长率也出现较大下降，从 2002 年的 26.0% 下降到 2004 年的 14.0%（见表 7-5）。可见，从美国进口视角来看，反倾销调查已产生显著的抑制效应。2004 年课征反倾销税之后，2005~2006 年间美国从中国进口、美国从世界进口的 WBF 金额尽管有所增长，但是同比进口增长率已发生急剧地下降。美国从中国、美国从世界 WBF 进口增长率分别从 2005 年的 13.3% 和 18.1% 下降到 2006 年的 6.3% 和 0.8%（见表 7-5）。所以，从进口金额来看，美国对中国木制卧室家具课征反倾销税已对美国该行业进口产生了显著的贸易限制效应。

表 7－5　　2001～2006 年美国从中国、美国从世界木制卧室家具进口情况　　单位：百万美元

类　别	2001 年	2002 年	2003 年	2004 年	2005 年	2006 年
美国从中国 WBF 进口额	568.7	960.0	1406.4	1509.6	1710.4	1817.3
美国从中国 WBF 进口增长率	/	68.8%	46.5%	7.3%	13.3%	6.3%
美国从世界 WBF 进口额	1840.0	2318.9	2802.7	3194.3	3773.7	3804.0
美国从世界 WBF 进口增长率	/	26.0%	20.9%	14.0%	18.1%	0.8%

数据来源：http：//comtrade. un. org/db，美国报告的数据，2007 年 8 月援引。

那么美国对中国 WBF 反倾销为何在出口数量上没能反映贸易限制效应而在出口金额上却显现出贸易限制效应呢？究其原因主要是：第一，时滞效应。美国课征反倾销税，会使美国进口中国的 WBF 价格上升；一般情况下，价格上涨会导致需求量下降，表现为中国对美 WBF 出口数量应下降。但是，由于存在存货替代时滞及合同时滞效应，中国 WBF 生产企业及出口商和美国 WBF 进口商都需要一定时间来处理存货和结束先前进出口合同，因而时滞效应致使中国对美 WBF 出口数量上没能反映贸易限制效应。第二，数据加总抵消效应。由于中国对美 WBF 出口月度数据获得受限，这里使用的是年度数据，可能存在月度数据加总产生的抵消效应，表现为年度数据上中国对美 WBF 出口数量没能反映贸易限制效应。第三，相对比重效应。中国对美 WBF 出口占对世界出口比重较高，并且中国对美 WBF 出口数量增长直接推动对世界 WBF 出口近乎同步增长，因而在数量上没能反映反倾销贸易限制效应。第四，相对价格效应。由于中国从事 WBF 制作的劳动力等生产成本较低，因而中国对美 WBF 出口单位价格相对较低，结果纵使中国对美 WBF 出口数量没有显现反倾销贸易限制效应，但是中国对美 WBF 出口金额增长率明显低于对世界 WBF 出口金额增长率，致使中国对美 WBF 出口金额所占比重下降，反映为出口金额上美国反倾销带来的贸易限制效应。

三、美国对中国木制卧室家具反倾销的贸易转移效应

有关美国反倾销引致的贸易转移效应，Prusa（1996）利用 1980～1988 年间美国所有终裁的反倾销涉案产品的贸易数据，发现在所有反倾

销案件中（不管终裁结果如何），来自未被指控倾销的进口会增加约20%；在反倾销税率较高的案件中，贸易转移效应较为突出；在反倾销税率较低和被否决的案件中，贸易转移效应也较为显著。Blonigen 和 Prusa（2001）指出，即使反倾销税类似于关税，但是政府也可能征税无获，而进口仍继续进入本国市场；替代地，外国企业能够跳过反倾销税，重新配置生产到本国市场或者到没有被课税的第三国市场。也就是，反倾销能够改变激励，做出外国直接投资，或者实现向未被课税的第三方市场贸易转移。这样，美国对中国产品进行反倾销调查，可能导致进口转向于另一市场，即发生了反倾销贸易转移效应。通过对美中双边贸易的考察，我们发现贸易转移效应包括两个层面：一是国家间贸易转移效应，这种效应目前最为常见，指进口国反倾销导致减少的进口量并没有由本国厂商消化，而被其他国家的同类产品所替代；同时，遭受反倾销的国家寻求新的替代市场以弥补损害。二是产品间贸易转移效应，指遭受反倾销的产品贸易量减少，与其相近或可替代产品的贸易量有相应的增加。

（一）国家间贸易转移效应

现实中，美国对中国木制卧室家具实施反倾销措施后，那么美国进口的木制卧室家具会在哪些国家发生贸易转移效应呢？为此，我们需要考察一下美国进口木制卧室家具的主要伙伴国状况。为了统一数据统计口径，按照联合国贸易统计数据库美国报告的数据显示，近年来美国进口木制卧室家具的主要伙伴国有中国、加拿大、墨西哥、意大利、越南、马来西亚和印度尼西亚等。在这里，就以美国从这7个主要伙伴国木制卧室家具进口为例加以分析（参见表7-6）。

表7-6　美国木制卧室家具进口的主要国别分布情况（Reporter：USA）

单位：亿美元

年　份	2000	2001	2002	2003	2004	2005	2006
从中国进口	4.34	5.69	9.60	14.06	15.10	17.10	18.17
——进口增长率	/	30.9%	68.8%	46.5%	7.3%	13.3%	6.2%
——占世界比重	25.7%	30.9%	41.4%	50.2%	47.3%	45.3%	47.8%
从加拿大进口	4.16	4.15	4.03	3.95	3.85	3.29	2.55
——进口增长率	/	-0.3%	-2.9%	-2.0%	-2.5%	-14.5%	-22.7%

续表

年　份	2000	2001	2002	2003	2004	2005	2006
从墨西哥进口	1.71	1.45	1.28	0.99	0.94	1.01	0.98
——进口增长率	/	-14.9%	-11.9%	-23.0%	-5.2%	7.7%	-2.2%
从意大利进口	1.90	1.86	1.99	1.87	1.62	1.20	0.79
——进口增长率	/	-2.4%	7.3%	-6.0%	-13.7%	-25.8%	-34.1%
从越南进口	0.00	0.01	0.11	0.46	1.90	4.63	5.87
——进口增长率	/	460.2%	1587.2%	319.9%	317.1%	143.1%	26.9%
从马来西亚进口	0.50	0.45	0.68	1.16	1.66	2.72	2.78
——进口增长率	/	-10.3%	51.3%	70.2%	43.3%	64.2%	2.0%
从印尼进口	1.31	1.30	1.52	1.50	1.97	2.41	2.55
——进口增长率	/	-0.3%	16.3%	-1.1%	31.3%	21.9%	6.0%
从世界进口	16.87	18.40	23.19	28.03	31.94	37.74	38.04
——进口增长率	/	9.0%	26.0%	20.9%	14.0%	18.1%	0.8%

资料来源：http：//comtrade. un. org/db，美国报告的数据。2007 年 8 月援引。

依据表 7－6，2000～2003 年美国从中国 WBF 进口一直在快速地增长，由 2000 年的 4.34 亿美元猛增到 2003 年的 14.06 亿美元，3 年间年均增长 48.7%，远高于同期美国从世界 WBF 进口的增长率，后者 3 年间年均增长仅 18.6%。结果，致使美国从华 WBF 进口占美国从世界 WBF 进口的比重出现大幅上升，由 2000 年的 25.7% 迅速上升到 2003 年的 50.2%，即 2003 年美国从华 WBF 进口已占到该类进口的一半之多。这一过高的进口比重引发了美国国内对该产品遭受到中国损害的幻觉，结果 2003 年 11 月，美国 ITC 和 DOC 相继介入木制卧室家具对中国反倾销调查案。在 2004 年对华 WBF 反倾销最终裁决期间内，美国从华 WBF 进口增长率出现了大幅下滑，由 2003 年的 46.5% 急剧下降到 2004 年的 7.3%，大大低于当年美国从世界 WBF 进口增长率，后者为 14.0%。而且，美国从华木制卧室家具进口占从世界进口比重下降了近 3 个百分点。据此，美国从华 WBF 进口增长下降显然被美国从其他主要伙伴国 WBF 进口增长大幅上升所替代。那么，美国究竟在哪些主要伙伴国 WBF 进口上出现了贸易转移效应呢？

具体地，2000～2004 年美国从加拿大、墨西哥和意大利 3 国的木制卧室家具进口一直在持续下降，分别从2000年的4.16亿、1.71亿和1.90亿美元下降到2003年的3.95亿、0.99亿和1.87亿美元；2004年再降到3.85亿、0.94亿和1.62亿美元。此后，2005年和2006年美国从加拿大、墨西哥和意大利3国的WBF进口仍在继续下降（见表7-6）。可见，在对华木制卧室家具反倾销调查、最终裁决期，以及课征反倾销税之后，美国从加拿大、墨西哥和意大利3国的木制卧室家具进口并未因对华WBF反倾销而出现贸易转移效应。但是，2000~2004年美国从越南、马来西亚和印度尼西亚3国的木制卧室家具进口却一直在持续增加，分别从2000年的11.5万、0.50亿和1.31亿美元增加到2003年的0.46亿、1.16亿和1.50亿美元；2004年再增加至1.90亿、1.66亿和1.97亿美元。之后，2005年和2006年美国从越南、马来西亚和印度尼西亚3国的WBF进口仍在继续增加（见表7-6）。其中，从越南WBF进口增幅尤为显著，结果2006年美国从越南WBF进口已占到从世界WBF进口比重的15.4%。可见，在对中国木制卧室家具反倾销调查、最终裁决期，以及课征反倾销税之后，美国从越南、马来西亚和印度尼西亚3国的WBF进口都在增加，究其原因是美国对木制卧室家具的需求弹性较小，而在这种超强的劳动密集型产品上，美国主要依赖于进口，因而美国对华WBF实施反倾销使得美国国内需求增长向越南、马来西亚和印度尼西亚转移，直接表现为反倾销引致的国家间贸易进口转移效应。

现实中，反倾销不仅仅是对贸易进口国，而且对贸易出口国来讲同样存在贸易转移效应，即在出口需求弹性变化较小的情况下，出口有向未提起反倾销的国家转移的趋势。以中国木制卧室家具出口为例，2003年、2004年和2005~2006年，即美国对华WBF反倾销调查、最终裁决期以及课征反倾销税之后，中国对世界木制卧室家具出口金额仍保持高速增长，增长率分别为：50.8%、31.3%、23.5%和29.0%[①]。也就是，尽管美国对中国木制卧室家具实施了反倾销措施，但是中国木制卧室家具在其他国家和地区仍找到了出口快速增长的空间，即发生了贸易出口转移效应。

① 依据联合国贸易统计数据库（UN Comtrade Database）中国报告的数据测算而得，来源于http：//comtrade. un. org/db。

（二）产品间贸易转移效应

不过，国家间贸易转移并不是贸易转移效应的全部。在可贸易产品中，相当部分商品都存在替代产品。由于世界市场是有限的，当国家间贸易转移达到近乎饱和状态时，对于双方来讲，会出现贸易向同类不同质产品转移的现象。而当一种产品已经处于生命周期末端，因其大规模标准化生产导致倾销行为发生时，此时反倾销诉讼导致的结果是处于更高阶段的产品对此类产品的替代，即发生贸易转移向产业升级后的产品。

以中国木制卧室家具出口为例，在此类产品遭受到美国反倾销措施后，中国更可能转向增加生产对美出口最相近的木制办公家具、木制厨房家具，以及金属家具或塑料家具。根据表 7-7，中国在联合国贸易统计数据库中报告的数据显示，2001 年入世后中国对美木制办公家具、木制厨房家具、金属家具和塑料家具的出口都一直在持续地增长，分别从 2001 年的 0.34 亿、1.07 亿、2.92 亿和 0.05 亿美元增加到 2003 年的 0.83 亿、1.69 亿、4.70 亿和 0.24 亿美元；2004 年再增加至 1.11 亿、2.01 亿、6.11 亿和 0.41 亿美元。并且，同期内中国对美木制办公家具出口、对美塑料家具出口分别占中国对世界木制办公家具出口、对世界塑料家具出口的比重一直在上升，分别从 2001 年的 42.8%、18.6% 上升到 2003 年 50.4% 和 39.7%，2004 年增至 50.8% 和 40.6%。可见，在美国对中国木制卧室家具反倾销调查起诉期、最终裁决期，中国确实转向增加对美木制办公家具出口和塑料家具出口，即发生了家具产品间贸易转移效应。2004 年 12 月美国对中国 WBF 课征反倾销税之后，2005 年中国对美木制办公家具出口、对美塑料家具出口不仅有了快速地增长，而且分别占对世界此类出口的比重在上升。所以，美国对中国木制卧室家具实施反倾销，直接引致了中国对美木制办公家具、对美塑料家具，以及对美木制厨房家具和金属家具出口的快速增长，即造成了家具产品间贸易转移。

表 7-7　　中国对美木制办公家具、木制厨房家具、金属家具和塑料家具出口情况

单位：亿美元

年　份	2001	2002	2003	2004	2005	2006
对美木制办公家具出口	0.34	0.50	0.83	1.11	1.61	2.06
——出口增长率	/	47.1%	65.7%	34.4%	44.7%	28.5%

续表

年　份	2001	2002	2003	2004	2005	2006
——占世界比重	42.8%	47.1%	50.4%	50.8%	51.7%	50.1%
对美木制厨房家具出口	1.07	1.39	1.69	2.01	2.29	3.10
——出口增长率	/	29.9%	22.0%	18.3%	14.4%	35.3%
——占世界比重	61.0%	61.8%	57.5%	61.9%	60.7%	63.5%
对美金属家具出口	2.92	3.66	4.70	6.11	8.32	9.94
——出口增长率	/	25.4%	28.5%	30.1%	36.1%	19.4%
——占世界比重	49.9%	49.2%	47.9%	44.2%	42.2%	40.1%
对美塑料家具出口	0.05	0.13	0.24	0.41	0.82	1.00
——出口增长率	/	170.7%	87.2%	72.1%	100.4%	20.9%
——占世界比重	18.6%	34.4%	39.7%	40.6%	55.9%	49.2%

数据来源：http://comtrade.un.org/db，中国报告的数据，2007年8月援引。

鉴于中美双方贸易统计数据差异很大，我们再以美方在联合国贸易数据库中报告的数据来探究对中国木制卧室家具实施反倾销后可能发生的相近产品间贸易转移效应。依据表7-8，2001~2006年美国从中国木制办公家具、木制厨房家具、金属家具和塑料家具的进口一直在持续快速地增长，大大高于同期美国从世界木制办公家具、木制厨房家具、金属家具和塑料家具的进口增长幅度，结果致使美国从中国木制办公家具、木制厨房家具、金属家具和塑料家具进口所占从世界同类进口的比重在不断地上升，分别从2001年的9.0%、7.3%、39.3%和26.4%上升到2003年的22.4%、14.7%、51.7%和41.7%；再由2004年的24.3%、17.5%、55.1%和48.1%增至2005年的31.3%、23.2%、58.4%和57.0%。可见，在美国对华木制卧室家具反倾销调查起诉期、最终裁决期和课征反倾销税之后，美国对中国木制办公家具、木制厨房家具、金属家具和塑料家具的进口都有了长足地增长，致使所占世界同类进口的比重显著地上升。因此，美国对中国木制卧室家具实施反倾销，确实造成了向木制办公家具、木制厨房家具、金属家具和塑料家具进口的产品间贸易转移。

表 7-8　美国从中国木制办公家具、木制厨房家具、金属家具和塑料家具进口情况

单位：亿美元

年　份	2001	2002	2003	2004	2005	2006
从中国木制办公家具进口	0.52	1.08	1.68	1.92	2.89	3.66
——进口增长率	/	105.9%	55.9%	14.3%	50.7%	26.3%
——占世界比重	9.0%	16.8%	22.4%	24.3%	31.3%	34.7%
从世界木制办公家具进口	5.83	6.42	7.49	7.89	9.24	10.54
——进口增长率	/	10.2%	16.6%	5.3%	17.2%	14.0%
从中国木制厨房家具进口	0.54	0.96	1.34	1.83	2.62	3.17
——进口增长率	/	78.0%	39.3%	36.7%	43.3%	20.8%
——占世界比重	7.3%	11.7%	14.7%	17.5%	23.2%	26.2%
从世界木制厨房家具进口	7.35	8.19	9.11	10.45	11.29	12.08
——进口增长率	/	11.4%	11.3%	14.6%	8.1%	7.0%
从中国金属家具进口	9.30	12.03	15.27	17.58	20.24	22.08
——进口增长率	/	29.3%	27.0%	15.1%	15.1%	9.1%
——占世界比重	39.3%	46.3%	51.7%	55.1%	58.4%	59.5%
从世界金属家具进口	23.64	25.95	29.52	31.87	34.65	37.11
——进口增长率	/	9.8%	13.8%	8.0%	8.7%	7.1%
从中国塑料家具进口	0.58	0.84	1.11	1.57	2.26	2.75
——进口增长率	/	46.1%	31.4%	41.4%	44.3%	21.5%
——占世界比重	26.4%	36.5%	41.7%	48.1%	57.0%	63.1%
从世界塑料家具进口	2.19	2.31	2.66	3.26	3.97	4.36
——进口增长率	/	5.6%	15.2%	22.4%	21.9%	9.7%

数据来源：http：//comtrade. un. org/db，美国报告的数据，2007 年 8 月援引。

第三节 美国对华反倾销的贸易效应：以彩电反倾销案为例

反倾销的目的在于它的贸易救济作用，即通过实施反倾销措施增加国外产品的成本、抬高进口价格、控制进口数量以救济本国产业。反倾销能保护本国产业免受不公平竞争造成的损害。现实中，与木制卧室家具不

同，中国彩电业在遭受美国反倾销之前，已经经历了欧盟、墨西哥和阿根廷的反倾销，美国市场是中国彩电在寻求贸易转移中的必然结果，一旦当这个目标市场也出现饱和时，中国彩电业的国家间贸易转移便趋于末路，由此导致中国内地彩电生产企业出现重大危机。例如，中国彩电生产企业在内地“白热化”削价竞争就是明显的事例。根据反倾销引致的贸易调查效应、贸易限制效应和贸易转移效应，我们来考察美国对中国彩电反倾销诉讼是否导致中国彩电在美国市场上出口量的减少，以及由此产生的中国彩电出口市场转移等问题。

一、美国对中国彩电反倾销案始末

2003 年 5 月 2 日，美国五河电子发明公司（Five Rivers Electronic Innovations），这家成立仅 6 年的彩电装配企业（员工 1300 人），以“不公平贸易”为名，会同两家美国电子行业工会组织——国际电气工人兄弟会（IBEW）和美国电子与通信业国际工会（IUE－CWA），联合向美国商务部（DOC）和国际贸易委员会（ITC）提起反倾销申诉，指控中国和马来西亚向美国出口的 21 英寸以上显像管彩电（CRT 彩电）存在倾销行为[①]，要求对其征收高达 84% 的反倾销税。

2003 年 5 月 7 日，美国 ITC 进行反倾销立案调查，6 月 16 日，ITC 以 3∶0 的表决初裁，裁定来自中国和马来西亚的彩电对美国彩电行业造成了实质性损害。2003 年 5 月 29 日，美国 DOC 进行立案调查，11 月 28 日，美国 DOC 公布了反倾销初裁结果，认定的倾销幅度为：长虹 45.87%、厦华 31.70%、TCL31.35%、康佳 27.94%，海尔、海信、创维、苏州菲利浦、上广电等 9 家企业 40.84%，其他企业为 78.45%。2004 年 4 月 15 日，美国 ITC 举行应诉听证会，4 月 16 日，美国 DOC 宣布终裁结果，裁定中国彩电倾销，个别企业税率作大幅度下调，其中，长虹 24.48%、厦华 4.35%、TCL 22.36%、康佳 11.36%，海尔、海信、创维、苏州菲利浦、上广电等 9 家企业 21.49%，其他企业 78.45%。同年 5 月 21 日，美

① 涉案的主要产品是中国企业自 2002 年 10 月 1 日至 2003 年 3 月 31 日向美国出口的 21 英寸（即 52 厘米）以上的 CRT 彩电及主要零部件。据统计资料显示，2002 年中国对美出口的涉案彩电达 300 多万台，价值将近 5 亿美元。在调查期间 2002 年下半年内出口彩电金额达 3 亿多美元。

国商务部再次微调反倾销税率：长虹 26.37%、厦华 5.22%、TCL 21.25%、康佳9.69%，其他九家企业 22.94%，其余未应诉的涉案企业为78.45%。2004 年 5 月 14 日，美国 ITC 投票表决，裁定中国企业损害性倾销，5 月 26 日，美国 ITC 发布终裁公告，并提交商务部，美国商务部在收到终裁公告 7 天内发布课征反倾销税令①。

二、美国对中国彩电反倾销的贸易调查效应

有关反倾销中的贸易调查效应（investigation effect），Staiger 和 Wolak（1994）、Prusa（1999）研究认为，反倾销威胁的存在和预期裁定反倾销税的可能性都对被诉国产生贸易调查效应。有证据表明，一些企业有时发起反倾销程序就是单单为了反倾销的贸易调查效应。由于被诉国受到可置信的反倾销税威胁，因而美国从被诉国的进口量在反倾销立案调查期内会减少。

从美国反倾销法律程序上看，无论反倾销的指控最终是否成立，单单提起反倾销调查本身就具有抑制进口的作用。进口国申诉方只需填写一份指控书或者提供一份相对简单的“倾销证据”就能获得倾销调查，而且不必承担有关的调查费用及其他义务，就可坐等反倾销调查裁决的结果，享受反倾销政策给自身带来的保护。而出口商一旦遭受调查，就需要投入大量的人力、物力和财力，提供错综复杂的价格和成本资料的具体细节，为进口国政府的反倾销调查提供满意的答复。整个反倾销案件的审理过程可能需要 3 次听证会、4 次裁决（见图 7 - 1），漫长而复杂的审理程序使中国的应诉企业必须支付咨询费、律师费、反倾销税保证金等费用，在花费大量时间成本的同时，还要承受较大的心理压力。大多数情况下，出口产品一旦遭到指控、进入被立案调查的名单，则该产品出口额就会大幅下降。如 1993 年，中国杭州弹簧垫圈厂的出口额曾因美国最大的弹簧垫圈生产商 I · T · W 公司的反倾销指控从 700 万美元骤减为零。

短期内，美国对中国彩电反倾销的贸易调查效应比较明显。从对美国出口彩电的情况来看，以我国拥有彩电企业最多、彩电出口量最大的广东

---

① USITC（2004b），*Certain Color Television Receivers from China*, Investigation No. 731 - TA - 1034（Final），Publication 3695，pp. 28，99.

省为例，2003 年 9 月，广东省对美国出口彩电达到峰值 45 万台，此后开始出现连续大幅下降趋势，12 月的单月出口量仅为 21 万台，尚不及 9 月

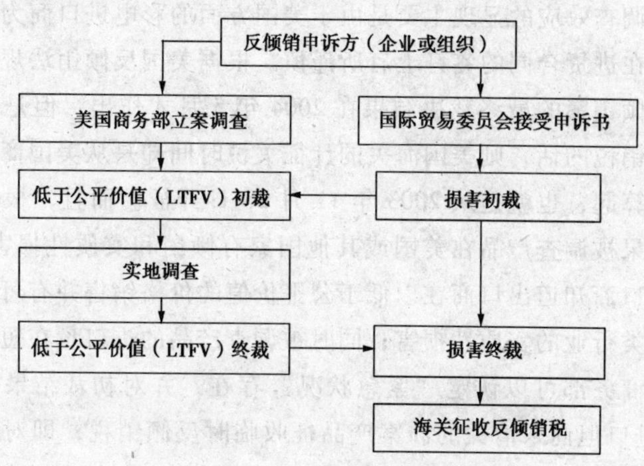

图 7－1　美国反倾销调查程序

Source: Staiger and Wolak (1994), "Measuring Industry Specific Protection: Anti-dumping in the United States", *NBER Working Paper* No. 4696, p. 65.

份的一半。2004 年 1 月至 4 月的出口量仅为 64.9 万台。同期，另一彩电出口大省——四川省的彩电出口量从 2003 年 7 月时的最高峰 85 万台急剧下降到 2004 年 1 月份的 13 万台，出口额也从 9178 万美元骤降至 970 万美元，分别下降了 84.7% 和 89.4%。[①] 究其原因，2003 年 11 月 28 日，美国商务部公布了反倾销初裁结果，裁定中国彩电企业对美出口存在着倾销行为。中国彩电对美出口受阻给相关省份的外贸出口带来了巨大的压力。四川省对彩电出口的依赖性极强，彩电出口占到全省外贸出口总额的 10% 以上。2003 年该省仅对美国彩电出口就达 3.4 亿美元，其中长虹更是四川彩电出口的支柱，而长虹恰恰一直把美国作为其最大的出口市场。这样，美国对中国彩电进行反倾销，并初裁四川长虹彩电的倾销幅度最大，因而四川省乃至整个中国的彩电业出口遭受美国的反倾销调查效应都十分明显。中国海关总署统计数据证实，2004 年 1～4 月中国对美国 21

① 张钦（2004）："反倾销终裁未定，中国彩电出口缘何大幅下滑？"《北京青年报》2004 年 2 月 27 日。

英寸以上彩电出口为48.9万台，比2003年同期下降了43%；出口金额4503万美元，同比下降了51%。

反倾销调查效应的显现主要是由于美国方面的彩电进口商为了规避风险已经提前在进货合同的签订上有所谨慎。根据美国反倾销法规，虽然对中国彩电反倾销案的最终裁决结果在2004年5月才作出，但是若最终裁定课征反倾销税的话，则美国海关的计征关税时间却是从美国商务部作出初裁的时间算起，也就是从2003年11月28日开征。而且，根据美国反倾销法，如果被调查产品在美国或其他国家有倾销和实质性损害的历史；或者美国进口商知道出口商在以低于公平价值的价格销售并有可能由此造成对美国同类行业的实质性损害；同时被调查产品的进口量在短时期内急增，则美国商务部可以认定“紧急状况”存在，并对初裁结果公布之日前90天内进口但尚未清关的涉案产品征收临时反倾销税，即对此前3个月内的出口产品都可能补征高额关税。据此，美国商务部在对中国彩电反倾销案中初裁认定存在“紧急状况”，并对美国涉案进口商征收了相应的临时反倾销税。在此情况下，美国彩电进口商必然会对中国彩电的进口成本有所顾忌；同时中国彩电企业自身也会考虑相关因素适当调整出口价格，这些因素都导致中国涉案类型的彩电对美出口出现大幅下降，表现为反倾销引发的贸易调查效应。

三、美国对中国彩电反倾销的贸易限制效应

反倾销导致美国进口品价格提高，对进口品的需求和实际进口数量下降，从而限制了被诉国的出口数量和金额。在某些特殊情况下，美国从反倾销被诉国的进口会完全停止。Prusa（1999）研究发现，平均来说，反倾销税引起进口值下降30%～50%；即使没有课征反倾销税，反倾销行动也会扭曲贸易格局。近乎1/4的反倾销案件经常是通过某种形式的自愿出口限制（VER）或营销安排来解决的，对于这些解决的案件引致的贸易下降几乎与课征反倾销税的结果是一样的；不管哪一种结果，前3年保护期内从被诉国的进口值会下降50%～70%，即使反倾销最终被否决或撤销，进口也会下降15%～20%。

具体到美国对中国彩电反倾销事件上，2004年4月16日，美国商务部宣布反倾销终裁结果，裁定中国彩电倾销，决定对长虹、厦华、TCL、

康佳、海尔、海信、创维、苏州菲利浦、上广电和星光等13家企业分别执行反倾销税率，从价税范围为4.35%～24.48%；其他未应诉的中国彩电生产商或出口商被处以78.45%的从价税。由此，理论上，中国彩电生产商或出口商在面对美国反倾销税带来的出口成本上升的情况下，短中期内中国对美国彩电出口值将会下降。那么，事实情况如何呢？如表7－9所示，按照联合国贸易统计数据库中国报告的数据显示，2003年美国对中国彩电补征反倾销税之后，中国对美彩电出口无论是出口数量还是出口金额仍在继续增长。若以数量测算，2003年至2006年中国对美彩电出口分别增长了60.4%、40.3%、94.0%和62.9%；并且，同期中国对美彩电出口占对世界出口数量比重仍在增加（2004年除外），因而从数量上来看并没有发现美国对中国彩电反倾销产生明显的贸易限制效应。若以价值测算，2003年至2006年中国对美彩电出口分别增长了42.5%、62.1%、124.6%和88.7%；并且，同期中国对美彩电出口占对世界出口金额比重一直在增加（2004年除外），从2003年的24.9%上升到2006年的43.4%。与同期中国对世界彩电出口数量和出口金额的增长率相比，中国对美彩电出口数量和出口金额的增长率都明显更高（2004年除外）。因此，长期来看，美国对中国彩电实施反倾销，除了在2004年产生暂时的抑制效应之外，并没有发现美国对中国彩电课征反倾销税产生明显的贸易出口限制效应。

表7－9　2003～2006年中国对美、对世界彩电出口情况及所占比重

类　别	以出口数量测算（百万件）				以出口金额测算（亿美元）			
	2003年	2004年	2005年	2006年	2003年	2004年	2005年	2006年
中国对美彩电出口	7.14	10.01	19.43	31.65	8.11	13.15	29.52	55.72
中国对美彩电出口增长率	60.4%	40.3%	94.0%	62.9%	42.5%	62.1%	124.6%	88.7%
中国对世界彩电出口	32.67	49.21	72.88	105.62	32.55	52.99	82.64	128.37
中国对世界彩电出口增长率	70.4%	50.6%	48.1%	44.9%	47.5%	62.8%	56.0%	55.3%
中国对美彩电出口所占比重	21.9%	20.3%	26.7%	30.0%	24.9%	24.8%	35.7%	43.4%

数据来源：http：//comtrade.un.org/db，中国报告的数据。

注：中国报告的彩电统计数据中包括视频监视器和录像放映机，2007年8月援引。

鉴于美中贸易统计数据差异很大，我们再依据联合国贸易统计数据库美国报告的数据，2003 年美国对中国彩电课征反倾销税之后，无论是绝对进口额还是相对增长率，美国从中国彩电进口都在持续增长。从 2002 年进口 7.87 亿美元持续增加至 2006 年的 76.48 亿美元，同比各年度分别增长了 80.7%、60.1%、116.5% 和 55.1%。并且，高于同期美国从世界彩电进口增长率（见表 7－10）。所以，美国对中国彩电实施反倾销并没有对美国该行业进口产生显著的贸易限制效应。这与中国报告的数据测算的结果是相一致的。

表 7－10　2002～2006 年美国从中国、美国从世界彩电进口情况

单位：亿美元

类　别	2002 年	2003 年	2004 年	2005 年	2006 年
美国从中国彩电进口额	7.87	14.22	22.77	49.29	76.48
美国从中国彩电进口增长率	/	80.7%	60.1%	116.5%	55.1%
美国从世界彩电进口额	100.50	120.29	162.53	214.33	278.68
美国从世界彩电进口增长率	/	19.7%	35.1%	31.9%	30.0%

数据来源：http：//comtrade.un.org/db，美国报告的数据。2007 年 8 月援引。

注：美国报告的彩电统计数据中包括视频监视器和录像放映机。

由于联合国贸易统计数据库美中双方报告的彩电进出口数据都包含视频监视器和录像放映机（video monitors and video projectors）的数量和金额，因而有可能造成美中彩电进出口数据失真扭曲。为此，我们再根据中国信息产业部公布的数据，发现在美国对中国彩电反倾销调查期间内产生了贸易调查效应，表现为 2002～2003 年中国对美彩电出口数量和出口金额的增长率都出现了大幅下降。但是，2003 年美国对中国彩电课征反倾销税之后，中国彩电出口整体上却呈现出大幅上升态势，无论是出口数量还是出口金额，2003 年至 2005 年都出现较大地增长，分别从 2003 年的 2277 万台、25.56 亿美元增加至 2005 年的 3975 万台和 50.51 亿美元；同期中国彩电出口增长率也在持续上升，出口数量增长率从 2003 年的 21.01% 上升到 2005 年的 43.36%，出口金额增长率由 19.52% 上升到 57.55%（见表 7－11）。其中，在中国彩电行业对外出口中，美国市场一直占据着非常重要的市场份额。据统计，2003 年中国对美彩电出口 650

万台、出口金额7.12亿美元，2004年为684万台和7.88亿美元，同比增长了5.3%和10.7%（见表7-12）。2005年中国对美彩电出口数量增加至1092.3万台，出口金额为17.6亿美元，比上年增长了59.7%和123.5%①；2006年对美出口彩电1505万台，同比增长37.8%②。

表7-11　　2002~2005年中国彩电产品出口情况

	出口数量（百万台）	增长率（%）	出口金额（亿美元）	增长率（%）
2002年	18.82	61.83	21.39	52.08
2003年	22.77	21.01	25.56	19.52
2004年	27.72	21.75	32.06	25.41
2005年	39.75	43.36	50.51	57.55

资料来源：《2005年我国彩电产业发展评述》，中国信息产业部http://www.mii.gov.cn，2006年3月15日。

表7-12　　2003~2004年中国对美国彩电出口明细

彩电类型	出口数量（万台）		出口额（百万美元）		增长率（%）	
	2003年	2004年	2003年	2004年	2003年	2004年
CRT彩电（尺寸≤42CM）	83.04	132.55	64.33	83.64	59.6	30.0
CRT彩电（42CM<尺寸≤52CM）	102.73	190.47	77.55	156.42	85.4	101.7
CRT彩电（52CM<尺寸≤74CM）	406.97	230.00	445.81	195.96	-43.5	-56.0
CRT彩电（尺寸>74CM）	23.23	1.85	74.67	5.58	-92.0	-92.5
其他类型CRT彩电	2.53	27.59	2.79	26.28	988.9	840.5
液晶彩电（尺寸≤52CM）	30.73	90.87	40.26	189.10	195.7	369.7

① 中国机电产品进出口商会：《2005年我国彩电进出口分析》，http://www.cccme.org.cn/cn/news/details.asp?id=19500。

② 《国外专利壁垒对我国彩电出口的影响及相关建议》，2007年8月3日，http://www.cccme.org.cn/cn/news/details.asp?id=28515。

续表

彩电类型	出口数量（万台）		出口额（百万美元）		增长率（%）	
	2003 年	2004 年	2003 年	2004 年	2003 年	2004 年
液晶彩电（尺寸 > 52CM）	0.26	6.97	2.79	69.72	2562.5	2399.9
等离子彩电	0.18	3.67	3.52	60.91	1928.1	1632.6
总 计	649.67	683.99	711.71	787.61	5.3	10.7

资料来源：中国海关总署编（2004）：《中国海关统计年鉴（2004）》，中国海关杂志社，第3632 页。

而且，月度数据也证实了中国对美彩电出口的增长态势。如 2005 年 1 月份，中国共出口彩电 205.4 万台，金额为 2.33 亿美元，分别较 2004 年 1 月份增长了 35.1% 和 30.2%。其中，美国仍为中国彩电出口的第一目的市场，2005 年 1 月份，中国对美国出口彩电 33.65 万台、出口金额 3631.75 万美元，较 2004 年 1 月份分别增长了 104.0% 和 4.8%，继续保持良好的增长势头①。所以，依据中国海关公布的数据，美国对中国彩电课征反倾销税并没有对中国彩电行业出口产生明显的贸易限制效应。

事实上，美国对中国彩电实施反倾销后，许多中国彩电企业曾冀望于一年后美国商务部对中国彩电企业的复查，以降低或取消反倾销税率。但是，此后中国彩电企业并没有主动提出复审的建议，这从另一侧面反映出中国彩电业并未因美国的反倾销措施受到重大的冲击，而是已积极设法调整彩电的出口结构和类型。如表 7 - 12 所示，与上年相比，2004 年中国对美国彩电出口已更多地转向液晶电视和等离子电视等高端产品上，表现为这两种类型彩电对美出口出现急剧增长。到 2006 年，液晶电视和等离子电视等高端产品出口呈现大幅增长。其中，液晶电视出口 1471.5 万台，同比增长 136%，占中国彩电出口总量的 25.9%，出口金额 42.7 亿美元，同比增长 103%，占中国彩电出口总额的 54.3%。等离子电视出口 64 万台，同比增长 67.4%，金额 6.8 亿美元，同比增长 58.5%。因此，液晶

① 《2005 年 1 月彩电出口美国情况》，2005 年 6 月 13 日，http：//cccme2005. test3. chinamet. com/cn/news/details. asp? id =1288。

彩电和等离子彩电出口的大幅增长提高了我国彩电出口中高端产品的比重①。

四、美国对中国彩电反倾销的贸易转移效应

基于中国非市场经济地位，美国对中国产品的反倾销判定，一般会选择一个替代国作为标准来判定中国产品是否倾销。例如，彩电行业产品上，美国就以印度作为替代国。但从实际角度来看，中国极具优势的劳动力资源在同样为人口大国的印度却没有得到充分体现。从某种程度上讲，以印度作为替代国是在削弱中国的禀赋优势，从而反倾销措施的实施将直接导致中国彩电产品在美国的竞争力下降。但与此同时，未被美国采取反倾销措施，而与中国具有相似或者产品竞争力差距较小的国家则对美国的出口会出现相当大的上升，即反倾销产生了国家间贸易转移效应。

贸易转移效应有两种表现形式：一是进口转移效应。这是针对进口国而言的，由于进口国对某些进口产品进行反倾销起诉，并裁定征收高额反倾销税，提高了被指控产品的销售价格，削弱了其在进口国市场的竞争力，导致其市场份额下降。相反，其他未被指控产品的价格相对下降，竞争力增强，进口量增加，市场份额上升。这就造成进口来源从被指控倾销国转移到未被指控倾销国，引起进口转移。二是出口转移效应。这是针对出口国而言的，出口产品被指控倾销，并被裁定课征高额反倾销税时，它在进口国市场的竞争力下降，市场份额减少，利润水平下降甚至出现亏损，出口产品被部分甚至被完全挤出该进口国市场。为了弥补反倾销所带来的损失，被指控企业不得不寻求新的出口市场，从而导致市场转移效应的发生。

有关进口转移效应研究，Krupp 和 Pollard（1996）使用 1976 ~ 1988 年间美国化工行业特定产品的月度微观数据，考察了美国反倾销调查对被指控倾销和未被指控倾销的进口行为的影响，发现反倾销调查对被指控倾销的进口产生显著不利的影响，反倾销调查和肯定性裁决增加了对未被指控倾销的进口。Prusa（1997）利用 1980 ~ 1988 年间美国所有终裁的反倾销

① “2006 年我国彩电出口分析”，《中国机电经贸》2007 年 8 月 3 日，http：//www. cccme. org. cn/cn/news/details. asp？ id =28526。

涉案产品的贸易数据，发现在所有反倾销案件中（不管终裁结果如何），来自未被指控倾销的进口会增加约20%；在反倾销税率较高的案件中，贸易转移效应较为突出；在反倾销税率较低和被否决的案件中，贸易转移效应也较为显著。沈瑶、王继柯（2004）考察了中国对丙烯酸酯发起的反倾销调查所引起的贸易转移效应，发现中国从1999年12月开始，并于2001年6月做出终裁的，针对日本、美国和德国的丙烯酸酯的反倾销措施，在促使该3国对华出口量下降、价格上升的同时，却导致非涉案国对华出口量激增，其中以印度、马来西亚、新加坡和韩国最为显著，即产生了明显的贸易转移效应。

有关出口转移效应研究，胡麦秀、严明义（2005）实证分析表明，欧盟对中国彩电的反倾销保护导致了中国对其彩电出口量的大幅下降，进而促使中国出口彩电向未提起反倾销诉讼的其他国家和地区转移。本案例中美国对中国彩电实施反倾销措施的贸易转移效应分析如下：

（一）进口转移效应

尽管遭受了反倾销的不利影响，目前中国彩电出口仍然在美国市场占据第2位份额。依据美国国际贸易委员会的数据，以2005年3月份为例，该月美国从全球范围内进口彩电11.17亿美元，其中，墨西哥仍为第1来源国，发生金额为6.96亿美元，占比62.3%。从中国进口1.18亿美元，位列第2位。其他月份也都呈现出相同的趋势（见表7－13）。也就是，美国对中国彩电实施反倾销措施并没有引发明显的贸易进口转移效应。

表7－13　2005年1～3月份美国进口彩电的主要来源地　单位：亿美元

国家或地区	1月	2月	3月
全球（亿美元）	10.43	9.10	11.17
墨西哥	5.96	5.93	6.96
中国	1.08	0.78	1.18
中国台湾	0.96	0.56	1.12
泰国	0.60	0.71	0.77
日本	0.47	0.45	0.47
马来西亚	0.51	0.28	0.37
韩国	0.68	0.36	0.28

资料来源：美国国际贸易委员会ITC，http：//www.usitc.gov。

（二）出口转移效应

短期内，对中国而言，美国商务部对华彩电课征反倾销税基本上扼杀了中国21英寸以上传统显像管彩电对美出口的可能性，这给中国的彩电业传统产品出口带来沉重的打击。但同时美国课征的彩电反倾销税也引致了中国涉案彩电企业发生了显著的贸易出口转移效应。据广州海关统计，2004年1~4月份，广东彩电对欧盟、日本及我国香港地区等的出口都有了爆发性增长，出口数量为638.8万台，价值5.6亿美元，分别比上年同期增长了84%和1.1倍。[①] 此外，广东彩电出口前10位的市场中，对阿联酋、澳大利亚、土耳其和印尼的出口也取得成倍增长的佳绩。今后几年，中国彩电出口市场将更有可能转向集中于东南亚、东欧以及中南美洲市场。

虽然美国对产自中国21英寸以上CRT彩电实施了反倾销措施，但是这并未阻止美国继续成为中国彩电出口第一目的市场地位。仅2005年1~5月份，中国对美彩电出口294.3万台，出口金额为4.38亿美元，同比分别增长了70.4%和98.1%，在同期中国彩电出口总量和总额中的比重分别占到了23.2%和27.9%，较上年分别增加了5.8%和8.5%。[②] 究其原因是，液晶电视和等离子电视等高端产品对美出口均保持了快速增长势头，其中20英寸以上液晶电视出口金额同比增长了3.18倍，等离子电视增长了1.56倍。也就是，中国对美彩电出口发生了显著的产品间贸易转移效应。

美国对中国彩电实施反倾销所产生的贸易限制效应和贸易转移效应相对有限，具主要原因是：（1）美国国内彩电企业的生产能力十分有限。目前，美国每年彩电需求量为3000万台，但美国国内主要彩电生产商的产量只有10%左右，其他全部依赖进口。如2003年美国共有6家电视机生产商，分布在阿肯色、印第安纳、宾夕法尼亚、田纳西和华盛顿州，该产业共有工人3226人，年产电视机380万台，总值为19亿美元。美国国内厂商有限的生产数量决定了他们不可能利用反倾销措施抑制进口的契机

① 刘燕红、牟小翼："3000万剩余彩电产能出路何在？"，《市场报》2004年5月28日。
② 高士旺："彩电出口乐观之中存隐忧"，《国际商报》2005年7月5日。

而占领国内市场份额，美国消费者对进口彩电的依赖程度非常高，仅仅凭借反倾销措施这样一种手段，目前还难以撼动中国彩电在美国市场位居第2的地位。（2）2004年美国对中国彩电反倾销仅涉及低端的CRT彩电。由于美国反倾销针对的是21英寸以上的CRT彩电，中国彩电行业对美出口策略已作出了相应的调整。主要表现为：21英寸及以下的CRT彩电出口大幅增长；液晶电视、等离子电视为主的高端产品成为彩电出口的新亮点。由于中国彩电出口金额的增长已高于出口数量的增长，这说明中国彩电行业已经开始从高端产品入手，国际竞争力有了较大的提升。

综上所述，不仅是木制卧室家具行业，而且通过对彩电行业的考察，发现反倾销行为在短期内都会产生不同程度的出口抑制效应。但是，将时间因素放宽，发现经过出口国的行业调整，出口的数量与金额受到的反倾销影响强度会下降。

第四节 美国对华反倾销的非贸易效应

具体来看，美国对中国木制卧室家具和彩电等实施反倾销除了带来显著的贸易效应之外，还引致了一系列非贸易效应，如反倾销引发的价格效应、投资转移效应和其他社会福利效应等。

一、反倾销引致的价格效应

美国国内木制卧室家具行业是个高可变成本的行业，该行业单位原材料、劳动力和其他可变成本相对于单位固定成本是很高的。该行业高的可变成本、低的固定成本，预期短期内美国市场对该产品供求的变化会做出灵敏的价格反应。一旦美国对中国WBF进口发起反倾销，则会直接产生反倾销的贸易调查效应、贸易限制效应及贸易转移效应。但是，由于美国对WBF的需求弹性较小，因而势必造成美国国内WBF价格短期内大幅上升，即发生了反倾销引致的价格效应。据USITC（2004a，p.30）报告显示，在反倾销调查期结束后，大多数木制卧室家具生产商的价格上涨，而其生产量却经历了显著的下降。另据表7-14，中国在联合国贸易数据库中报告的数据显示，2001~2002年中国对美WBF出口金额和出口数量都有了快速地增长，其增长率大大高于同期中国对世界WBF出口金额和出口数量的增长。2003年和2004年美国对中国WBF进行反倾销调查及最终裁决期间，中国对美WBF出口金额、出口数量增长率都出现了急剧地下降，分别从2002年的96.7%、57.7%大幅下降至2003年的51.6%和18.9%，2004年再降至18.6%和9.0%，大大低于当年中国对世界WBF出口金额和出口数量的增长率。表现在木制卧室家具出口单价上，2001~2004年中国对美出口的单价与中国对世界出口的单价差距在不断扩大，2003年和2004年中国对美WBF出口单价高出27美元和29美元。并且，2002~2004年中国对美WBF出口单价增长率快于同期中国对世界WBF出口单价增长率。据此，反倾销调查期内，美国对中国木制卧室家具反倾销致使中国对美WBF出口数量增长率大幅下降，而同期中国对美WBF出口单价有了较快的增长，即反倾销引致了该类产品的价格上升效应。

表7-14　　中国对美、对世界木制卧室家具出口金额、出口数量及单价情况比较

年　份	2000	2001	2002	2003	2004	2005	2006
对美 WBF 出口金额	112.99	170.21	334.89	507.76	602.20	712.41	906.89
——增长率	/	50.6%	96.7%	51.6%	18.6%	18.3%	27.3%
对美 WBF 出口数量	2.38	3.61	5.69	6.76	7.37	8.49	11.21
——增长率	/	51.9%	57.7%	18.9%	9.0%	15.3%	32.0%
对美 WBF 出口单价	47.58	47.19	58.87	75.08	81.72	83.88	80.89
——增长率	/	-0.8%	24.7%	27.5%	8.8%	2.6%	-3.6%
对世界 WBF 出口金额	265.95	360.37	581.41	876.92	1151.49	1422.53	1834.75
——增长率	/	35.5%	61.3%	50.8%	31.3%	23.5%	29.0%
对世界 WBF 出口数量	7.47	10.17	14.61	18.11	22.04	25.44	33.50
——增长率	/	36.2%	43.6%	24.0%	21.7%	15.4%	31.7%
对世界 WBF 出口单价	35.61	35.43	39.81	48.42	52.24	55.92	54.77
——增长率	/	-0.5%	12.4%	21.6%	7.9%	7.1%	-2.1%

数据来源：http：//comtrade.un.org/db，中国报告的数据；出口金额百万美元、出口数量百万件、出口单价为美元/件，2007年8月援引。

理论和实证都表明，采取反倾销行为的进口国，由于对国外进口产品的反倾销限制，致使国内产生不完全竞争的市场，会直接造成被保护市场的产品价格上升。但是，价格上升多少以及其他竞争者的反应如何则更多受到供求关系之外的其他因素影响。主要是：

1. 成本转嫁。当国外进口受到反倾销限制时，由于本国在生产该类产品上固有的高成本，致使产品价格平均相对提高。这种情况一般发生在反倾销范围比较大的情况下，贸易转移效应受到限制，并且受纯经济以外的因素影响较多。就美国来讲，在以产业保护为主的 WBF 制造业中，反倾销政策的采取，其主要目的是保护国内相关利益集团和产业工人。但是，WBF 制造业已经沦为美国的“夕阳产业”，其人力资源及自然资源成本都较高，一旦减少进口，增加本国生产，相对于弹性较小的需求来讲，产业的高成本转嫁是必然的。根据中国在 UN Comtrade Database 中报告的数据显示，在美国实施 WBF 反倾销税之前，2003 年中国对美国 WBF 出口数量：$Q_1=676$ 万件，平均售价 $P_1=75.08$ 美元。

2004 年课征反倾销税后，中国对美国 WBF 出口数量：$Q_2=737$ 万件，平均售价 $P_2=81.72$ 美元。

由于美国对中国 WBF 企业执行不同的反倾销税率，为简化起见，不妨选取反倾销税率 t 为 115 家答复问卷调查的中国 WBF 生产商或出口商被课征的税率，有 $t=8.64\%$。据此，中国对美 WBF 出口每件边际成本约增加 6.49 美元（$t\times P_1=6.49$）。由于课征反倾销税，不仅美国从中国进口 WBF 价格提高，而且美国国产家具价格也相应上涨，致使 2004 年中国 WBF 企业和美国的 WBF 消费者仅在进口中国 WBF 产品上就因成本推动的价格上涨而损失 4781 万美元（$t\times P_1\times Q_2=4781$）。若考虑到其他未应诉中国企业被课以 198.08% 的高额反倾销税率，则中国 WBF 企业和美国消费者遭受的损失更大。因为美国政府和进口商将课征反倾销税带来的成本很大程度上转嫁给美国的国内消费者。

2. 税收转嫁。Blonigen 和 Prusa（2001）认为，外国厂商可以通过价格手段将反倾销税转嫁到被保护国的消费者身上，甚至一旦进口国有提起反倾销的倾向，出口商就可以通过调整产品的出口价格来避免反倾销税的实施。尤其在美国，反倾销税最初只是估计的，真正的税额是事后重新计算确认的，只要掌握方法，可以调价避税。运用此法，可在改善中国对美 WBF 出口条件的同时，达到开拓市场，有效规避过高的反倾销税的目的。

Blonigen 和 Haynes（2002）考察了美国 1992～1993 年对加拿大钢铁产品进行反倾销前后有关产品价格的变化情况，发现反倾销税的大部分都转嫁到加拿大钢铁产品在美国的售价中。具体到木制卧室家具产品上，依据中国在 UN Comtrade Database 中报告的数据显示，2004 年美国课征反倾销税后，中国对美国 WBF 出口平均每件售价 81.72 美元，比课税前 2003 年出口单价上涨 8.8%。并且，2003 年和 2004 年中国对美 WBF 出口单价较对世界出口单价高出 27 美元和 29 美元。可见，中国的 WBF 出口商也通过提高对美国 WBF 出口价格来规避过高的反倾销税，而这种提价避税方式也把被课征的反倾销税部分转嫁给美国的消费者。

综合以上两点，由于中国存在绝对的劳动力成本和其他自然资源及国家政策特惠的优势，大量出口到美国的制造业产品如木制卧室家具和彩电等产品价廉物美，具有内在的比较优势。如果美国以替代国方式来确定对中国 WBF 和彩电产品的反倾销行为，无疑提高了中国的生产成本和美国的进口成本，进而提高美国国内 WBF 和彩电的市场价格。作为反倾销税的获益者，美国国内相关产业的利益集团及产业工人得到了价格竞争的收益，而其中相当一部分将通过价格上升转嫁给美国消费者来承担。

二、反倾销引致的投资转移效应

美国的《伯尔德修正案》要求美国海关把征收的反倾销税分配给提起反倾销诉讼的美国企业，而不是上缴国库，这促使美国企业频频提起反倾销诉讼、请求贸易救济；但同时也促使美国企业的国外竞争对手转变策略，改对美贸易出口为对美直接投资或转移第三国投资出口。外国直接投资是基于避免美国反倾销等贸易保护壁垒，寻求以直接投资的方式达到规避关税、获取利润的目的，即实现跨越关税的 FDI。日本是最常见的运用 FDI 方式避税的国家之一。一个经典的案例是：1993 年美国柯达公司对日本的富士胶卷公司提出了反倾销指控，初裁确定富士存在 300% 的倾销幅度，结果导致一段时间内富士对美出口大幅减少。作为应对举措，1996 年富士公司在美国本土设立了相纸生产企业，3 月份投产，不到一年时间，富士在美国市场的相纸份额就超过了反倾销前富士占据的市场份额。可见，外国直接投资增强了外国企业与美国本土企业之间的竞争，由此减少甚至逆转美国最初反倾销贸易政策给本土企业的保护作用。同时，美国消费者能够从激烈的竞争中获利。

虽然外国直接投资目前较多为发达国家企业面对发展中国家存在的反倾销等贸易壁垒所采取的一种应对手段，但是，随着中国改革开放的不断深入，我国已积累了大量的外汇储备。在面对来自发达经济体如美国和欧盟，以及发展中经济体如印度和土耳其等不断对中国发起的反倾销等贸易壁垒环境下，中国可积极考虑借鉴日本的有益经验，采取有实力的企业“走出去”战略，鼓励和支持部分生产高质量和高附加值的中国 WBF 企业到美国本土直接投资设厂、就地销售，或者到墨西哥、越南和泰国等第三国投资、对美出口。这样，能够起到既改善贸易环境又获取市场空间的双重功效。事实上，美国对中国 WBF 课征反倾销税后，部分外资家具厂商已经开始了转移投资，特别是一些在大陆的台资家具企业开始转向人力成本较低廉的越南和泰国等进行直接投资设厂。

三、其他社会福利效应

从行业角度来看，针对一种产品的反倾销行为，除了影响到该行业自身发展效应之外，还会通过波纹效应影响到与其相关的上下游行业部门，进而产生国民经济的放大效应，其结果往往具有不可预知性。为此，在这里仅就美国对中国 WBF 产品反倾销，来探究其对美国 WBF 行业的就业、工资和生产率的影响效应。据美国 ITC 调查问卷数据显示，仅 2003 年上半年至 2004 年上半年，美国 WBF 行业生产及相关工人就从 27516 人下降到 24352 人，一年间失业增加 3164 人；美国 WBF 行业支付的工资总额从 3.25 亿美元下降到 3.13 亿美元；而计时工资从 11.91 美元上升到 12.60 美元；美国 WBF 行业劳动生产率从 244.8 件/千时上升到 259.3 件/千时。[①] 从国别角度来看，美国经济体极为庞大，其市场调节机制效率高，且进出口市场多元化，因而承受外来的反倾销冲击能力强。这样，中国对美反倾销给美国造成的产业影响效应不明显。相比而言，中国经济体相对较小，其市场调节机制效率低，且对美国市场的贸易集中度过高，因而美国对中国 WBF 反倾销给中国造成的产业联动效应较大。据中国家具协会

---

① USITC (2004), *Wooden Bedroom Furniture from China*, Investigation No. 731 - TA - 1058 (Final), Publication 3743, p. 105.

的朱长岭所言："如果说美国有3.4万人失业的话，那么终裁的结果可能会带来中国5万人的失业甚至更多。但是，'贸易'就是这样的。"①

此外，由于反倾销不是一种纯粹的经济行为，还受到其他各种因素的影响，例如政治因素等。国与国之间的反倾销竞争，在很大程度上造成了贸易效率的降低，并不能有效地提升进口国行业与消费者的福利水平。

第五节 主要结论及对策

本章以中国涉案金额最大的两类工业制成品——木制卧室家具和彩电的反倾销案为例，探究了美国对华反倾销的贸易效应及引发的非贸易效应，研究发现：

1. 美国对中国木制卧室家具反倾销调查对中国该行业对美出口产生了显著的贸易调查效应。从贸易金额来看，美国对中国木制卧室家具课征反倾销税对美国该行业进口产生了显著的贸易限制效应。美国对中国木制卧室家具实施反倾销，使得美国国内需求增长向越南、马来西亚和印度尼西亚转移，直接引致了贸易进口转移效应，并促使中国木制卧室家具出口向其他国家（地区）转移，产生国家间贸易转移效应。不过，国家间贸易转移并不是贸易转移效应的全部，美国对中国木制卧室家具实施反倾销，直接引致了中国对美出口的家具产品间贸易转移效应。

2. 短期内美国对中国彩电反倾销的调查效应比较明显。长期来看，美国对中国彩电实施反倾销，并没有产生明显的贸易出口限制效应，也没有对美国该行业进口产生显著的贸易限制效应。美国对中国彩电实施反倾销措施没有引发明显的贸易进口转移效应，但引致了中国涉案彩电企业发生了显著的贸易出口转移效应。而且，中国对美彩电出口发生了显著的产品间贸易转移效应。所以，由于中国彩电行业出口结构的及时调整，美国

① 周觅："家具反倾销拉锯战：几家欢喜几家愁？"《WTO经济导刊》2004年第12期，第50页。

实施反倾销对市场行为的干预作用还是相当有限的。

3. 反倾销调查期内，美国对中国木制卧室家具反倾销致使中国对美木制卧室家具出口数量增长率大幅下降，而同期出口单价有了较快的增长，即反倾销引致了价格上升效应。外国直接投资旨在跨越反倾销税壁垒，但外国直接投资增强了外国企业与美国本土企业之间的竞争，由此减少甚至逆转美国最初反倾销贸易政策给本土企业的保护作用。美国对中国木制卧室家具反倾销已导致部分外资家具企业开始向第三国转移投资。

对策建议是：

1. 针对反倾销产生的贸易调查效应和贸易限制效应，中国商务部可引导建立 WBF 行业预警机制，加强行业自身协调与监督，鼓励 WBF 出口企业兼并或联合，间接控制 WBF 出口企业数量，同时鼓励 WBF 和彩电企业加强研发和设计创新，提高产品市场竞争力，被控的中国 WBF 和彩电企业应组成相应的行业团队应诉，并把美国的消费者、进口商、零售商和中国家具、彩电企业的机械及原辅材料的美国供应商拉过来，结成利益共同体，寻求他们的支持。现实中，面对瞬息万变的国际市场环境，中国 WBF 和彩电企业应通过技术创新提高产品附加值，加强知识产权保护，学会运用法律手段积极参加反倾销应诉，以谋求获取美国认可的“市场导向行业”地位。

2. 鉴于反倾销产生国家间和产品间贸易转移效应，推论的政策是：对于美国，仅对中国 WBF 和彩电实施反倾销措施是徒然无效的，要想实现对 WBF 和彩电制造业的保护作用，就必须扩大反倾销起诉对象的范围，但是这又会招致被诉国联手报复美国的反倾销行径，致使美国陷入进退两难境地。对于中国，要想减弱来自美国的反倾销冲击，就必须努力实现 WBF 和彩电出口市场多元化，转向开拓加拿大、拉美、欧盟、中东、非洲、俄罗斯和其他新兴市场，改变不平衡的对外贸易国（地区）别结构。同时，认识到反倾销会产生贸易转移效应，因而中国在实施反倾销行动时，也要有效地防止那些未被起诉的潜在倾销国借机扩大对中国的倾销出口，还要防止被诉国在非被诉国组装涉案产品并向中国出口。

3. 鉴于反倾销会引致直接投资转移效应，因而鼓励和支持中国企业开拓国际市场，实施“走出去”发展战略。现阶段，中国 WBF 和彩电等行业产品对美出口市场集中度过高、增长速度过快，加之对美出口产品价格偏低，因而极易招致美国提起的反倾销指控。这一现象折射出中国企业开拓国际市场的能力不足。为此，中国的家具和彩电企业必须以更积极的姿态实施“走出去”战略，到主要伙伴国或第三国进行直接投资，起到既改善贸易环境又获取市场空间的双重功效。

4. 加强知识产权保护和研发投入，进行行业生产结构调整，提升我国对外出口产品结构。中国作为世贸组织成员国，已对保护知识产权做出了郑重承诺，因而我国行业企业必须加大在技术研发方面的投入力度，努力开发具有自主知识产权和自我品牌的新技术和新产品，从根本上改变中国企业在知识产权领域内的弱势地位。这是摆脱国外技术壁垒和受制于人的根本途径。具体地，中国彩电行业要做出出口策略调整，主要转向液晶电视、等离子电视为主的高端产品的生产和出口，改善中国彩电出口的贸易条件，开拓新的市场空间，进而有效地降低国外反倾销的频数。

第八章

美国对华反倾销的宏观决定因素及其影响效应：经验研究[①]

自2001年入世以来，中国在保持对外贸易出口大幅增长的同时，却遭受来自主要贸易伙伴的一系列反倾销等贸易壁垒。据中国商务部年终报告显示，2006年共有25个国家和地区对我国发起反倾销等贸易壁垒86起，涉案金额20.5亿美元。另据WTO统计，1995～2006年世贸组织成员国共发起反倾销调查3044起、实施反倾销最终措施1941起，其中涉及中国产品的调查536起、最终措施375起，分别占世界总数的17.6%和19.3%。无论从总体还是从单个年度来看，1995～2006年中国遭受的反倾销都位居世界第一位。这其中，美国无论在涉案金额还是在涉案次数上都占据较大比重。据《中国商务年鉴（2004）》统计，2003年中国对美出口产品共遭遇11起贸易救济调查，其中反倾销9起，涉案金额高达18.5亿美元。另据WTO统计，1995～2006年美国对中国产品共发起反倾

① 参见沈国兵："美国对中国反倾销的宏观决定因素及其影响效应"，《世界经济》2007年第11期，第11～23页。

销调查64起、反倾销最终措施52起，均位居美国对外反倾销的第1位，分别占同期中国遭受反倾销调查的11.9%、反倾销最终措施的13.9%，排在第3和第2位。鉴于美国在中国对外贸易中所处的重要地位，因而美国对华反倾销的贸易影响效应很大。如美国商务部副部长拉文（Lavin, Franklin）所言，中美双边贸易继续面临重大障碍，美国商务部目前针对中国有58项反倾销命令在执行之中，涉案金额超过50亿美元①。而且，美国商务部和国际贸易委员会更以美国对华巨额贸易逆差为由②，对中国产品频繁提起反倾销调查，这已对中美双边贸易构成了严峻挑战。现实中，除了美中贸易差额因素外，还有哪些宏观因素影响并决定着美国对华反倾销呢？由此，探究美国对华反倾销的宏观决定因素及其影响效应就显得非常重要，本章拟对此做出经验性研究。

第一节 文献综述

从GATT/WTO各个回合来看，显性的关税壁垒一直在降低，但是非关税贸易壁垒却在历时地上升，反倾销更是成为非常重要的非关税贸易壁垒形式。自1995年世贸组织成立至2006年，中国已成为世界上最大的反倾销调查对象，而美国是当今世界上最积极使用反倾销的国家之一。依据联合国商品贸易统计数据库，2006年中国对美出口占到中国出口的21.0%，美国从华进口占到美国进口的15.9%。其中，美中商品贸易逆差高达2505.5亿美元③。由此，美中贸易增长不可避免地成为影响美国对华反倾销的主要因素之一。现有的研究美国反倾销及美国对华反倾销的

① Krause, Susan："美国经贸官员谈美中经济关系"，《美国参考》2006年3月31日，http：//usinfo. state. gov/mgck/。

② 据美国普查局（U. S. Census Bureau）统计，美中商品贸易逆差由2001年的831亿美元激增至2006年的2325.9亿美元。

③ Source：United Nations Commodity Trade Database：http：//comtrade. un. org/db. The data is calculated, created in August 2007.

宏观影响因素主要有：

第一，有关美国反倾销的宏观经济因素研究。Feinberg（1989）探究了美国四个主要进口来源地汇率变动对美国反倾销起诉的影响，研究发现，汇率变动是决定反倾销起诉案件的显著因素。Mah（2000）探究了美国 ITC 反倾销决定的宏观经济因素，结果发现，肯定的反倾销裁决百分比增长与贸易差额之间存在长期均衡关系，贸易差额对肯定的反倾销裁决百分比增长具有单向的因果关系。Knetter 和 Prusa（2003）发现实际汇率和国内实际 GDP 增长对反倾销起诉都有统计上显著的影响，而出口国实际 GDP 与反倾销起诉的相关性不明确。Blonigen 和 Bown（2003）认为，报复性反倾销行动上升的威胁对反倾销活动有着最终抑制效应，导致某种类似于"冷战"式均衡。美国反倾销当局倾向于拒绝或较少对具有积极反倾销措施和美国大量出口的国家发起反倾销调查。相反，对美国进口渗透较大，美国国内境况较差的行业，美国反倾销肯定裁决的可能性也较大。

第二，有关美国反倾销的法律、管理机构变化和宏观经济因素混合研究。Baldwin（2005）指出，乌拉圭回合谈判造成美国反倾销法的变化使得美国企业更容易通过反倾销路径获取进口保护。随之而来，商务部调查的反倾销案件数量在上升，但反倾销行动不仅降低一国的经济福利水平，而且会带来产出和收入分配的变化，这些被认为是不公平的。Irwin（2005）认为，美国反倾销事件年度数量的直接决定因素是失业率、汇率、进口渗透，以及 20 世纪 80 年代初反倾销法及其管理机构的变化。实证发现，失业率与反倾销起诉的数量高度正相关；实际 GDP 变动和实际汇率变动似乎与长期内反倾销起诉的数量没有系统的相关性；当进口渗透被包含于宏观经济决定因素时，则进口渗透上升会增加反倾销起诉的数量，美元汇率升值会导致更多的反倾销起诉，1984 年美国反倾销法变化会给企业激励以提起多重起诉。

第三，有关美国对华反倾销的宏观影响因素研究。James（2000）认为，美国对华强烈使用反倾销是与其经济持续扩张造成统计上巨额贸易逆差相关的。可近 10 年来中国快速的技术变革、产业结构与竞争的变化，美国的一些反倾销裁决很可能夸大了中国的倾销幅度。Jiang 和 Ellinger（2003）针对中国产品易遭受来自美国的反倾销，提出了 4 个原因：（1）中国出口补贴政策加剧了省际出口商之间削价竞争海外市场份额，结果招致大量的倾销指控；（2）中国仍旧被视为非市场经济，替代国方式否定了中国产品固有的劳动成本竞争优势；（3）许多中国出口商对反倾销指控没有能力或经验进行辩护；（4）中国出口一直快速地增长，促使进口国使用反倾销战略来保护本土产业。Prusa（2005）指出，反倾销争端增长的主要原因是贸易的增长，随着美中贸易的增长，毫不奇怪地，可看到倾销指控的上升。谢建国（2006）实证发现，经济因素仍是美国对华贸易反倾销的主要原因，其中美国国内工业产出的波动和对华贸易逆差显著提高了美国对华反倾销调查频率，中美政治联系的恶化将强化中美在贸易领域的冲突。Blonigen 和 Bown（2003）证实，美国对一国出口量越小，该国采取报复的能力越有限，则美国越有可能对该国实施反倾销最终措施。据此，笔者认为，美国对华出口与中国对美出口相比较小，因而中国对美反倾销报复能力比较有限，这部分解释了美国经常对华提起反倾销调查的原因。

根据以上文献研究，可以归纳出有关美国反倾销的宏观影响因素主要有：美元实际汇率、美国贸易差额、美国实际 GDP 增长率、美国进口渗透、美国失业率、美国反倾销法及其管理机构的变化。那么，这些宏观影响因素中究竟哪些是美国对华反倾销的主要宏观决定因素呢？Aggarwal（2004）证实，在发达国家，反倾销起诉主要由国内宏观经济压力驱动的，相比而言，以国际贸易状况估计的外部压力对于发达国家反倾销起诉影响是非显著的，但是加入工业附加值增长率变量后，则进口压力会影响到反倾销起诉。据此，综合美国对华反倾销的宏观影响因素研究，理论上可以提炼出美国对华反倾销的宏观决定因素大致分为 3 大类：一是内生性经济因素，主要是由美国国内宏观经济压力决定的；二是外生性经济因素，主要是由美国遭受的外部经济压力（来自中国贸易、汇率压力）和中国反倾销报复能力所驱动的；三是制度性因素，主要是由美国反倾销法及其管理机构的变化所决定的。具体实践中，这些宏观决定因素究竟哪些较为显著，它们对美国对华反倾销的影响效应如何呢？

与先前主要文献相比，本章有以下不同之处：（1）研究的主要视角和对象范围不同。本书区分了美国对华反倾销调查和反倾销最终措施数量，从宏观经济因素视角揭示出美国对华反倾销的主要决定因素及其影响效应。而 Irwin（2005）、谢建国（2006）考察的是对美国反倾销调查数量的影响因素。（2）研究的主要变量界定不同。本书模型中对两国双边实际汇率取变动率变量，旨在通过差分消除汇率对其他自变量的内在多重共线性的影响；同时实际汇率变动率反映出美国产品出口市场竞争力的变化对反倾销的影响。而非 Irwin（2005）选取的美元名义有效汇率、谢建国（2006）选取的人民币实际汇率，因为名义有效汇率或实际汇率对出口、投资、GDP 增长和工业增加值增长都会产生多重共线性影响。此外，本书以美国对华出口比重和中国对美出口比重来反映中国对美反倾销报复能力，并检验是显著的。（3）研究的内容和方法差异。本书构建出美国对华反倾销的宏观决定因素的多变量计数模型，并分别就美国对华反倾销调查和反倾销最终措施的影响效应做出经验分析。而 Aggarwal（2004）采用 99 个国家面板（panel）数据考察了宏观因素对发达和发展中国家使用反倾销调查数量的影响。谢建国（2006）在计数模型回归分析中出了一个差错，因为解释变量变动一个百分点，则美国对华反倾销指控数量是增加或减少百分之几，而非谢文所说的美国对华反倾销指控频数增加或减少多少次数。

本章具体进展如下：第二节就美国对华反倾销的历史状况做出分析，旨在从美国对华不断增加的反倾销压力中去探寻隐含的美国对华反倾销的宏观决定因素；第三节就美国对华反倾销的宏观决定因素做出变量选取及预期说明；第四节就美国对华反倾销的宏观决定因素及其影响效应做出计数模型及数据说明；第五节就美国对华反倾销的宏观决定因素及其影响效应做出经验结果分析；第六节给出主要结论及对策。

第二节 美国对中国产品的反倾销状况——历史演进

鉴于美国在中国对外贸易中所处的重要地位及美国又是个使用反倾销手段的大国，因而中美贸易必将处于反倾销贸易摩擦的高发期。在美国，反倾销调查和裁决是由两个独立的机构依据两套标准做出的，美国商务部国际贸易管理局（ITA）裁决是否提名的中国企业或产品正在倾销，而美国国际贸易委员会（ITC）裁决是否美国国内行业遭受实质性损害，或者面临进口原产地实质性损害的威胁。前者进行倾销调查，后者进行损害调查。只有当 ITA 和 ITC 都做出最终肯定性裁决时，才会签发反倾销命令，征收反倾销税。这样，美国对中国产品的每起反倾销事件都存在着两个机构不同的调查开始期和最终裁定期。在这里，选取 ITA 和 ITC 两者较早的调查开始期作为每起反倾销调查的开始期，选取两者较晚的最终裁定期作为每起反倾销裁决的最终裁定期。据此，将美国对华提起的每起反倾销按照反倾销调查开始期和最终裁定期（年份）进行纵向比较。鉴于中国改革开放后才遭受国外反倾销起诉，因而选取美国对华反倾销时期跨度为 1978 ~2006 年（见表 8 -1）。

表 8 -1　美国对中国产品反倾销调查数量——按每起反倾销立案调查开始期　单位：起

年　份	1978	1979	1980	1981	1982	1983	1984	1985	1986	1987
反倾销调查	0	0	1	0	3	4	0	6	1	0
年　份	1988	1989	1990	1991	1992	1993	1994	1995	1996	1997
反倾销调查	1	1	9	6	5	7	12	2	7	0
年　份	1998	1999	2000	2001	2002	2003	2004	2005	2006	
反倾销调查	1	7	7	8	9	10	6	4	3	

资料来源：http：//people. brandeis. edu/ ~ cbown/global_ ad/；http：//www. wto. org/english/tratop_ e/adp_ e/adp_ e. htm。

根据表 8 -1，以 1992 年中国构建社会主义市场经济作为分界点，可将样本时期划分为两个时间段，即 1978 ~1991 年和 1992 ~2006 年。在前 14 年间，美国对中国产品共提起反倾销调查 32 起，年均 2. 3 起。而在后 15 年间，美国对中国产品共提起反倾销调查 88 起，年均 5. 9 起。两厢相比，美国对华反倾销立案调查无论是绝对量还是相对年均量都比先前有了大幅增加。并且，入世后短短 6 年间，美国对中国产品共发起反倾销调查 40 起，年均达 6. 7 起，大大超过先前 6 年（年均 4. 0 起）。据此，中国构建和完善社会主义市场经济体制，以及参与和履行 WTO 统一的贸易规则，这些似乎并没有减轻美国对中国产品的反倾销起诉压力。那么，美国对华发起的不断增加的反倾销调查压力究竟受制于哪些宏观决定因素呢?

理论上，反倾销调查行动意在反对涉嫌不公平贸易实践的进口商，但是，随着使用反倾销调查数量的急剧增长，已越来越难以声称增强反倾销调查的使用仅仅是发出不公平贸易实践上升的信号。实际中，Aggarwal (2004) 研究发现，反倾销是一种保护主义工具，与外国企业不公平贸易实践是无关的，一旦提出反倾销起诉申请，国内企业便会获得更高概率的保护，即使最后证实没有倾销，发起反倾销调查本身也会导致进口下降。据此，由于反倾销调查并非都构成反倾销最终肯定措施，可能存在政府当局利用反倾销调查达到威慑“倾销意图”，来对本国生产商保护主义需求做出反应的现象，因而需要再考察美国对华反倾销的最终裁决情况，以揭示美国对华不断增加的反倾销调查的最终肯定措施情况。

表 8－2　　美国对中国产品反倾销最终措施数量

——按每起反倾销最终裁定期

单位：起

年　　份	1978	1979	1980	1981	1982	1983	1984	1985	1986	1987
反倾销最终措施	0	0	0	0	0	2	3	0	5	1
年　　份	1988	1989	1990	1991	1992	1993	1994	1995	1996	1997
反倾销最终措施	0	0	1	9	2	3	5	4	2	7
年　　份	1998	1999	2000	2001	2002	2003	2004	2005	2006	
反倾销最终措施	0	1	4	6	2	8	7	5	2	

资料来源：同表 8－1。

依据表 8－2，在 1978～1991 年 14 年间，美国对中国产品共实施反倾销最终措施 21 起，年均为 1.5 起。而在 1992～2006 年 15 年间，美国对中国产品共实施反倾销最终措施 58 起，年均为 3.9 起。相比来看，美国反倾销最终措施无论是绝对量还是相对年均量都比先前有了很大增加。而且，入世后短短 6 年间，美国对中国产品实施的反倾销最终措施达 30 起，年均为 5.0 起，大大超过先前 6 年（年均 3.0 起）。可见，对于美国企业和政府当局来说，对中国产品反倾销调查已不再仅仅是一种对进口商的威胁作用，而已成为一种实实在在的贸易保护主义工具。具体地，1978～2006 年美国对中国产品共提起反倾销调查 120 起，美国对中国产品共实施反倾销最终措施 79 起（1978～1991 年 21 起，1992～2006 年 58 起）。

两个时期相比，美国对中国产品反倾销最终措施数量分别占同期美国反倾销调查比重的 65.8%（1978～2006 年）、65.6%（1978～1991 年）和 65.9%（1992～2006 年）。可见，从长期来看，美国对中国产品实施的反倾销最终措施数量已占调查比重的 65% 以上，因而美国的反倾销调查已不再仅仅是威慑意图，而是更多地落实为反倾销最终措施行动。

需要指出的是，这里以美国对中国反倾销历史演进作为切入点，考察美国对华反倾销调查和反倾销最终措施数量的发展演变，旨在从美国对华不断增加的反倾销调查和反倾销最终措施的压力中去探寻隐含的美国对华反倾销的宏观决定因素及其影响效应，无意与他国对华反倾销做出横向比较。

第三节 美国对华反倾销的宏观决定因素：变量选取及预期说明

关于美国反倾销的主要宏观影响因素，需要考虑很多与反倾销相关的理论和模型。现有文献采用的变量各有所不同，结论也有差异。具体到美国对华反倾销的宏观决定因素时，我们不要求模型中包括美国对华反倾销的所有决定因素，只需根据研究目的需要选取相应的宏观经济变量。本书中，我们选取了美国国内宏观经济压力、美国来自中国贸易压力、美元汇率压力、中国反倾销报复能力以及美国反倾销法变化和入世后中国非市场经济地位潜在变化等作为美国对华反倾销可能的宏观决定因素，探究它们对美国对华反倾销的影响效应。根据已有的文献研究结论，本书对这些变量的可能影响方向做出了一些理论上的预测，并在随后进行计量检验。

命题 1：美国国内宏观经济活动低迷会造成美国对华提起的反倾销数量增加。如果美国国内宏观经济状况不景气、就业状况差，则任何进口竞争都可能对美国国内生产能力利用、利润幅度和失业产生进一步向下的压力。在此条件下，国内生产商会游说和对政府施压以保护国内产业，结果反倾销立案调查更多，肯定的实质性损害裁决的概率会上升。Knetter 和

Prusa（2003）指出，进口国经济活动的衰退更可能使得国内企业运行绩效较差，易于得出损害性裁定。实践中，20 世纪 80 年代初和 90 年代初美国国内经济不景气与其反倾销数量的大幅攀升是相关的。Irwin（2005）证实，美国失业率与其反倾销起诉的数量更加密切相关，更高的失业率是与更多的反倾销事件相关的（正相关）。在这里，美国国内宏观经济压力状况以美国 GDP 增长率（GDPR）或美国工业生产增长率（IPR）和美国失业率（UER）来反映。前者代表美国产出变动对反倾销的影响，后者代表美国内部市场需求变动对反倾销的影响。理论预测，美国 GDP 增长率或美国工业生产增长率下滑和美国失业率增加会导致美国对华反倾销数量增加。在随后模型中，将以这些变量来检验命题 1。

命题 2：美国对华反倾销数量是与美国对华贸易逆差扩大或美国从华进口渗透上升正相关。一般来说，不利的贸易逆差和汹涌的进口会增加美国国内行业企业寻求贸易保护的可能性，以及政府当局易于接受其指控倾销抱怨的概率。这是因为反倾销是 WTO 准许的贸易救济措施，它针对的是企业而非政府，WTO 反倾销规则不要求课征反倾销税的国家对受影响国提供补偿。一旦作出反倾销申请，国内企业便会获得更高概率的保护，即使最后证实没有倾销，发起反倾销调查本身也会导致进口下降。考虑到这一切，政府倾向于支持使用与 WTO 相容的反倾销手段。Mah（2000）发现，贸易差额（进口减去出口）对肯定的反倾销投票增长率具有统计上显著的单向协整关系。Aggarwal（2004）证实，一国每年反倾销事件的数量是与其贸易逆差扩大和进口大量涌入相关的。在这里，美国遭受的外部经济压力——来自中国贸易压力以美国对华贸易差额（进口减去出口）占美中商品总贸易比率（TBR）或美国从华进口渗透率（进口占美国 GDP 比率，IMR）来反映，代表美国从华进口需求渗透程度对美国反倾销的影响。在随后模型中，将以美国从华进口渗透率来检验命题 2。

命题 3：美元对人民币实际汇率变动率上升会导致美国对中国更多的反倾销起诉。美元对人民币实际汇率变动率上升表示美元实际升值增大，并非汇率波动幅度变大。比如实际汇率变动率由 $\Delta RER/RER = 1\%$ 上升到 $\Delta RER/RER = 3\%$，意味着美元实际升值增大。理论上，当本国货币（美元）升值时，进口商品的本币（美元）价格下降，这将降低本国（美国）相同行业生产商的利润，增加对他们实质性损害的可能性；而相对于出口到美国之外的其他目的地，外国企业会提高出口到本国（美国）商品的外币价格，这将显著地减少外国企业被指控低于公平价值定价的可能性。相反，本国货币贬值将减小实质性损害的可能性，但使得外国企业被指控低于公平价值定价的可能性增加（Knetter and Prusa，2003）。这样，由于对外国企业提起反倾销诉讼的激励是与美国 ITC 对实质性损害和 ITA 对低于公平价值定价的肯定性裁决正相关，那么理论上完全有可能无论是美元实际升值还是贬值（相对于人民币）都可能使中国企业陷入被反倾销起诉中，只是美元升值会导致美国对中国更多的反倾销起诉。这是因为界定倾销标准的弱化，美国商务部 ITA 几乎每次都对倾销做出肯定性裁决，因而美国政府反倾销决定几乎是由美国 ITC 损害性检验惟一决定的（Blonigen and Bown，2003）。理论上，在对单个国家反倾销研究中，通常使用两国双边实际汇率变量。在这里，美元汇率压力以美元对人民币实际汇率变动率（RER）来反映，代表实际汇率变动引致产品出口市场竞争力的变化对反倾销的影响。实际汇率变动率上升代表美元升值。在计量模型中，将以美元对人民币实际汇率变动率来检验命题 3。

命题 4：美国对华反倾销案件数量是与中国反倾销报复能力逆相关。 2001 年 11 月 12 日，中国获得 WTO 成员地位，这给予中国机遇，充分利用其 WTO 合法权利或者发起报复行动来解决倾销问题。事实表明，中国已经利用其 WTO 成员地位成功地进行了反倾销报复，如 2002 年 3 月，当美国决定对进口中国钢产品课征 8% ~30% 关税时，中国立即报复对美国大豆油课征 24% 附加关税。Blonigen 和 Bown（2003）研究发现，美国行业很少可能对具有积极反倾销措施和美国大量出口的国家企业提起反倾销起诉；相反，美国对一国出口量越小，意味着该国采取报复的能力越有限，则美国越有可能将肯定地裁决对该国反倾销案件。据此，可用美国对华出口比重大小来反映中国对美反倾销报复能力，它会逆向影响到美国对华提起的反倾销数量。并且，中国对美出口比重会逆向影响中国对美反倾销报复能力，进而同向影响到美国对华反倾销数量。在这里，中国反倾销报复能力以美国对华出口比重（AEX）和中国对美出口比重（CEX）来反映，代表中国反倾销报复能力对美国反倾销的影响。在模型中以美国对华出口比重和中国对美出口比重来检验命题 4。

命题5：美国反倾销法变化会造成美国对华提起更多的反倾销起诉，而中国非市场经济地位潜在变化对美国对华反倾销影响关系不明确。1984年美国贸易与关税法案要求ITC在做出损害性裁决时，累计遭受反倾销调查的所有国家的进口，这增加美国企业对倾销同样产品的几个不同国家提起多重起诉的收益。结果，20世纪80年代后美国反倾销调查的数量明显地比以前更大。2001年底中国入世后，尽管美国尚未承认中国市场经济地位，但是自2004年新西兰率先承认中国市场经济地位以来，截至2006年底，已有66个国家承认了中国市场经济地位，这种变化会影响美国对中国产品倾销幅度的测算，从而影响到美国对华反倾销调查及最终措施数量。Baldwin（2005）认为，乌拉圭回合谈判造成美国反倾销法的变化使得美国企业更容易通过反倾销路径获取进口保护。随之而来，美国商务部调查的反倾销案件数量在上升。Irwin（2005）研究发现，美国反倾销法变化和管理机构变化以虚拟变量加入模型后，会减少进口渗透的影响，但是不改变失业率或汇率对反倾销的影响；1984年美国反倾销法变化会给予企业激励提起多重起诉。在这里，美国反倾销法变化和入世后中国非市场经济地位潜在变化，以1985年（Dum_1）和2002年（Dum_2）两个虚拟变量为代表，分别反映1984年美国反倾销法变化和2001年中国入世后非市场经济地位潜在变化对反倾销的影响。模型中将以这两变量来检验命题5。需要指出的是，1980年1月，美国卡特政府当局正式将低于公平价值（LTFV）的裁决权移交给美国商务部，这种反倾销管理权的变化被设计来便利于提起反倾销起诉。但是，美国只是在1980年6月才对华提起首例反倾销调查——化学品薄荷醇事件。据此，样本期间内美国反倾销管理权的变化（商务部取代财政部）为外生给定，不会对美国对华反倾销产生前后不同的影响，因而不将其视作为美国对华反倾销的宏观决定因素。此外，虽然1988年美国《综合贸易与竞争法》（Omnibus Trade and Competition Act）对有关非市场经济国家反倾销规则进行了修改，从法律上规定，若非市场经济国家涉案企业达到美国认定的5条市场经济标准，美国可以采用单独税率裁决，替代了先前反倾销的一国一税。但是实践中，由于这些标准过于苛刻严格，因而对美国对华反倾销所产生的影响效应并不明显，故而不将其视为主要宏观决定因素。

综上所述，本书就美国对华反倾销的各变量预期影响方向做出了理论预测，具体预测符号见表 8 - 3 所示。

表 8 - 3　　美国对华反倾销的宏观决定因素的预期影响方向

变量	$GDPR_t$	IPR_t	UER_t	TBR_t	IMR_t	RER_t	AEX_t	CEX_t	Dum_{1t}	Dum_{2t}
预期符号	-	-	+	+	+	+	-	+	+	?

注："+"表示变量对 $AD_{US,t}$ 有正效应，"-"表示对 $AD_{US,t}$ 有负效应，"?"表示影响方向不明确。

第四节 美国对华反倾销的宏观决定因素及其影响效应：计数模型及数据说明

一、负二项回归多变量计数模型

由于因变量美国对华反倾销数量是非负的离散变量，且是统计美国在 t 年对华发起的反倾销调查、反倾销最终措施数量的计数变量（count variable），因而可以使用计数模型来进行估计。理论上，泊松分布（Poisson distribution）是概率论中常用的一种离散型概率分布，泊松分布的参数 λ 衡量单位时间内随机事件的平均发生率。实践中，泊松模型是计数模型中常见的一类，被广泛用于分析这样的计数变量类型。具体地，不妨以 $AD_{US,t}$ 代表美国在 t 年对华发起的反倾销数量，$AD_{US,t}$ 可以取非负整数值 {0, 1, 2, …, n}，是一种典型的离散型计数变量，因而可以使用泊松模型来分析。泊松模型分布为：

$$P(AD_{US,t} = y_t \mid X_t) = \exp(-\lambda_t)\frac{\lambda_t^{y_t}}{y_t!},\ y_t = 0,\ 1,\ 2,\ \cdots n;\ \lambda_t > 0 \tag{8-1}$$

其中，λ_t 是一个指标变量，衡量美国在 t 年对华发起的反倾销事件的平均发生率，它和解释变量 X_t 有关，具有关系式：

$$\lambda_t = \exp(X_t\beta) = \exp(\beta_0 + \beta_1 x_{1t} + \beta_2 x_{2t} + \cdots + \beta_k x_{kt}) \tag{8-2}$$

由于泊松分布的特点，因变量的期望值和方差是：

$$E\ (AD_{US,t}=y_t \mid X_t)\ =Var\ (AD_{US,t}=y_t \mid X_t)\ =\lambda_t=\exp\ (X_t\beta) \tag{8-3}$$

于是，可由对数似然函数最大化得到参数 β 的估计。由关系式（8－2）、（8－3）得到：

$$E\ (AD_{US,t}=y_t \mid X_t)\ =\exp\ (\beta_0+\beta_1 x_{1t}+\beta_2 x_{2t}+\cdots+\beta_k x_{kt}) \tag{8-4}$$

由于指数函数 exp（·）总为正数，所以可对方程式（8－4）取自然对数，得到：

$$\ln\ [E\ (AD_{US,t}=y_t \mid X_t)]\ =\beta_0+\beta_1 x_{1t}+\beta_2 x_{2t}+\cdots+\beta_k x_{kt} \tag{8-5}$$

该对数线性模型与计数模型具有一致的形式。据此，美国在 t 年对华发起的反倾销数量的期望值的对数是线性的。如果泊松分布的均值等于方差，即关系式（8－3）成立，则 y_t 的条件分布是泊松分布，那么泊松最大似然估计量是一致的、有效的。但是，通常发现会出现过度离差，即观察计数的方差经验上比均值更大。据此，对泊松模型建议的普遍选择是负二项模型，后者考虑了过度离差现象。通过引入个别的、未观察到的影响因素 v_t 进入条件均值 μ_t，可将泊松模型扩展得到：

$$\ln\ [E\ (AD_{US,t}=y_t \mid X_t,\ v_t)]\ =\ln\mu_t=\ln\lambda_t+\ln v_t \tag{8-6}$$

进而得到负二项回归计数模型：

$$\ln\ [E\ (AD_{US,t}=y_t \mid X_t,\ v_t)]\ =\ln\mu_t=\beta_0+\beta_1 x_{1t}+\beta_2 x_{2t}+\cdots+\beta_k x_{kt}+\varepsilon_t \tag{8-7}$$

其中，$\varepsilon_t=\ln v_t$，反映特定误差或者截面单元异方差；exp（ε_t）服从 γ（gamma）分布。

这样，在考虑未观察到的影响因素 v_t 后，美国在 t 年对华发起的反倾销事件的负二项回归模型为：

$$\ln\ [E\ (AD_{US,t}=y_t \mid X_t,\ v_t)]\ =\beta_0+\beta_1 x_{1t}+\beta_2 x_{2t}+\cdots+\beta_k x_{kt}+\varepsilon_t \tag{8-8}$$

所以，根据对数线性回归模型（8－8）式可估计美国在 t 年对华反倾销的宏观决定因素的影响效应。其中，负二项回归计数模型中的变量系数表示自变量对因变量的影响效应。

二、主要变量数据说明

鉴于改革开放后，中国才遭受来自国外的反倾销贸易壁垒，故而选取

1978～2006年作为样本期间，来探究美国对华反倾销的宏观决定因素的影响效应。具体地，我们取因变量为美国在t年对华发起的反倾销数量$AD_{US,t}$，该指标分为两个层次变量，即美国对华发起的反倾销调查数量和对华实施的反倾销最终措施数量。该指标数据都来自全球反倾销数据库（Global Antidumping Database）、WTO数据库和中国机经网——反倾销专栏数据库。①

实证分析中，决定回归变量的滞后结构是非常重要的。Aggarwal（2004）认为，行业企业在反倾销调查期内必须正遭受实质性损害，而详细的损害幅度测算是基于反倾销申请前一年的数据。因此，我们决定在美国对华提起的反倾销计数模型中对具有时滞效应的自变量做滞后一期处理，具体视变量回归结果的显著性和似然比指数（Pseudo－R2）极大化来决定。模型中自变量主要有：（1）反映美国国内宏观经济压力对美国对华反倾销的影响变量：以美国GDP增长率（$GDPR_t$）或美国工业生产增长率（IPR_t），以及美国失业率（UER_t）来反映。前者代表美国产出变动对反倾销的影响，后者代表美国内部市场需求变动对反倾销的影响。因为中国对美出口影响的主要是美国工业品产出，美国对华反倾销也主要集中在工业制造品，故而采用美国工业生产增长率变量来代表美国产出变动对反倾销的影响。② 这些变量数据来自国际金融统计数据库（IFS database）。（2）反映美国遭受的外部经济压力——来自中国贸易压力对美国对华反倾销的影响变量，以美国对华贸易差额（进口减去出口）占美中商品总贸易比率（TBR_t）或美国从华进口渗透率（IMR_t）来反映。为规避与后面美国对华出口比重变量的高度相关性，我们采用美国从华进口渗透率变量，代表美国从中国进口需求渗透程度对美国反倾销的影响。美国GDP数据来自IFS数据库；1978～1984年贸易数据引自《中国对外经济贸易年鉴》、1985～2006年引自美国普查局数据库。③（3）反映美国遭受

---

① 网址：http：//people. brandeis. edu/～cbown/global_ ad/；http：//www. wto. org/english/tratop_ e/adp_ e/adp_ e. htm#statistics；http：//www. mei. gov. cn/page/antidumping/。单位为起，2007年7月公布。

② 在这里，变量的选取汲取了匿名审稿人提出的宝贵修改意见，特此感谢！当然，文责自负。

③ 资料来源：http：//www. census. gov/foreign－trade/balance/c5700. html，2007年7月公布。

的外部经济压力——美元汇率压力对美国对华反倾销的影响变量，以美元对人民币实际汇率变动率（RER_t）来反映①，代表产品出口市场竞争力的变化对美国反倾销的影响。（4）反映中国反倾销报复能力对美国对华反倾销的影响变量，以美国对华出口比重即美国对华商品出口占美国出口比重（AEX_t）和中国对美出口比重（CEX_t）来反映，代表中国反倾销报复能力对美国反倾销的影响。双边贸易数据来自美国普查局和中国海关统计，单方出口来自 IFS 数据库②。（5）反映美国反倾销法变化和入世后中国非市场经济地位潜在变化对美国对华反倾销的影响变量，以 1985 年（Dum_{1t}）和 2002 年（Dum_{2t}）两个虚拟变量来反映。前者从 1985 年开始取值为 1，之前取值为 0，代表 1984 年美国反倾销法变化对反倾销的影响；后者从 2002 年开始取值为 0，之前取值为 1，代表入世后中国非市场经济地位潜在变化对美国对华反倾销的影响。

据此，参照上式（8－8）构建出美国对华反倾销的主要宏观决定因素的负二项回归多变量计数模型：

$$\ln[E(AD_{US,t}=y_t \mid X_t, v_t)] = \beta_0+\beta_1 IPR_{t-i}+\beta_2 UER_{t-i}+\beta_3 IMR_{t-i}+\beta_4 RER_{t-i}+\beta_5 AEX_{t-i}+\beta_6 CEX_{t-i}+\beta_7 Dum_{1t}+\beta_8 Dum_{2t}+\varepsilon_t \quad (8-9)$$

其中，$i=0, 1$，根据变量回归结果的显著性，赤池信息准则（AIC）、施瓦茨准则（SC）数值极小化和似然比指数（Pseudo－R2）极大化原则来确定是否对变量做滞后一期处理。若没有滞后效应，则 i 为零。模型中对两国双边实际汇率取变动率变量，旨在通过差分消除汇率对其他自变量的内在多重共线性的影响；同时实际汇率变动率反映出美国产品出口市场竞争力的变化对反倾销的影响。这样，考虑到未观察到的影响因素 v_t 后，美国在 t 年对华提起的反倾销数量的期望值的对数是线性的。所以，根据伍德里奇（Wooldridge, 2003），可以使用对数函数的近似特征，得出：

$$\%\Delta E(AD_{US,t}=y_t \mid X_t, v_t) \approx (100\beta_j)\Delta x_{jt},\ j=1, 2\cdots, k \quad (8-10)$$

其中，$x_j \in$（IPR，UER，IMR，RER，AEX，CEX，Dum_1，Dum_2）。

① 数据来自美国农业部经济研究部：http://www.ers.usda.gov/Data/exchangerates/，2007 年 7 月公布。

② IFS 数据库：http://www.imfstatistics.org/imf/ImfBrowser.aspx，2007 年 7 月公布。

这样，给定解释变量 x_{jt} 变动一个单位，则 $100\beta_j$ 大致表示了因变量 $E(AD_{US,t}=y_t \mid X_t, v_t)$ 变化的百分数。可据此模型来大致估计美国在 t 年对华反倾销的主要决定因素的影响效应。但是，要想得到某一解释变量变动影响的更精确估计值，我们可以假定除了这一变量比如 x_{kt} 之外所有其他解释变量都不变，则期望值的比例变化为：

$$\frac{E(AD_{US,t}=y_t \mid X_t, v_t)}{E(AD_{US,t-1}=y_{t-1} \mid X_{t=1}, v_{t-1})}-1=\exp(\beta_k \Delta x_{kt})-1$$

据此，给定解释变量 x_{kt} 变动一个单位，即 $\Delta x_{kt}=1$，则美国在 t 年对华反倾销的期望值的比例变化为 $[\exp(\beta_k)-1]$。在这里，通过负二项回归可求出参数 β_k 的估计值 $\hat{\beta}_k$，然后再将 $[\exp(\hat{\beta}_k)-1]$ 乘以 100 后化为变化的百分数，从而可得出某一解释变量变动对美国对华反倾销的更精确的影响效应：

$$\%\Delta E(AD_{US,t}=y_t \mid X_t, \nu_t)=[\exp(\hat{\beta}_j \Delta_{Xjt})-1]\times 100\%, j=1, 2, \cdots, k \quad (8-11)$$

第五节 美国对华反倾销的宏观决定因素及其影响效应：经验结果分析

一、美国对华反倾销调查的经验结果分析

我们选取 1978~2006 年作为样本期间，取因变量为美国在 t 年对华提起的反倾销数量的期望值 $E(AD_{US,t}=y_t \mid X_t, v_t)$，分为美国在 t 年对华提起的反倾销调查数量和对华实施的反倾销最终措施数量。模型设定和自变量选取如式（8-9）中负二项回归多变量计数模型所述。在估计美国对华提起的反倾销调查数量的宏观决定因素的影响效应时，依据变量回归结果的显著性，AIC、SC 数值极小化和似然比指数极大化原则，对美国工业生产增长率、失业率、从华进口渗透率、美元对人民币实际汇率变动率，以及美国对华出口比重和中国对美出口比重做出采用当期数据或滞后

一期比较选择的结果。据此，美国对华发起的反倾销调查数量的最佳检验结果如表 8－4 所示。

表 8－4　美国对华反倾销调查的负二项回归结果

因变量：美国对华反倾销调查数量期望值			
自变量	预期符号	变量系数（Z 统计值）	P 值
常数项	?	−4.5560***（−3.9415）	0.0001
IPR	−	−0.1237***（−4.5450）	0.0000
UER	+	0.6528***（4.2843）	0.0000
IMR	+	2.5031**（2.0102）	0.0444
RER	+	0.0335***（6.9110）	0.0000
RER（−1）	+	−0.0183**（−2.0417）	0.0412
AEX	−	−1.1664**（−2.1043）	0.0353
CEX	+	0.0943***（5.9916）	0.0000
Dum_1	+	1.8318***（4.5824）	0.0000
Dum_2	?	0.0496（0.1898）	0.8494
R^2	0.8224	赤池信息准则 AIC	4.3366
调整后的 R^2	0.7179	施瓦茨准则 SC	4.8600
对数似然值	−49.7124	Hannan − Quinn criter.	4.4966
似然比统计值	72.4233	LR index（Pseudo − R2）	0.4214
Probability（LR stat）	0.0000		

注：括号内为 Z 统计值，*** 表示在 1% 水平上统计显著，** 表示在 5% 水平上统计显著，* 表示10% 水平上显著。

数据来源：参见上述“主要变量数据说明”。表 8－5 类同。

从回归结果来看，剔除非显著的滞后变量后，R^2 和调整后的 R^2 均有上升，赤池信息准则 AIC 和施瓦茨准则 SC 均有下降。此时，$R^2 = 0.8224$，调整后的 $R^2 = 0.7179$，似然比指数（Pseudo − R2）＝0.4214，负二项回归多变量计数模型拟合的效果更好些，模型各回归变量统计上非常显著。除了入世后中国非市场经济地位潜在变化的虚拟变量（Dum_2）不显著之外，其他变量 Z 统计值绝对值都大于 2，且 P 值较小（小于 0.05 或 0.01），因而在 5% 甚至 1% 水平上，这些解释变量对因变量——期望的美国对华反倾销调查数量都具有统计上显著的影响效应。

具体来看，依据表 8-4 和式（8-11），在 1% 水平上，美国工业生产增长率对期望的美国对华反倾销调查数量产生统计上显著的负效应，其影响系数为 -0.1237，表示样本期间内美国工业生产增长率下降 1 个百分点，即 $\Delta IPR_t = -1\%$，则期望的美国对华反倾销调查数量会增加 0.12%。其回归结果与预期符号相同。在 1% 水平上，美国失业率增加对美国对华反倾销调查数量产生统计上显著的正效应，其影响系数为 0.6528，表示样本期间内美国失业率增加 1 个百分点，即 $\Delta UER_t = 1\%$，则美国对华反倾销调查数量会增加 0.65%，产生的影响效应超过一半多，且与预期符号相同。因此，负二项计数模型证实，美国工业生产增长率下降和美国失业率增加，会造成同期美国对华反倾销调查数量增加，且美国失业率对反倾销影响效应更大，从而很好验证了命题 1。

在 5% 水平上，美国从华进口渗透率对期望的美国对华反倾销调查数量产生显著的正效应，其影响系数为 2.5031，表示样本期间内美国从华进口渗透率提高 1 个百分点，即 $\Delta IMR_t = 1\%$，则期望的美国对华反倾销调查数量会增加 2.53%，产生的影响效应很大，且与预期符号相同。据此，美国从华进口渗透越大，由此造成的美中贸易逆差越大，会形成对美国很大的外部贸易压力，导致美国对华反倾销数量大幅增加。这不仅很好地验证了命题 2，而且也能够有效地解释美国对中国产品频繁提起反倾销调查的实质原因。

在 1% 水平上，美元对人民币实际汇率变动率对期望的美国对华反倾销调查数量产生统计上显著的正效应，其影响系数为 0.0335，表示样本期间内实际汇率变动率上升 1 个百分点，即 $\Delta RER_t = 1\%$，意味着美国产品出口市场竞争力下降，则美国对华反倾销调查数量会增加 0.03%，产生的影响效应较小，且与预期符号相同。据此，在中美贸易之间，若美元对人民币实际汇率变动率上升，则会在双边贸易中构成对美国的外部汇率压力，增加美国对中国产品提起反倾销调查的可能性。这验证了命题 3。滞后一期后，在 5% 水平上，美元对人民币实际汇率变动率对美国对华反倾销调查数量产生统计上显著的负效应，其影响系数为 -0.0183，尽管产生的影响效应较小，但是与预期符号相反。

因此，考虑到滞后一期抵消效应后，美元对人民币实际汇率变动对美国对华反倾销调查数量的影响效应甚小。现实中，美方主张人民币汇率被低估，压迫人民币升值，试图营造弱势美元、强势人民币的贸易格局。这样，美元贬值将减小美国遭受实质性损害的可能性，但使得中国企业被指控低于公平价值定价的可能性增大，进而遭受到美国更多的反倾销调查；而人民币升值将增加中国遭受实质性损害的可能性，并使得外国企业被中国指控低于公平价值定价的可能性减小。所以，弱势美元、强势人民币对中国企业出口竞争力是非常不利的。

在5%水平上，美国对华出口比重对期望的美国对华反倾销调查数量产生统计上显著的负效应，其影响系数为-1.1664，表示样本期间内美国对华出口比重增加1个百分点，即$\Delta AEX_t = 1\%$，则美国对华反倾销调查数量会下降1.16%，产生的抑制效应更大，且与预期符号相同。据此，美国对华出口比重越大，意味着中国对美反倾销报复能力越强，则美国对华提起的反倾销调查的可能性越低。在1%水平上，中国对美出口比重对美国对华反倾销调查数量产生统计上显著的正效应，其影响系数为0.0943，表示样本期间内中国对美出口比重增加1个百分点，则美国对华反倾销调查数量增加0.09%；反之，则相反。据此，若中国对美出口比重下降，意味着中国对美反倾销报复能力增强，则美国对华提起的反倾销调查数量减少。这很好地验证了命题4的结论。不过，相比而言，美国对华出口比重增加产生的反倾销抑制效应远远高于中国对美出口比重下降可能产生的反倾销减少效应。

在1%水平上，1984年美国反倾销法变化（Dum_1）对期望的美国对华反倾销调查数量产生统计上显著的正效应，其影响系数为1.8318，表示样本期间内美国反倾销法变化增加了美国对华反倾销调查数量，且与预期符号相同。而中国非市场经济地位潜在变化（Dum_2）对期望的美国对华反倾销调查数量统计上影响非显著，这表明中国入世后美国对华反倾销调查并未因66国承认中国市场经济地位而发生变化性影响。这一计量结果有力地支撑了命题5。

二、美国对华反倾销最终措施的经验结果分析

类似地，以1978~2006年作为样本期间，取因变量为美国在t年对华实施的反倾销最终措施数量，模型设定和自变量选取如式（8-9）中负二项回归多变量计数模型所述。在估计美国对华实施的反倾销最终措施

数量的宏观决定因素的影响效应时，参照 Aggarwal（2004，p. 1048），行业企业在反倾销调查期内必须正遭受实质性损害，而详细的损害幅度测算是基于反倾销申请前一年的数据。因此，我们决定在美国对华实施的反倾销最终措施计数模型中对自变量做滞后一期处理，这也是符合美国对华反倾销最终裁定期普遍向前延展一年的客观事实的。具体依据变量回归结果的显著性，AIC、SC 数值极小化和似然比指数极大化原则来确定滞后期。由此，美国对华实施的反倾销最终措施数量的检验结果如表 8－5 所示。

表 8－5　　美国对华反倾销最终措施的负二项回归结果

因变量：美国对华反倾销最终措施数量期望值			
自变量	预期符号	变量系数（Z 统计值）	P 值
常数项	?	－6.4790***（－2.7215）	0.0065
IPR（－1）	－	－0.1374**（－2.1050）	0.0353
UER（－1）	+	0.6183***（2.7187）	0.0066
IMR（－1）	+	3.5777**（2.4904）	0.0128
RER	+	0.0395***（2.6443）	0.0082
RER（－1）	+	0.0542***（3.4726）	0.0005
AEX（－1）	－	－1.1766*（－1.7248）	0.0846
CEX（－1）	+	0.0980**（2.0911）	0.0365
Dum_1	+	1.8422***（2.6332）	0.0085
Dum_2	?	0.7718（0.9209）	0.3571
R^2	0.6040	赤池信息准则 AIC	4.0072
调整后的 R^2	0.3710	施瓦茨准则 SC	4.5305
对数似然值	－45.1002	Hannan－Quinn criter.	4.1672
似然比统计值	53.5228	LR index（Pseudo－R2）	0.3724
Probability（LR stat）	0.0000		

说明：括号内 Z 统计值，*** 表示 1% 水平上显著，** 表示 5% 水平上显著，* 表示 10% 水平上显著。

依据表 8－5 来看，R^2 ＝ 0.6040，调整 R^2 ＝0.3710，似然比指数（Pseudo－R2）＝0.3724，负二项回归计数模型拟合得还不错，且模型各变量统计上较为显著。除了入世后中国非市场经济地位潜在变化的虚拟变量（Dum_2）不显著之外，其他变量Z统计值绝对值都较大，且P值较小，因而在1%至10%水平上，这些解释变量对因变量——期望的美国对华反倾销最终措施数量都具有统计上显著的影响效应。

详细地，依据表8－5和上式（8－11），在5%水平上，美国工业生产增长率对期望的美国对华反倾销最终措施数量产生统计上显著的负效应，其滞后影响系数为－0.1374，表示样本期间内美国工业生产增长率上期下降1个百分点，则期望的美国对华反倾销措施数量会增加0.14%，其回归结果与预期符号相同。在1%水平上，美国失业率增加对美国对华反倾销最终措施数量产生统计上显著的正效应，其滞后影响系数为0.6183，表示样本期间内美国失业率上期增加1个百分点，则期望的美国对华反倾销最终措施数量会增加0.62%，与预期符号相同。据此，上一期美国工业生产增长率下降、美国失业率增加都会造成美国对华反倾销最终措施数量增加，且后者影响效应更大，这从实施的反倾销最终措施结果证实了命题1。

在5%水平上，美国从华进口渗透率对期望的美国对华反倾销最终措施数量产生统计上显著的正效应，其滞后影响系数为3.5777，表示样本期间内美国从华进口渗透率上期提高1个百分点，则期望的美国对华反倾销最终措施数量会增加3.64%，产生的影响效应非常大，且与预期符号相同。据此，美国从华进口渗透率不断提高，从1985年的0.09%上升到1995年的0.62%，到2006年达2.17%，则会造成美国对华贸易逆差压力不断增大，从1985年的0.1亿美元增加到1995年的337.9亿美元，到2006年美中商品贸易逆差已达2325.9亿美元[①]，由此导致美国对华实施的反倾销最终措施数量不断增加。这不仅证实了命题2，而且也支撑了“美国对中国产品反倾销的历史演进分析”得出的结论：美国对中国产品实施的反倾销最终措施数量已占同期美国对华反倾销调查比重的65%以上。

在1%水平上，美元对人民币实际汇率变动率对期望的美国对华反倾销最终措施数量产生统计上显著的正效应，其影响系数为0.0395，表示样本期间内美元对人民币实际汇率变动率上升1个百分点，则美国对华反

① 数据来源：http://www.census.gov/foreign-trade/balance/c5700.html；美国GDP数据来自IFS数据库。

倾销最终措施数量将会增加0.04%，因而当期美元汇率升值产生的影响效应较小。滞后一期后，美元对人民币实际汇率变动率对期望的美国对华反倾销最终措施数量产生的影响效应仍较小，为0.05%。两期计量结果都与预期符号相同。因此，美元对人民币实际汇率变动率上升，即美元汇率升值，会在当期和下一期增加美国对中国产品实施反倾销最终措施的数量，从而证实了命题3。不过，由美元对人民币实际汇率变动率上升产生的美国对华反倾销最终措施数量的影响效应仍旧是较小的。

在10%水平上，美国对华出口比重对期望的美国对华反倾销最终措施数量产生统计上显著的负效应，其滞后影响系数为-1.1766，表示样本期间内美国对华出口比重上期增加1个百分点，则期望的美国对华反倾销最终措施数量会下降1.17%，产生的反倾销抑制效应更大，且与预期符号相同。在5%水平上，中国对美出口比重对美国对华反倾销最终措施数量产生统计上显著的正效应，其滞后影响系数为0.0980，表示样本期间内中国对美出口比重上期增加1个百分点，则美国对华反倾销最终措施数量增加0.10%；反之，则减少。所以，美国对华出口比重增大或中国对美出口比重减小，意味着中国对美反倾销报复能力增强，则美国对华实施的反倾销最终措施数量会减少。这也充分证实了命题4。

在1%水平上，1984年美国反倾销法变化对期望的美国对华反倾销最终措施数量产生统计上显著的正效应，其影响系数为1.8422，表示样本期间内美国反倾销法变化增加了美国对华反倾销最终措施数量，且与预期符号相同。而中国非市场经济地位潜在变化对期望的美国对华反倾销最终措施数量统计上影响不显著，这表明中国入世后美国对中国产品实施的反倾销最终措施情况并未因66个国家承认了中国市场经济地位而发生实质性变化影响。由此，很好地证实了命题5。

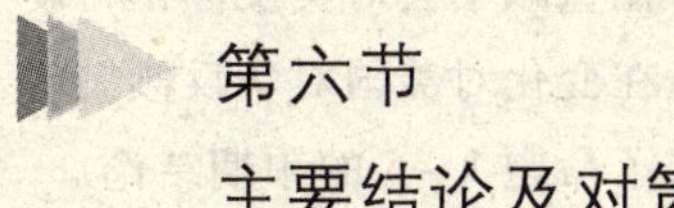

第六节 主要结论及对策

通过对美国对华反倾销的宏观决定因素的经验性研究，得出以下主要结论：

1. 从统计数据上看，1978～2006年美国对中国产品实施的反倾销最终措施数量已占同期美国对华反倾销调查比重的65%以上。美国的反倾销调查并非仅仅是威慑意图，而是更多地落实为反倾销最终措施行动。

2. 美国反倾销的宏观决定因素主要有：美国工业生产增长率、失业率、从中国进口渗透率、美元对人民币实际汇率变动率、美国对中国出口比重和中国对美出口比重，以及美国反倾销法变化。

3. 美国对华反倾销调查的负二项回归发现：（1）美国工业生产增长率下降、失业率增加、美元对人民币实际汇率变动率上升和中国对美出口比重增加将引致美国对华反倾销调查数量增加。其中，美国失业率对反倾销影响效应更大。（2）美国从华进口渗透率提高，则促使美国对华反倾销调查数量增加；美国对华出口比重增加，则美国对华反倾销调查数量会下降。比较而言，美国从华进口渗透率产生的影响效应很大，这有效地解释了美国对华频繁发起反倾销调查的实质原因。

4. 美国对华反倾销最终措施的负二项回归发现：（1）美国失业率上期增加、美元对人民币实际汇率变动率当期和上期上升，则期望的美国对华反倾销最终措施数量分别会增加。其中，美元对人民币实际汇率变动率上升产生的影响效应较小。（2）美国工业生产增长率上期下降、美国从华进口渗透率上期提高、中国对美出口比重上期增加，则期望的美国对华反倾销最终措施数量分别会增加。相比而言，中国产品在美国进口渗透增加是造成美国对华反倾销最终措施数量平稳增长的最主要原因。（3）美国对华出口比重上期增加，则美国对华反倾销最终措施数量会下降，产生的反倾销抑制效应更大。

相比来看，美国从华进口渗透增加是造成美国对华频繁反倾销的最主要决定因素；美国反倾销法变化增加了美国对华反倾销调查及最终措施数量，而美国对华出口比重增加、中国对美出口比重减小会对美反倾销行动产生抑制效应。入世后中国非市场经济地位潜在变化对美国对华反倾销的影响统计上不显著。这些计量结果有力地证实了命题1～5的预期结论。

基于这些研究发现，政策建议是：

1. 中国应大力拓展多元化的贸易主体，逐步降低过高的对美出口集中度。入世后，中国对美出口集中度已高达21.1%。中国对美过高的外贸出口集中度表现为中国产品在美国的进口渗透率过高，这一方面致使美国贸易保护主义者经常产生中国出口品倾销的幻觉，另一方面也放大了中国外贸出口的风险。当前美国对华频繁提起反倾销起诉就是这一风险的反映。所以，当务之急是拓展中国外贸出口对象，比如加快与东盟（ASEAN）、巴基斯坦、澳大利亚、新西兰等构建自由贸易区进程，逐步降低中国对美国出口集中度。同时，中国应实施本地有竞争力的企业走出去，国外高新技术企业引进来的外贸战略。如鼓励和支持民营企业走出国门，直接在国外投资生产，绕开贸易壁垒，开拓国际市场。

2. 健全和完善中国反倾销法律法规，建立符合国际惯例的贸易救济体系，适时适度地运用好反倾销这一贸易工具。2001 年 12 月中国国务院修订并颁布了《反倾销条例》和《反补贴条例》，新制定了《保障措施条例》，并于 2004 年进行了修正。新的《反倾销条例》、《反补贴条例》和《保障措施条例》标志着中国进口反倾销调查已走上了法制化路径。基于反倾销对称性，入世后中国应加大反倾销应诉和起诉力度，以抑制主要来源国对中国提起的反倾销活动。

3. 进一步完善市场经济体系，改善中国经济发展环境，建立与国际接轨的技术法规和标准体系；促使中国的主要贸易伙伴如美国、欧盟等尽早承认中国的市场经济地位，消除歧视性差别待遇和不公。

4. 积极利用多边贸易体制来解决贸易摩擦问题。在贸易摩擦中无论是处于发起者还是被诉者，中国都需要深入理解世贸规则和条款，学会利用 WTO 规则来保护自身的合法贸易地位，积极利用多边和双边协商和谈判机制，最大限度地避免损失，这是规避和应对贸易摩擦的根本策略。

5. 健全企业应诉的法律环境和渠道，加强行业协会和商会建设，形成有效的出口协调及应诉机制。当前，政府应积极支持和协调行业协会和商会建设，发挥其对倾销与反倾销信息搜集和整理的效能，及时反馈给会员企业，并通过行业协会等市场组织机构加大统一应诉和起诉力度，同时增进与美国等商会和行业协会之间信息沟通和了解，以便通过事前协商来化解部分反倾销冲突，从而改善中国的外贸发展空间。

第九章

知识产权保护与中美双边贸易问题①

在前述分析中，我们重点探究了反倾销贸易壁垒对中美双边贸易的影响。但是，近年来针对中国产品的贸易摩擦出现了新的特点，国外对我国实施贸易保护措施不断翻新，除了传统的反倾销、反补贴和保障措施外，知识产权领域内争端成为新的热点。本章将超越反倾销贸易壁垒，来探究知识产权保护对中美双边贸易的影响问题。

第一节 问题的提出及文献综述

随着科学技术的国际合作和各国经贸的发展，知识产权的合法保护在社会经济中起到越来越重要的作用，正受到全世界更大的关注。但是，在

① 参见沈国兵："知识产权保护与中美双边贸易问题"，《当代财经》2006 年第 11 期，第 97～101 页，被转载于《外贸经济、国际贸易》2007 年第 3 期。

发展中国家，知识产权保护的重要性并未得到充分的认识。中国作为世界上最大的发展中国家，虽然目前已逐步建立起知识产权保护体系，如中国已建立起一个比较完善的知识产权保护法律法规体系，包括8部知识产权领域法律以及30多部相关的法律法规。对此，世界知识产权组织总干事鲍格胥博士曾指出："在知识产权上，中国完成所有这一切（知识产权立法）的速度是独一无二的。"① 但是，现有的文献认为，中国在知识产权保护的实际执行中仍是很不充分的（Zeng, 2002；Wang, 2004；Maskus, et al, 2005）。自1979年中美贸易关系协定以来，美中之间围绕知识产权争端时常发生，并且已严重影响到中美双边贸易。据《中国商务年鉴（2004）》统计，2003年在涉及中国产品的贸易壁垒调查中，美国对中国共发起7起指控中国企业侵犯知识产权的"337"调查案件，影响中国出口金额近1.8亿美元。为此，我们拟探究知识产权保护与中美双边贸易问题。就现有文献来看，有关知识产权保护与中美双边贸易问题的研究主要有：

第一，有关知识产权保护研究。Gould 和 Gruben（1996）认为，通过影响创新激励，知识产权保护以重要的方式影响经济增长。伊德里斯（2003）认为，知识产权是促进经济发展和财富创造的"有力手段"，这一手段并没有在所有国家中得到最好的运用，尤其是发展中国家。Wang（2004）认为，知识经济发展的核心在于知识创新，而知识产权保护给创新的所有者一段时期专有权利，以便他们能够获得创新收益，推动经济发展。Fink 和 Maskus（2005）主张，加强知识产权保护不仅为日益复杂的商业交易提供一个框架，而且为吸引 FDI 提供较强的激励，这对于国内经济增长是极其重要的。但是，Gillcs Saint - Paul（2004）认为，由于专利所有者的垄断权，穷国似乎无法负担起价格高昂的重要产品，这一事实支持对知识产权施加限制的观点。不过，国际知识产权联盟 IIPA（2005a）指出，我们不应该认为遵守和执行知识产权仅是保护发达国家的利益，而应将其视作为激励国内工业，保护国家文化、发明和创造力的强有力工具。

第二，有关中、美知识产权保护研究。La Croix 和 Konan（2002）认为，许多发展中国家包括中国偏向在不同的发展阶段为不同行业设定不同

① 中国商务年鉴编辑委员会编：《中国商务年鉴（2005）》，中国商务出版社2005年第1版，第14页。

的知识产权标准，这样的差异与贸易有关的知识产权（TRIPS）协定设定的新标准不一致。美国和其他发达国家不愿意对发展中国家使用不同的知识产权标准。但是，一劳永逸的标准在发展中国家有时会过早地产生过度的知识产权保护问题。这种两难很可能是美中之间围绕知识产权保护产生持续冲突的根源。Wang（2004）认为，中国在商标、专利和版权立法上取得了巨大进步，现存知识产权法被认为是充分的，但是最好的法律没有有效、深入和广泛地执行是没有用的。中国执行知识产权保护的主要障碍是人口众多和区域发展分布不平衡。Clark（2004）指出，虽然中国在执行知识产权保护上进步缓慢，但是新的行动保证了希望，在未来几年内中国执行知识产权保护将更快地改善。

第三，有关知识产权保护与中美贸易研究。Maskus 和 Penubarti（1998）认为，加强知识产权保护对贸易有着不确定的影响，因为通过市场扩张增加贸易的同时，通过市场控制力又减少贸易。Wu，Xiaodong（2000）认为，更加严格的知识产权保护将保证中国出口更高质量的产品，导致更好的贸易条件，有助于中国在国际市场上变得更有竞争力。但同时，更加严格的保护很可能使国内企业面临外资企业更大的市场竞争风险。Smith（1999）发现，虽然美国出口依赖于进口国的知识产权保护，但是两者关系取决于仿冒盗版能力。加强新兴国家知识产权会减少其仿冒盗版，扩张美国对这些市场的出口；但知识产权会增强对仿冒盗版弱的国家的市场控制力，结果会减少美国对这些市场的出口。Zeng（2002）指出，美国试图迫使中国改善知识产权保护至多产生混合的结果，美国谈判者在使用贸易制裁来撬开中国市场中面临着难题。究其原因，中美之间贸易是高度互补的，美国对中国知识产权问题的制裁威胁在其国内会遭遇到不同利益集团的冲突，使得美国对中国贸易制裁威胁变得不可置信。

根据以上文献研究，主要观点有 3 个：（1）总体上知识产权保护有利于增进经济发展，对发展中经济吸引 FDI 尤为重要；（2）不同经济发展阶段应设定不同的知识产权标准，一劳永逸的高标准在发展中国家会造成知识产权保护过度问题；（3）知识产权保护对贸易影响是把“双刃剑”，中美之间知识产权争端实质上反映的是中美双边贸易争端。那么，具体到中国版权贸易保护程度对中美双边贸易影响怎样？美中知识产权争端与中美双边贸易的关系如何？为此，本章具体进展如下：第二节以版权为例对中国知识产权保护与中美双边贸易问题做出分析，第三节对美中知识产权争端与中美双边贸易结构做出分析和揭示，第四节给出主要结论及对策。

第二节 中国知识产权保护与中美双边贸易问题：以版权为例

20世纪90年代以来，美中之间卷入无休止的保护美国知识产权产品贸易的争端之中。1991年、1995年和1996年美国曾3次威胁动用贸易法“特殊301条款”[①] 对中国实施制裁，试图压迫中国改善对美国知识产权的保护，并为美国知识产权产品对中国出口提供更大的市场准入。尽管口头或书面上中国已做出了积极的承诺，但在实际执行中，中国对美国的制裁威胁并没有做出令美方满意的回应。可奇怪的是，美中之间并未因知识产权争端而发生双边贸易战。对此，La Croix和Konan（2002）认为，美国作为知识产权及知识产权密集型产品的净出口国，有激励压迫中国改善知识产权法和执行情况，而中国作为知识产权及知识产权密集型产品的净进口国有激励进行抵制。由此，针对美中之间源于贸易引发的知识产权问题争端不断，我们以版权为例探究中国知识产权保护与中美双边贸易问题。

一、中国版权保护程度与美国版权贸易损失：横向比较分析

假定参数 η_i 为第i国或地区版权的仿冒盗版率，则（$1-\eta_i$）表示第i国或地区版权保护程度。在此基础上，我们来探究东亚国家或地区版权保护程度与美国版权贸易遭受的损失，并将其与中国作横向比较。在这里，我们选取的东亚国家或地区是近年来被美国贸易代表处（USTR）列入“特殊301条款”黑名单的10个经济体，包括印度、印度尼西亚、巴

① 特殊301条款是美国打击国际版权盗版的一种重要的贸易工具，它允许USTR调查国外对美国知识产权的保护状况，磋商更高水准的保护，如果磋商失败，就以贸易制裁来报复。

基斯坦、中国、菲律宾、马来西亚、韩国、中国台湾、泰国和越南。东亚国家或地区对美国版权盗版主要集中在动画片、唱片及音乐、商业软件、娱乐软件和图书等领域（具体见表9－1）。

表9－1　东亚国家或地区对美国版权盗版率与美国遭受的版权贸易损失估计值　　单位：百万美元

国（地区）别		动画片		唱片及音乐		商业软件		娱乐软件		图书	合计
黑名单	年份	损失	盗版率	损失	盗版率	损失	盗版率	损失	盗版率	损失	损失
印度	2003	77.0	60%	6.0	40%	187.0	73%	113.3	84%	36.5	419.8
	2004	80.0	60%	67.3	50%	239.0	74%	59.5	86%	38.0	483.8
印度尼西亚	2003	29.0	92%	44.5	87%	94.0	88%	—	—	30.0	197.5
	2004	32.0	92%	27.6	80%	100.0	87%	—	—	32.0	191.6
巴基斯坦	2003	12.0	95%	70.0	100%	9.0	83%	—	—	44.0	135.0
	2004	12.0	—	70.0	100%	14.0	82%	—	—	52.0	148.0
中国	2003	178.0	95%	286.0	90%	1787.0	92%	568.2	96%	40.0	2859.2
	2004	280.0	95%	202.9	85%	1488.0	90%	510.0	90%	50.0	2530.9
菲律宾	2003	33.0	89%	22.2	40%	33.0	72%	—	95%	45.0	133.2
	2004	33.0	85%	20.0	40%	38.0	71%	—	90%	48.0	139.0
马来西亚	2003	38.0	50%	40.0	45%	77.0	63%	—	90%	9.0	164.0
	2004	36.0	50%	55.5	52%	73.0	61%	12.9	91%	10.0	187.4
韩国	2003	40.0	20%	3.5	20%	275.0	48%	248.4	36%	38.0	604.9
	2004	40.0	20%	2.3	16%	276.0	46%	349.0	43%	42.0	709.3
中国台湾	2003	42.0	44%	58.0	42%	83.0	43%	261.8	42%	20.0	464.8
	2004	40.0	40%	49.4	36%	88.0	43%	123.0	63%	20.0	320.4
泰国	2003	28.0	60%	26.8	41%	84.0	80%	—	82%	28.0	166.8
	2004	30.0	60%	24.9	45%	100.0	79%	—	76%	30.0	184.9
越南	2003	7.0	100%	—	—	24.0	92%	—	—	12.0	43.0
	2004	10.0	—	—	—	30.0	92%	—	—	16.0	56.0
总计	2003	484.0	—	557.0	—	2653.0	—	1191.7	—	302.5	5188.2
	2004	593.0	—	519.9	—	2446.0	—	1054.4	—	338.0	4951.3

资料来源：http：//www.iipa.com/statistics.html。

根据表 9 - 1，具体来看：

（1）动画片领域内，2003 年、2004 年仿冒盗版率很高（≥80%）的国家有：印度尼西亚、巴基斯坦、中国、菲律宾和越南，其中越南动画片盗版率最高，中国位居第二、盗版率达 95%，也就是，中国对美国动画片版权保护程度较低，仅为 5%。但由于市场份额不同，美国动画片遭受版权贸易损失较大的国家或地区有：中国、印度、中国台湾和韩国，其中美国动画片在中国遭受版权损失最大，2004 年为 2.8 亿美元，占美国在东亚 10 国或地区动画片贸易损失的 47.2%。

（2）唱片及音乐领域内，2003 年、2004 年仿冒盗版率很高（≥80%）的国家有：印度尼西亚、巴基斯坦和中国，其中巴基斯坦唱片及音乐盗版率最高，中国位居第 2、盗版率达 85%，即中国对美国唱片及音乐版权保护程度约为 15%。相应地，美国唱片及音乐遭受版权贸易损失较大的国家或地区有：中国、巴基斯坦、中国台湾和马来西亚，其中美国唱片及音乐在中国遭受版权损失最大，2004 年为 2.03 亿美元，占美国在东亚 10 国或地区唱片及音乐贸易损失的 39.0%。

（3）商业软件领域内，2003 年、2004 年仿冒盗版率很高（≥80%）的国家有：印度尼西亚、巴基斯坦、中国、泰国和越南，其中越南商业软件盗版率最高，中国位居第 2、盗版率达 90%，即中国对美国商业软件版权保护程度较低，仅为 10%。但由于市场份额不同，美国商业软件遭受版权贸易损失较大的国家或地区有：中国、韩国、印度、印度尼西亚和泰国，其中美国商业软件在中国遭受版权损失最大，2004 年达 14.88 亿美元，占美国在东亚 10 国或地区商业软件贸易损失的 60.8%。

（4）娱乐软件领域内，2003 年、2004 年仿冒盗版率很高（≥80%）的国家有：印度、中国、菲律宾、马来西亚和泰国，其中马来西亚娱乐软件盗版率最高，中国位居第 2、盗版率达 90%，即中国对美国娱乐软件版权保护程度较低，仅为 10%。但由于市场份额不同，美国娱乐软件遭受版权贸易损失较大的国家或地区有：中国、韩国、中国台湾和印度，其中美国娱乐软件在中国遭受版权损失最大，2004 年为 5.1 亿美元，占美国在东亚 10 国或地区娱乐软件贸易损失的 48.4%。

（5）图书领域内，美国图书版权遭受贸易损失较大的国家或地区有：巴基斯坦、菲律宾、中国和韩国。其中，中国仅占美国在东亚 10 国或地区图书贸易损失的14.8%。

因此，从5种版权贸易来看，中国版权保护程度较低，其中对美国动画片、唱片及音乐、商业软件和娱乐软件的版权贸易损失影响较大，而对美国图书版权贸易损失影响不大。

从总量来看，美国在东亚10国或地区中遭受版权贸易损失按照大小排序为中国、韩国、印度、中国台湾、印度尼西亚、马来西亚、泰国、巴基斯坦、菲律宾和越南。其中，美国在中国遭受的版权贸易损失最大，2004年合计达25.31亿美元，占美国在东亚10国或地区版权贸易总损失的51.1%。可见，中国版权保护程度相对较低，对美国在东亚10国或地区版权贸易总损失影响较大，已占到一半之多。

二、中国版权保护程度与美国版权贸易损失：纵向比较分析

虽然从横向比较来看，东亚10国或地区内中国仿冒盗版对美国动画片、唱片及音乐、商业软件和娱乐软件的版权贸易损失影响最大，但是从中国自身纵向比较来看，随着中国版权保护程度的上升，这种情况已有了很大的改善（具体见表9-2）。

表9-2　1995~2005年中国对美版权盗版率与美国遭受的版权贸易损失估计值　单位：百万美元

版权损失	1995年	1996年	1997年	1998年	1999年	2000年	2001年	2002年	2003年	2004年	2005年
动画片	124.0	120.0	120.0	120.0	120.0	120.0	160.0	168.0	178.0	280.0	244.0
唱片及音乐	300.0	176.8	150.0	80.0	70.0	70.0	47.0	48.0	286.0	202.9	204.0
商业软件	488.0	507.5	987.9	808.4	437.2	765.1	1140.2	1637.3	1787.0	1488.0	1276.1
娱乐软件	1286.0	1380.0	1409.4	1420.1	1382.5	455.0	455.0	568.2	568.2	510.0	589.9
图书	125.0	125.0	125.0	125.0	128.0	130.0	130.0	40.0	40.0	50.0	52.0
合计	2323.0	2309.3	2792.3	2553.5	2137.7	1540.1	1932.2	2461.5	2859.2	2530.9	2366.0
盗版率	1995年	1996年	1997年	1998年	1999年	2000年	2001年	2002年	2003年	2004年	2005年
动画片	100%	85%	75%	90%	90%	90%	88%	91%	95%	95%	93%
唱片及音乐	54%	53%	56%	56%	90%	93%	90%	90%	90%	85%	85%
商业软件	96%	95%	96%	95%	91%	94%	92%	92%	92%	90%	88%
娱乐软件	99%	97%	96%	95%	95%	99%	92%	96%	96%	90%	92%

数据来源：http：//www.iipa.com/countryreports.html。

注：2000年和2002年娱乐软件损失为预测值。

根据表9-2，从历史来看，1995～2005年中国对美版权盗版的5个主要领域都在发生变化。特别是，入世前、后中国对美5种知识版权保护力度的差异致使美国在这5个版权领域内遭受的贸易损失发生变化。其中：（1）动画片领域内，入世后中国实际保护程度下降，美国版权损失在增加。不过，2005年中国保护程度增强，美国动画片版权损失已出现下降。比较来看，中国对美动画片盗版给美国造成的版权损失并不大，2005年为2.44亿美元。（2）唱片及音乐领域内，入世后中国对美版权保护程度在上升，美国遭受的版权损失在下降，尽管入世初期美国唱片及音乐版权损失出现上升。（3）商业软件领域内，1995～2005年中国对美商业软件盗版给美国造成的版权损失呈现出先升后降态势，表现为入世后中国对美商业软件保护并未立即就见成效，只是到2004年才出现改善。相应地，到2004年后美国遭受中国商业软件侵权的贸易损失得以较大地下降。（4）娱乐软件和图书领域内，入世后中国对美娱乐软件和图书版权保护力度在增强，表现为入世后美国遭受中国娱乐软件和图书版权侵权的贸易损失都比入世前有了较大的下降。

总的来看，1995～2005年中国对美5种知识版权盗版给美国造成的总损失呈现出先升后降态势。入世后，中国对美知识版权保护程度增强，但知识产权保护成效存在着时滞，直到2004年美国遭受的版权贸易损失才得以改善。IIPA（2005b）发布的特殊301年度报告指出，中国在所有部门的盗版率并没有显著地减少，仍旧在90%左右。这表明中国在知识产权实际执行中对美国的制裁威胁并没有做出满意的回应。即便如此，知识产权这种无形的产品贸易相对于有形的中美商品贸易来说，在中美双边贸易中所占的比重实在是太低，几乎是微不足道的。如2004年中美双边进出口贸易总额为2452亿美元，其中商品贸易就达2314亿美元，占中美双边进出口总贸易的94.4%，而中美知识产权贸易仅占剩余5.6%的一部分。因此，美中知识产权争端至多成为中美商品贸易争端的借口，往往是美国利用其在知识产权贸易上的比较优势挑起的。但是，当知识产权争端可能触发中美双边贸易战时，则因知识产权贸易占中美双边贸易权重过小，不可能由其真正造成中美双边贸易战。这就很好地解释了美中之间尽管知识产权问题争端不断，但是始终并未因知识产权争端而发生过双边贸易战。

第三节 美中知识产权争端与中美双边贸易结构

美中之间有关知识产权保护的持续争端可追溯到20世纪80年代初。当时，改革开放后中国与外界日益增长的经济和文化交流开始凸显西方与中国在知识产权保护上的巨大差异。虽然从80年代初开始，中国政府采用增量改革措施，修改其知识产权保护的法律框架以便与国际标准相一致，但是国际社会对中国失衡的知识产权保护的担忧在80年代末和90年代初日益加深。1989年布什当局首次把中国列为美国“特殊301条款”优先考虑的国家；1991年4月再度发起针对中国知识产权的特殊301调查；1992年1月中美双方成功签署了理解备忘录（MOU），中国承诺对其知识产权制度进行深远改革。此后，中国很大程度上履行了承诺，使得知识产权保护有了相对完整的框架。虽然这些进展暂时安抚了美国，但是有关知识产权问题的争端仍旧没有解决，美国知识产权行业和美国贸易代表很快将焦点转向中国知识产权执行以及美国知识产权产品市场准入上。1994年12月，克林顿当局威胁对中国出口产品课征28亿美元的报复性关税，除非中国加强知识产权保护措施，建立知识产权审判庭。1995年2月4日美国宣布，除非中国在3周内采取措施解决问题，否则将对中国出口课征10亿美元的关税，使得双边陷入贸易战边缘。1995年2月26日中美双方最终达成协定，中国承诺打击盗版产品的生产商和零售商，加强现存规则和管理的执行力度，改善庭审程序，为美国知识产权产品提供更大的市场准入。但是，到1995年末，美国贸易代表对中国执行知识产权进展缓慢表示失望，再度发起特殊301调查。1996年5月，美国宣布将对中国出口课征20亿美元的惩罚性关税，除非中国执行先前达成的协定。中国则以反报复作为威胁，最终，美中知识产权争端达成妥协。2001年12月11日，中国正式加入WTO，入世后中国必须遵从TRIPS协定设定的知识产权保护最低标准，它改变着中国对待知识产权的态度。

尽管美中之间围绕知识产权争端不断，但是在双边博弈中并未因知识产权争端而升级到双边贸易战。究其原因，La Croix 和 Konan（2002）将美中知识产权争端归因于中美经济发展不同阶段美国贸易比较优势变化和美国贸易逆差驱使的。美国作为知识产权净出口国，有激励督促中国改善知识产权法和执行情况，而中国作为知识产权净进口国有激励进行抵制。Zeng（2002）认为，尽管美中知识产权争端中美国屡次威胁使用贸易制裁，但是并未真正发生过双边贸易战，其原因是中美之间贸易是高度互补的，美国对中国贸易制裁威胁会遭遇到国内不同利益集团的冲突，使得美国对中国贸易制裁威胁流于形式。据此，我们认为，美中知识产权争端至多成为中美商品贸易争端的借口，往往是美国利用其在知识产权贸易上的比较优势挑起的。但是，鉴于知识产权贸易所占中美双边贸易权重过小，特别是中美双边互补性商品贸易结构更是使得美中知识产权争端难以升级为双边贸易战。

所谓贸易互补性是指两国从事生产和出口不同类型商品的情况，当两国比较优势不同时，双方有激励集中生产那些最好地利用其比较优势的商品，去交易本国在合理成本上无法生产的商品，以获取最大利润边界。互补性商品贸易结构与竞争性商品贸易结构形成鲜明对比，在前者情况下，两国比较优势相异，集中生产和出口不同类型的商品，经济结构是互补的，双方都倾向于通过贸易发挥自身的比较优势，结果双边贸易更富有互补性；而后者则相反。现实中，美日之间贸易是竞争性商品贸易结构的一个典型范例，而美中贸易关系为互补性商品贸易结构提供了一个很好的范例。依据 IMF 统计数据，美中两国经济发展水平相差悬殊，两国在产业结构上存在着明显的差异。2004 年美国人均 GDP 高达 39722 美元，而同年中国人均 GDP 仅为 1261 美元，两国经济发展水平相差悬殊。正是中美两国经济发展水平的巨大差异决定了两国在产业结构上存在着明显的不同，中国在劳动密集型产业和资源易耗性产品对美贸易上具有明显的比较优势，而美国在资本密集型和技术密集型产业对中国贸易上具有显著的比较优势。依据美中贸易委员会 USCBC（2005/2006）统计显示，2003 ~ 2005 年美国从中国商品进口或中国对美商品出口中，排在前 10 位的商品中有一大半是劳动密集型和资源易耗性产品，如玩具及游戏器具、家具、鞋袜及附件、服装、皮革及旅行用品、塑料及物品附件和钢铁。2003 ~

2005 年这些劳动密集型和资源易耗性产品占中国对美前 10 位出口商品贸易总额的年均 46.7%（见表 9－3）。

表 9－3　2003～2005 年美国从中国商品进口中排名前 10 位的商品　单位：百万美元

商品构成	2003 年	2004 年	商品构成	2005 年
发电设备	31039.8	45417.3	电力机械设备	53009.7
电力机械设备	30043.1	41709.0	发电设备	52732.7
玩具及游戏器具	17399.9	18741.2	玩具及游戏器具	19140.7
家具	13670.4	16749.4	家具	17054.7
鞋袜及附件	11144.8	12014.1	服装	16807.9
服装	9156.8	11314.0	鞋袜及附件	12721.3
钢铁	3855.5	6322.1	钢铁	7414.8
皮革及旅行用品	5440.6	6209.5	塑料及物品附件	6639.5
塑料及物品附件	4779.9	5821.1	皮革及旅行用品	6258.8
光学及医疗设备	3386.9	3965.9	车辆及零部件	4207.9
劳动密集型、资源易耗性产品占比	50.4%	45.9%	劳动密集型、资源易耗性产品占比	43.9%

数据来源：http：//www.uschina.org/statistics/tradetable.html。

而 2003～2005 年美国对中国商品出口中，排在前 10 位的商品中有一半是资本和技术密集型产品，如发电设备、电力机械设备、光学及医疗设备、飞机及航天器、无机及有机化学品等，这些资本和技术密集型产品占美国对中国前 10 位出口商品贸易总额的年均 70.0%（见表 9－4）。所以，中美双边商品贸易结构具有较强的贸易互补性。

表 9－4　2003～2005 年美国对中国商品出口中排名前 10 位的商品　单位：百万美元

商品构成	2003 年	2004 年	商品构成	2005 年
发电设备	4639.6	6224.3	电力机械设备	6850.5
电力机械设备	4782.6	6061.7	发电设备	6357.2

续表

商品构成	2003 年	2004 年	商品构成	2005 年
油籽及含油果实	2877.4	2371.0	飞机及航天器	4381.5
光学及医疗设备	1594.0	2079.3	光学及医疗设备	2396.7
飞机及航天器	2451.2	1950.5	油籽及含油果实	2289.3
无机及有机化学品	1105.3	1900.1	塑料及物品附件	2258.9
塑料及物品附件	1247.5	1792.6	无机及有机化学品	1961.6
棉花	769.3	1431.4	钢铁	1864.7
钢铁	1213.9	1330.6	棉花	1411.3
纸浆及纸板	600.6	753.9	纸浆及纸板	992.3
资本和技术密集型产品占比	68.5%	70.3%	资本和技术密集型产品占比	71.3%

数据来源：http：//www.uschina.org/statistics/tradetable.html。

正是由于中美两国产业结构的差异性，决定了入世后中美两国之间处在产业间垂直分工和协作链条上，表现为中美双边商品贸易具有较强的贸易互补性。中国主要向美国出口劳动密集型和资源易耗性产品，而从美国进口大量资本和技术密集型产品；美国则主要向中国出口大量资本和技术密集型产品，而从中国进口劳动密集型和资源易耗性产品。既然中美之间贸易是高度互补的，中国对美出口的主要商品美国不再生产，那么在美国很少有进口竞争（import－competing）的利益集团。取而代之的是，存在有大量使用进口（import－using）的部门，这些部门广泛利用并依赖于中国生产的劳动密集型产品。这样，当美国对中国贸易制裁威胁时，大量使用进口的行业包括玩具、鞋袜和消费电子品的进口商和零售商利益会严重受损，他们势必反对贸易制裁，使得美国对中国制裁威胁变得不可置信。可见，两国商品贸易结构的差异对发起威胁的国家国内利益集团间有着不同的影响。

正如 Zeng（2002）指出，美国对中国知识产权问题的制裁威胁在其国内会遭遇到不同利益集团的冲突，利用知识产权作为拓展中国市场份额工具的美国知识产权行业、进口竞争行业将与依赖中国市场的美国进口商、零售商和使用进口的出口商以及美国汽车、飞机制造商之间产生严重的分裂冲突（见表 9－5），前者是对中国贸易制裁的主要倡导者，后者是反对对中国贸易制裁的支持者，他们之间的对立博弈削弱了美中双边贸易争端。由此，即使美国贸易代表发起特殊301调查是出于关注中国仿冒盗版给美国企业利益造成的损害，但是来自美国国内不同利益集团的对立冲突势必削弱美国贸易代表的强硬立场，使得美国对中国贸易制裁威胁变得不可置信，也使得中方确信美国不会走得太远而真正执行贸易制裁。所以，中美互补性商品贸易结构事关美中知识产权争端的谈判结果，美国不可能再从中国获取如同从日本、欧盟和加拿大获得的同等让步。

表9－5　美中知识产权争端中美国国内主要利益集团的立场和影响

利益集团	主要公司和协会代表	主张/立场	影响
直接受影响的出口商	国际知识产权联盟（IIPA），商业软件协会（BSA），美国音像行业协会（RIAA），动画片协会（MPA），国际唱片行业联盟（IFPI）	声称中国泛滥的盗版妨碍了美国行业试图获取真正进入中国市场的机会	成功地将知识产权保护问题引入政策议程
非直接受影响的出口商	汽车和飞机制造商，商业委员会，华盛顿州中国关系委员会	担心制裁在短期内会抑制美国制造商投资，长期内会减小他们进入潜在的有利市场	加入使用进口的利益集团反对贸易制裁威胁，很有影响力
进口竞争的利益集团	纺织品制造商，纺织制造商协会	支持贸易制裁威胁，有助于遏制来自中国低成本纺织品进口的竞争	为知识产权行业提供一些支持
使用进口的利益集团	全国零售业联盟，美国进出口商协会，大型零售业协会，美国服装制造商协会，全国服装和纺织品协会，美国纺织品与服装进口商协会，玩具制造商，鞋袜制造商，电子行业协会，木材纸张协会，电力工具制造商	主张美国追求公平贸易，不应该以牺牲美国进口商和零售商为代价，贸易制裁将增加他们支付进口的价格	在反对贸易制裁威胁上很有影响力，为知识产权行业提供了一个重要的抗衡

资料来源：Zeng，Ka（2002），p. 76.

现实中，美国对中国贸易制裁威胁会遭遇到其国内多个利益集团如美国进口商、零售商和使用进口的出口商以及美国汽车、飞机制造商等强烈反对，当然也存在中国的反报复威胁。这些力量共同促使美中知识产权争端最终达成的结果是，美国抑制执行贸易制裁威胁，而中国完善其知识产权法并加强执行力度，满足美国知识产权行业的合理要求。

第四节 主要结论及对策

通过对知识产权保护与中美双边贸易问题研究，得出以下主要结论：

1. 1995 ~2005 年中国对美 5 种知识版权盗版给美国造成的总损失呈现出先升后降态势。入世后，中国对美知识版权保护程度增强，但知识产权保护成效存在着时滞，直到 2004 年美国遭受的版权贸易损失才得以改善。具体地，入世后中国对美唱片及音乐、商业软件、娱乐软件和图书的版权保护程度在上升，结果美国唱片及音乐、商业软件、娱乐软件和图书在中国版权贸易损失在下降。

2. 美中知识产权争端至多成为中美商品贸易争端的借口，往往是美国利用其在知识产权贸易上的比较优势挑起的。鉴于知识产权贸易占中美双边贸易权重过小，以及中美双边互补性商品贸易结构，故而美中知识产权争端难以升级为双边贸易战。并且，美国对中国贸易制裁威胁会遭到其国内多个利益集团的强烈反对以及中国的反报复威胁。这些力量共同促成的结果是：美国抑制执行贸易制裁威胁，而中国完善其知识产权法并加强执行力度，满足美国知识产权行业的合理要求。

对策建议是：

1. 中国政府应该强调入世后作为 WTO 成员国，坚持 TRIPS 协定设定的知识产权最低标准是必需的和基本的。经过长周期快速经济增长和显著的结构变化之后，中国企业正日益强调发展品牌认知、质量声誉和产品创新。在此形势下，无法建立一个有效的知识产权保护制度和执行制度将成为中国未来经济增长的掣肘。因此，应对策略是中国知识产权保护应包括立法保护、行政保护、司法保护、知识产权集体管理机构保护、技术保护和知识产权所有者自我豁免的保护。这6个方面保护应相互渗透、相互作用，以形成一个集立法、司法、行政和社会及知识产权所有者共同努力为一起的全方位配合的知识产权立体防御体系。只有这样，有效的知识产权保护才能被执行，侵权行为才会被中止和受惩罚，科学技术创新的战略任务才能被确保实现。

2. 美国方面应该正确地审视发展中大国——中国在实施严格的知识产权保护中的困境，中国人口众多、区域经济发展和技术能力分布不平衡导致中国对知识产权侵权和执行保护跨地区不平衡，因而美国政府应给予中国知识产权保护工作以支持和合作，而不能期望一蹴而就，更不能利用知识产权领域内比较优势来挑起双边贸易战。实际上，由于知识产权贸易占中美双边贸易权重过小，以及中美双边互补性商品贸易结构，特别是美国对中国贸易制裁威胁会遭遇到其国内多个利益集团的强烈反对和中国的反报复威胁，这些因素共同决定美中知识产权争端难以升级为双边贸易战。所以，可行的路径是美国抑制频繁挑起的贸易制裁威胁，而中国完善其知识产权法并加强执行力度，满足美国知识产权行业的合理要求。

第十章

反倾销等贸易壁垒下中国外贸发展的战略选择

贸易发展战略是一国或地区发展对外贸易的重要内容，面对经济全球化背景下中国出口遭遇反倾销等重重贸易壁垒的困境，我国外贸发展战略必须做出适应性的重大调整，这是顺应我国产业结构调整、指导外贸合理发展的关键所在。为此，本章将反倾销等贸易壁垒与中美双边贸易问题研究的目标最终落脚到实现中国外贸发展战略选择的转变之上。

第一节 全球化背景下中国外贸的发展环境——挑战与机遇并存

一、中国外贸的强劲增长

20 世纪 90 年代以来，中国外贸增长成为国际贸易发展中最为显著的

“亮点”之一。1992年中国确立社会主义市场经济体制、1994年人民币汇率体制改革，以及2001年中国加入WTO，这一系列重大的政策变化促使中国对外贸易取得了长足地增长。据中国商务部统计显示，中国对外出口、从外进口分别从1993年917.4亿和1039.6亿美元增加到1995年的1487.8亿和1320.8亿美元，再从2002年的3255.7亿和2952.0亿美元猛增到2006年的9690.7亿和7916.1亿美元（见图10-1）。其中，1994~2006年中国外贸出口和外贸进口的年平均增长速度分别达20.5%和17.6%，中国占全球商品出口和商品进口的比重分别由1995年的2.9%和2.6%分别上升到2005年的7.4%和6.1%。

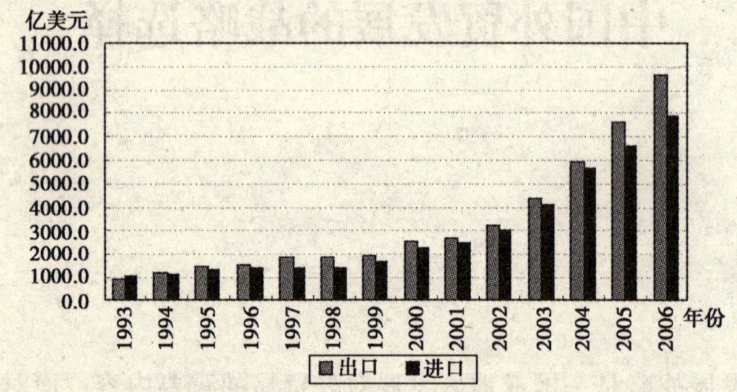

图10-1　1993~2006年中国外贸进、出口额

数据来源：中国商务部网站：http：//zhs. mofcom. gov. cn/tongji. shtml，经统计整理。

除了在全球贸易总量中份额的攀升，中国对全球经济增量的贡献也十分显著。美国著名经济学家尼古拉斯·拉迪对中国经济做了大量研究后指出：在2002~2004年间，中国经济增长对全球经济增长的贡献分别为13.8%、16.7%和14.5%①。

中国经济的增长极大地增强了国际影响力，改变了中国与世界其他经济体的关系。2006年我国对外贸易规模高达17606.9亿美元，比2005年净增3385.7亿美元，实现贸易顺差1774.6亿美元，对外贸易总额居世界第3位②。由此，中国成为亚洲对美最大的出口伙伴，同时也是日本、韩

① 周忠菲：“如何应对美国贸易保护主义——论东亚集体行动的可选择性”，《亚太经济》2007年第2期。

② 贸易数据来源：http：//zhs. mofcom. gov. cn/tongji. shtml。

国和中国台湾等经济体的最大出口伙伴、澳大利亚的第三大出口伙伴。作为世界上最大的发展中经济和最大的发达经济，中美两国是极其重要的贸易伙伴。据中国海关统计，2006 年中美双边贸易额为 2626.8 亿美元，同比增长 24.1%。其中，中国对美出口 2034.7 亿美元，同比增长 24.9%；自美国进口 592.1 亿美元，同比增长 21.5%；贸易顺差 1442.6 亿美元，同比增长 26.4%。美国是中国第二大贸易伙伴（仅次于欧盟）、第一大出口市场和第六大进口来源地①。另据美国普查局统计，2006 年中国已成为美国第二大货物贸易伙伴（双边贸易额达 3430 亿美元），仅次于加拿大，超过墨西哥和日本；同时成为美国第四大货物出口市场（达 552 亿美元）和第二大货物进口来源地（达 2878 亿美元）②。

二、中国外贸的发展障碍

对外贸易是一把“双刃剑”，中国在获得对外贸易收益的同时，释放出的贸易增长实力也引致了大量的贸易摩擦，呈现出贸易摩擦“数量多、频率高、影响大”的新特点，特别是中美之间的贸易摩擦日益突出，这给中国的外贸环境带来巨大的压力。

（一）反倾销

现阶段，反倾销手段已成为国际贸易救济的主要措施之一。据 WTO 反倾销统计显示，1995～2006 年中国共遭受反倾销调查 536 起、反倾销最终制裁措施 375 起，在所有成员方中排名第一，中国已连续 12 年成为全球遭受反倾销指控最多的国家（见表 10－1 和表 10－2）。发达国家对中国发起的反倾销案件中，以美国最多，1979～2003 年底美国对中国共提起反倾销诉讼 105 件③，其中针对中国的反倾销最终措施占到美国对外最终制裁措施的 25%。除此之外，印度、墨西哥、土耳其等新兴发展中

---

① 贸易数据来源：http：//zhs. mofcom. gov. cn/tongji. shtml。

② 美国普查局：http：//www. census. gov/。

③ 2006 年开始，虽然美国对中国发起反倾销调查的数量不多，但在反倾销规则上更加严格。2006 年 10 月 19 日，美国商务部对反倾销调查中市场经济采购原则和工资计算方法两项规则做出调整，这些修改使得中国出口产品在美国被认定为倾销的机率大大增加。2006 年 11 月，美国商务部宣布对来自中国等地的铜版纸同时发起反倾销和反补贴调查，这是美国自 1991 年以来对中国发起的首例反补贴诉讼。

国家近年来加大反倾销起诉力度，对中国产品频繁设限①。世界范围内，中国已成为反倾销的最大受害国。

表 10-1　　1995~2006 年遭受反倾销调查最多的 30 个成员及案件数　　单位：起

序号	成员	案件数	序号	成员	案件数	序号	成员	案件数
1	中国	536	11	德国	78	21	法国	38
2	韩国	229	12	马来西亚	72	22	土耳其	36
3	美国	175	13	欧盟	63	23	罗马利亚	34
4	中国台湾	173	14	乌克兰	59	24	加拿大	30
5	日本	135	15	南非	54	25	荷兰	27
6	印尼	130	16	意大利	44	26	阿根廷	26
7	印度	127	17	西班牙	42	27	波兰	26
8	泰国	120	18	新加坡	41	28	智利	25
9	俄罗斯	101	19	英国	41	29	哈萨克斯坦	24
10	巴西	92	20	墨西哥	39	30	中国香港	21

资料来源：周灏：《2006 年下半年世贸组织反倾销报告》，中国贸易救济信息网：http://www.cacs.gov.cn。

表 10-2　　1995~2006 年遭受反倾销最终措施最多的 30 个成员及案件数　　单位：起

序号	成员	案件数	序号	成员	案件数	序号	成员	案件数
1	中国	375	11	乌克兰	49	21	西班牙	22
2	韩国	136	12	欧盟	43	22	土耳其	22
3	中国台湾	107	13	马来西亚	43	23	英国	22
4	美国	104	14	德国	36	24	哈萨克斯坦	18
5	日本	97	15	南非	34	25	波兰	18
6	俄罗斯	84	16	法国	27	26	智利	16
7	泰国	76	17	意大利	26	27	荷兰	15
8	印度	75	18	墨西哥	25	28	比利时	14
9	印尼	73	19	罗马利亚	25	29	捷克	14
10	巴西	69	20	新加坡	23	30	阿根廷	13

资料来源：同表 10-1。

根据表 10-2，1995~2006 年 WTO 成员方对中国提起的反倾销诉讼

① 2005 年 5 月，印度发起的中国丝绸反倾销调查涉案金额高达 1.81 亿美元，是迄今为止发展中国家对我国出口商品实施的最大反倾销案。由土耳其等国首倡的旨在要求世贸组织继续对中国纺织品出口实行配额管理的《伊斯坦布尔宣言》已鼓动了 45 个国家的 90 多个专业组织的支持，其中发展中国家占 50% 以上。

中近乎 70.0% 是以课征反倾销税告终，这一制裁措施对我国出口的损害远远大于涉案金额本身，还包括企业被迫承诺的出口数量和最低限价，并使潜在出口企业望而却步。照此推算，反倾销已危及我国一般贸易出口的 5% ~10%。按照世界银行高级经济学家威尔·马丁的预测，中国有 70% 的出口产品很容易遭受到反倾销措施的攻击，未来 10 ~15 年内中国将面临更为严重的反倾销威胁①。

（二）特保措施

特保措施，即特定产品的过渡性保障措施，包括一般性条款和针对纺织品的特别条款。它是中国在入世时做出的一项特殊承诺，《中华人民共和国加入 WTO 议定书》的第十六条规定，中国入世后 12 年内，如果原产于中国的产品在进口至任何 WTO 成员领土时，其增长的数量或所依据的条件对进口成员生产同类产品或直接竞争产品的国内生产者造成威胁或造成市场扰乱时，受此影响的 WTO 成员方可要求与中国进行磋商，直至采取保障措施。《入世工作组报告》第 241 ~250 段又对纺织品专门做出了类似的规定。

特保措施具有较大的危害性，主要体现在：（1）特保措施的单边性。其他国家可以对中国采取特保措施，而中国不能施加于他国。中国加入 WTO 以来，美国、印度、秘鲁、欧盟等国家和地区已对中国产品进行了多起特殊保障措施调查，仅 2004 年就有 16 起，其中 15 起涉及纺织品②。（2）特保措施门槛较低。所谓的“造成威胁或市场扰乱”等问题界定模糊，美国为了寻求产业保护，将中国很多产品特别是纺织类产品列入美国特保的黑名单，这给中国企业的应诉和抗辩带来很大的困难。（3）特保措施容易导致“贸易转移”，进口国的调查可能使大量中国产品转移至他国，从而引起其他国家的连锁反应，这对中国未来的出口贸易造成严重的不利影响。

1980 年至 2004 年底，美国累计对中国产品共发起 19 起保障措施调

① 周世俭：“国外反倾销形势日益严峻，我国出口企业需认真对待”，《深圳应对 WTO 专刊》2004 年第 9 期。

② 路红艳、王保伦：“基于市场开放与贸易摩擦的产业安全形势分析及对策研究”，《北京工商大学学报：社会科学版》2006 年第 1 期。

查（包括5起特定产品保障措施调查和12起纺织品特保措施调查），2005年的贸易争端更是集中于纺织品问题上，美国频繁的限制措施给中美纺织品贸易带来了极大的不稳定性，使中国的纺织企业面临窘境。2005年11月8日，中美双方经过7轮磋商最终签署了《中华人民共和国政府与美利坚合众国政府关于纺织品和服装贸易的谅解备忘录》。按照该文件，中美双方同意在协议期内对中国向美国出口的棉制裤子等21个类别产品实施数量管理，包括11个类别服装产品和10个类别纺织产品。特保措施实施的截止期是2013年12月11日，虽然纺织品贸易目前有所缓和，但是今后的经贸交流中再度出现类似的贸易冲突和争端是可以预见的。

（三）知识产权

专利先行是国际市场竞争的惯用战略。当前，保护知识产权已经成为国际贸易中的竞争手段。欧美对中国知识产权保护不力的指责由来已久，如美国2005年在“特别301条款”评审报告中提出中国知识产权侵权程度达90%以上，每年给美国造成28亿~35亿美元的损失，因而中国被列入重点观察国家名单。美国专门针对知识产权而设立的“337调查”是管制外国生产商向美国输入的产品侵犯知识产权的法律规则和单边制裁措施。在具体法律程序操作中，美国企业申请“337调查”非常容易；被诉方在“337调查”时缺席，美国国际贸易委员会的行政法官可以根据申诉方单方面提交的证据做出裁决；行政法官裁定时有权颁布“普遍排除令”，全面禁止国外某类产品进口。由于“337调查”程序具有其他程序无法相比的上述特点，美国企业选择“337调查”的频率和次数不断增加。1996年以后，美国每年都对中国发起“337调查”。2004年美国国际贸易委员会受理的18起知识产权案件中涉及中国的出口产品就有7起，2006年美国对中国产品共发起13次“337调查”，这对知识产权所有人的保护非常有利，而对中国企业的冲击很大。而且，涉及知识产权纠纷的几乎都是我国成长性最好的新兴产业，从某种程度上讲，其杀伤力甚至超过了反倾销。频繁的知识产权纠纷的背后，隐含着中国企业核心技术匮乏的危机，这是中国从贸易大国走向贸易强国绕不开的一道坎。此外，中外贸易摩擦还进一步深入和扩大到贸易以外的领域，例如，当前国际社会普遍关注的人民币汇率问题。

总的来看，虽然近年来中国外贸领域取得了令人可喜的进步，但是频繁发生的贸易摩擦已成为中国对外贸易持续快速发展的严重障碍，因而必须正视我国已进入贸易摩擦高峰期这一客观现实，认真加以对待，科学地规划中国的外贸发展战略选择。

第二节 直面贸易壁垒——完善应诉机制

当前，我国正面临贸易摩擦高发期，以反倾销为主的各种贸易壁垒严重地影响和制约了中国的外贸发展。可以肯定的是，对中国产品的倾销诉讼长期内还将存在，因而当前理性的最优选择首先是直面贸易摩擦挑战、积极进行应诉。具体举措有：

一、健全政府职能

维护国家经济利益和行业企业利益是各级政府义不容辞的职责，在应对来自美国、欧盟等国家和地区的反倾销指控时，政府应给予行业企业充分的引导和支持：

1. 中央和地方各级政府应积极利用立法、执法和普法的人力、物力及信息资源优势，具体参照美国和欧盟及其他国家反倾销法对市场经济的认定标准，进一步完善中国反倾销、反补贴和保障措施的法律体系，努力为企业营造良好的经济环境与法律环境。如 2006 年 8 月底，浙江省出台了全国第一份应对出口反倾销的地方性文件《浙江省应对出口反倾销暂行办法》，这有助于构建良好的反倾销应诉协调机制。

2. 政府可建立相应的激励机制。通过设立反倾销基金、反倾销资料数据库，支持和协助应诉企业，为企业提供帮助或诉讼的相关服务。

3. 建立行业预警机制。中国已于 2002 年启动由外经贸部、驻外经商机构、外国律师事务所、中介组织和国外进口商等为主渠道的，对重点敏感商品进出口的反倾销预警体系，以及对汽车及零部件、钢材、化肥三个行业的反倾销预警机制。这些行业预警系统及时为企业提供相关的信息，包括产品进出口价格、质量标准化和市场占有率等。这一举措可有效地降低国际市场的反倾销浪潮对中国企业造成的损害程度。

4. 推动世界贸易组织制定更严格的贸易规则，减少和防止反倾销被滥用。

二、发挥行业协会作用

行业协会和商会要充当好政府和企业之间的桥梁。民间行业协会的优势在于对本行业信息情况了解比较充分，操作更为有效。在市场经济中，为行业内企业积极争取合法权益及维权，应当成为行业协会的一项重要职责。

具体而言，行业协会必须发挥好协调、组织和服务的功能。行业协会的协调职能突出体现为事前协调出口产品的数量、价格和市场的分布；行业协会的组织职能主要表现在应对反倾销时应联合相关企业共同应诉。从国外的实践来看，行业协会作为申请人发起的反倾销案件占了绝大多数。行业协会的服务职能则体现在协助政府构建事前预警机制。发达国家全国性的行业协会一般都建立了独立的产业进出口预警机制和信息资料库，在中国大多数行业都是空白，预警机制的建立还有许多工作要做。

三、鼓励企业积极应诉

反倾销起诉的主动权虽然掌握在进口方，但应诉的主动权却掌握在中国企业自己的手中。多年的经验表明，不应诉就意味着放弃市场，应诉不力则意味着市场的萎缩。中国石化集团公司对“两反一保”（反倾销、反补贴和保障措施）积极应对的事例就说明了这一点。

近年来，我国出口反倾销案件的总体应诉率已有明显地提高，上升至60% ~70%。其中，对美国、欧盟提起的反倾销调查，我国企业的应诉率已达到100%。根据 WTO 统计，中国反倾销应诉的绝对胜诉率（无税结案）达到了35.7%。仅1999年以来结案的案件中，就有20多起我国企业最终胜诉，至少保住了几亿美元的出口[①]。

---

① 王世春：《适应加入世贸新形势，积极应对国际反倾销》，中国网，2002年5月23日，http://www.china.com.cn/chinese/zhuanti/149701.htm。

中国企业应对反倾销首先要实现“角色转变”，要从过去国际贸易规则的被动执行者转变为积极参与制定者，从源头上来维护国家利益和本国企业的利益。其次，作为直接的受害者，企业要增强自我保护意识，在遭到反倾销调查前就积极采取措施，建立自我约束机制，避免反倾销立案。第三，必须完善各项制度。加快所有制改革、健全企业财务制度，以便在国外反倾销调查程序中掌握主动权。第四，宣传和普及反倾销法律知识。学习反倾销应诉经验，加速培养一批精通世贸规则的高级专门人才。当然，最为重要的还是企业自身不断提升竞争实力，及时调整国际化环境中的经营行为。

四、争取市场经济地位

市场经济地位问题，直接关系到反倾销调查中倾销幅度的确定，虽然我国市场经济的发展已经取得了很大的进展，但是占我国出口市场前几位的主要发达国家和地区，如美国、欧盟和日本，至今还不承认中国的市场经济地位。按照美国前商务部长埃文斯的说法：“美国的底线是市场力量，包括劳工标准和货币的自由兑换能够决定经济的走向，否则中国将仍然是一个‘非市场经济’国家。”① 印度、土耳其、墨西哥等发展中国家也未承认中国市场经济地位，这导致我国企业出口产品不断遭受替代国的歧视政策，反倾销税率居高不下。因此，从国家、行业和企业各个层面积极谋求“市场经济地位”已是当务之急。

新西兰是第一个承认了我国完全市场经济地位的西方国家，截至2007年6月底，已有新西兰、新加坡、马来西亚、泰国、俄罗斯、巴西、澳大利亚和瑞士等75个国家宣布正式承认中国的完全市场经济地位②。据此，我国主攻“非市场经济地位”的努力已取得了明显的成效，尽管尚未为几个主要贸易伙伴国和地区所承认。今后，我国的主要目标是就市

① 杨宇白：“对确立市场经济地位重要性的认识”，《经济问题探索》2005年第4期。

② 《瑞士宣布承认中国完全市场经济地位》，新华网，2007年7月9日，http://money.163.com/07/0709/20/3J03J8K400251OFT.html。巴西和阿根廷虽然在2004年11月相继承认中国的完全市场经济地位，但为了防止中国产品的冲击，又另外设置了特别保护制度，阿根廷的特保措施有效期至2012年，巴西也在2005年5月借口1~4月中国产品对巴出口增长过快，宣布对中国纺织品、服装、电子电器、视听器材、鞋和玩具等商品采取过渡性特别保障措施。

场经济地位问题进一步加大与美国、欧盟和日本等主要贸易伙伴的磋商和交涉力度，通过政府双边和多边谈判，促使更多的贸易伙伴在其立法上确认中国的完全市场经济地位。不过，鉴于《中美 WTO 协议》和《中华人民共和国加入 WTO 议定书》的相关条款，现阶段中国要想获得美国对于其完全市场经济地位的承认是极其困难的。从美国对俄罗斯市场经济地位的评估来看，美国商务部是对于该国市场经济发展状况的整体评估，它越过了对行业和企业层面市场化程度的评估，采取“要么不给，要么全给”的方式，具有十分广泛的自由裁量权。在国家层面解决非市场经济地位问题难以取得实质性突破的前提下，争取获得中国的行业市场经济地位显然更具有现实意义。目前，加拿大已承认了我国所有行业的市场经济地位待遇，澳大利亚也承认了我国的水泥行业为市场经济行业，这些进展都为我国在美国进一步争取行业市场经济地位提供了宝贵的经验。今后，可循的路径是，中国政府特别是商务部要加大与西方发达经济体如美国和欧盟等商务部门的磋商和沟通机制，即发挥政府部门的搭台作用。而中国进出口各行业企业协会组织必须加强行业协会自身建设，形成有效的行业约束自律机制，以便能够在反倾销等贸易壁垒应诉中发挥出“唱戏的主角”作用，并且要与国外同类行业协会组织积极磋商以谋求其政府给予中国行业市场经济地位。

五、运用 WTO 争端解决机制

根据《1994 年反倾销守则》的规定，在进口成员方对我国出口产品展开反倾销调查，并裁定采取相关措施时，如果我国企业认为该措施违背了 WTO 协议的有关规定，可以将争议提交 WTO 的争端解决机构，请求成立专家组解决贸易纠纷。1995 年 1 月 WTO 成立至今，共有 334 个贸易争端被提交到 WTO 争端解决机构。美国、欧盟是最频繁利用 WTO 争端解决机制的成员①。截至 2006 年 12 月底，我国仅有 3 起案件进入 WTO 争端解决机制磋商阶段，分别是“美国钢铁保障措施案”、“美国诉中国集成电路增值税案”和“欧盟和美国诉中国汽车零部件进口措施案”。2007

---

① 张玉卿：“WTO 争端解决机制运行状况成果分析与评判”，《外贸经济与国际贸易》2006 年第 7 期。

年1月17日，WTO发布的《争端解决机制案例10年小结》中，总结了10年间发生的97个典型案例，仅有一例涉及中国，而且还是以"第三方"身份参与的，争端解决机制是WTO框架内的仲裁方式。这些数字基本反映了我国在加入WTO后运用争端解决机制的实际情况。今后，对于WTO其他成员方在反倾销等方面对中国实施的不公正待遇，中方应积极地运用WTO争端解决机制，用好、用活世贸组织规则来维护自身的合法权益。

六、提高贸易救济能力

既然WTO将反倾销定性为允许各国采用限制进口以保护贸易的合法手段，那么凡是WTO的成员方，都可以合理合法地运用这一贸易救济手段来保护本国产业、促进经济发展。

从1997年12月中国发起的第一起反倾销调查——新闻纸案件，到2007年10月止，中国共对进口产品提起了49起反倾销调查（不包括复审调查）[①]。据WTO统计，2001年12月中国加入WTO后至2006年12月底，5年时间内中国共发起反倾销调查113起，实施反倾销最终措施92起[②]。这一状况显示出我国企业已积极主动地寻求贸易救济手段来保护自身产业和产品免遭国外倾销损害。目前，世界上对外反倾销最多的发达经济体是美国、欧盟、澳大利亚和加拿大，1995~2006年反倾销立案调查分别为373起、362起、189起和142起，同期实施反倾销最终措施分别为239起、231起、71起和84起。某些发展中国家的反倾销立案调查数和最终实施数也非常凸显，如印度和阿根廷，1995~2006年反倾销立案调查数分别为457起和219起，最终实施数分别为331起和152起[③]。相比来看，若考虑到进口贸易额，则中国在运用贸易救济手段上还有很大的空间。

尽管如此，中国企业在提起进口反倾销时，仍需注意几个关键问题：(1) 掌握最佳申诉时机。聚苯乙烯案是我国第一个被裁定无损害的案例，

---

① 中国贸易救济信息网：http：//www.cacs.gov.cn/DefaultWebApp/caseSearch.jsp，2007年10月援引。

② http：//www.wto.org/english/tratop_ e/adp_ e/adp_ e.htm#statistics.

③ http：//www.wto.org/english/tratop_ e/adp_ e/adp_ e.htm#statistics.

企业错失申诉时机是重要的原因[①]。按照反倾销调查的规定，中国商务部对产业损害的调查是从企业提起申诉时往前推3年。该产品在1999年到2001年期间，企业的销量和价格直线下降，但2001年之后由于市场发生变化，下降幅度变缓。相关企业到2003年才提起申诉，胜诉的把握降低。（2）慎用贸易救济措施，消除认识误区。对外国进口产品实施贸易救济措施，对于保护国内产业和国家经济安全并非一定有效，政府应当根据消费者利益、关税税收和生产者利益谋求反倾销措施的社会利益最大化。在强化保护的同时，也应同时注重对社会公共利益的保护。（3）提高进口反倾销程序的效率。根据中国反倾销法规的规定，我国反倾销案件短的可在14个月内，长的可在20个月内做出终裁，绝大多数案件在18个月左右的时间，只有在对原产于英、美、荷兰、法国、德国和韩国的进口二氯甲烷的反倾销案上花了15个月。而美国规定反倾销短的可在280天内做出终裁，长的可在390天内做出，相比之下，其效率提高许多。

现阶段，国外针对中国出口产品的反倾销数量居高不下，这是我国外贸企业无法回避的客观现实。在目前形势不会发生重大改变的情况下，我们应采取有效的应对举措，其中，政府职能做出战略性调整是前提，企业积极应诉是关键，行业协会和商会的协调和组织是核心。通过运用WTO的相关规则和争端解决机制，以争取中国市场经济地位为抓手，合理合法地维护我国的经贸权益和企业利益，减少甚至消除贸易摩擦给我国出口带来的不利影响。

第三节 中国外贸发展的战略思路——内外配合

面对反倾销等贸易壁垒和困境，除了积极应诉之外，提高本国产业的

① 胥晓莺：“中国企业发起反倾销进攻”，《商务周刊》2006年第1期。

国际竞争力才是维护中国外贸持续发展和产业安全的根本。实现核心竞争力的提升，需要遵循内外配合的发展思路，即对外利用政治、外交等手段创造良好的出口贸易环境，建立良好的外交氛围，为我国外贸发展奠定稳定的国际政治经济秩序；同时对内加快转变外贸增长方式，实现产业结构升级、产业规模协调和产业竞争公平，两者相辅相成，推动我国外贸发展迈上新台阶。

一、对外加强国际经济合作

（一）妥善处理好中美、中欧和中日关系，推动大国经贸互动

中美双边贸易虽然不平衡，但两国互补性大于竞争性，美国支持经济的主要力量是高新技术产业和服务业，而劳动密集型制造业是中国的强项，这是国际分工和产业结构自然调整的结果，美国前助理国务卿库珀承认："美国逆差是全球化的结果，而且是可以持续的。"① 事实上，美中贸易逆差只是用于统计上的一个参数，并不能全面反映双方从中获得的实际利益。中国承接了大量劳动密集型产业的转移，为美国产业结构的调整和升级腾出了空间。据估计，近10年来"中国制造"的产品就为美国消费者节省了6000多亿美元的开支。

从全球视角来看，美国对外贸易逆差的很大一部分实际上是其他发达国家的相应顺差。2004年日本和德国顺差值为2680亿美元，远远超过了东亚和南亚的1930亿美元，占全球经常项目顺差总额的30%，而中国所占的比例尚不到全球顺差总额的8%。所以，中美双边贸易的不平衡完全没有必要看得过重或过度纠缠于贸易逆差，贸易不平衡的问题并不是不可以解决，问题在于采取怎样的政策来解决问题②。

同样，在处理与欧盟、日本等经贸关系时，也应该用高瞻远瞩的战略眼光而不是贸易保护主义的思维去看待，坚持共同发展的主流不变、合作与竞争并存的基本框架不变。具体是：（1）双边或多边的经贸关系都应当纳入全球范围内加以考虑，以发展的眼光看待和处理双方之间目前存在的问题，多一些前瞻性和全局性的思考，力争达到双赢。（2）制定经贸

① 杨正位："看待美对华贸易逆差的新视角"，《中国外汇》2006年第3期。

② 保罗·沃尔克："中美经济在不平衡中发展"，《企业家天地》2007年第3期。

政策时，既要考虑自身的利益，也应考虑对方利益。中国对人民币汇率管理体制进行适时的调整和改革，加大打击盗版和保护知识产权方面的执法力度，都体现了这一宗旨，对于其他贸易伙伴来说也应如此。（3）建立双边和多边交流磋商机制。对于贸易冲突和摩擦，双方进行坦诚的、及时的和全方位的交流是十分必要的。

（二）保持与发展中国家的良好关系，增进周边经贸合作

中国要继续保持与发展中国家的良好关系，促进共同繁荣和发展。要将对外援助、境外资源开发、扩大进口、债务减免等密切结合起来，扩大对外政策的综合效应。要高度重视和妥善处理与发展中国家的贸易摩擦，消除经贸关系中的障碍。我国部分产业和产品与发展中国家存在着竞争关系，如纺织产业是许多发展中国家的支柱产业，2002 年孟加拉国纺织服装出口占本国总出口的 80%，巴基斯坦和柬埔寨占 70%，毛里求斯占 60%。而 2001 ~2005 年中国纺织服装出口平均增长 21%，按照这样的速度发展下去，2010 年我国纺织服装出口将占到发展中国家 80% 以上份额，这势必对这些国家的就业和发展带来很大的压力。因此，我国应当高度重视，及时调整双边贸易关系，创造良好的外部贸易环境；同时可以尝试与主要劳动密集型产品出口国建立某种磋商机制或联盟，共同抑制同类商品在国际市场上的恶性竞争。

周边邻国和地区是中国外贸发展的重要平台，中国的 10 大贸易伙伴中周边国家和地区就占了 7 席，超过 100 亿美元的贸易伙伴中周边有 11 个，2005 年与周边国家和地区的贸易占中国贸易总额的 55%。周边国家和地区可以与我国形成三角贸易关系和紧密的产业链，如日本和亚洲“四小龙”提供关键零部件，由中国、东盟承担加工组装，最后在欧美消费。这就要求我国与周边国家和地区不断增强贸易与投资合作、互惠互利，妥善处理好竞争与合作的关系。

二、对内转变外贸增长方式

外贸增长方式的转变，以实现产业结构升级、产业规模协调和产业竞争公平为主要内容。

（一）产业结构升级

一国贸易结构在很大程度上是由其产业结构所决定的，出口竞争力高低最终也将取决于其产业结构。我国现存的粗放型外贸增长方式制约着我国出口贸易的发展和产品国际竞争力的提升，已经难以为继。因此，加强产业政策的引导功能，加速产业结构的优化升级，培育新兴主导产业，这些应成为中国外贸新的增长点。现实中，结合我国要素禀赋状况、产业技术水平及整体经济发展水平，来制定相应的产业政策，实现比较优势的动态升级，进而提高我国出口产品的国际竞争力。并且，我国要积极推动加工贸易转型升级，由简单加工向深加工、精加工和高端加工转变，从而改善我国在国际分工中的地位，增强对产业和经济的带动效应。

（二）产业规模协调

中国必须进一步深化外贸体制改革以促使外贸企业有序竞争，除了继续放开外贸经营权外，还要促进外贸企业的规模经营，鼓励一些实力较强的大型外贸企业组建贸易集团，形成规模经营优势，发挥企业集团的"龙头"功能，使企业避免以价格竞争为主而以提升综合实力为目标、进军国际市场。除了大力扶持有竞争力的国有企业集团，也要为民营企业的发展提供更为有力的支持，使外贸企业之间的竞争走上规范有序的良性发展轨道。

（三）产业竞争公平

中国企业数量众多，经营方式一般是分散经营，由于缺乏行业管理经验、协调不力，经常出现自我竞争，相互压价的现象，最终导致反倾销案件的发生。由此，建立公平的竞争环境不可或缺。一方面推动反不正当竞争立法，完善法律体系，在此基础上，通过提高我国管理人员的政治素质和业务水平，加强立法监督，规范企业行为。另一方面深化关税体制改革，优化关税结构。针对整个产业分批分期取消不合理的减免税政策，对国内外企业一视同仁，给予国民待遇，从而创造公平的竞争环境。

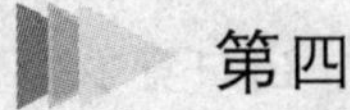

第四节 中国外贸发展的核心路径之一：品牌战略

入世后，中国的外贸企业要想走出国门，参与国际竞争并取得市场成功，品牌之力不容忽视。由此，中国企业坚持产品创新，创立自主品牌是中国外贸发展的必由之路。

一、中国企业产品的品牌发展现状

品牌是指企业及其产品的牌号，包括商标、厂商名称和服务标志等，是商品外在质量和内在品质的体现，是企业创新能力的象征。2005 年时任中国商务部部长薄熙来曾说，要加快实施品牌战略，推动中国外贸增长方式的转变。自此，品牌建设首次鲜明地作为国家社会经济发展的重要战略目标。从 2006 年开始，中国大力实施出口品牌战略。为此，中国商务部先后制定了《关于品牌促进体系建设的若干意见》、《关于建立自主品牌推广体系的指导意见》和《商务领域品牌评定与保护办法》等一系列政策法规，为我国自主品牌建设创造了良好的政策环境和社会氛围。与此同时，商务部还安排了“品牌专项发展资金”，用于企业开展自主品牌建设。同时，依托分布在全国的 50 个知识产权投诉服务中心，加大了对自主品牌知识产权的保护力度。

不过，与国际水平相比，中国是典型的“制造大国、品牌小国”。目前，中国有 170 多类产品的产量居世界第一位，但却少有世界水平的品牌。中国商务部的一份报告显示，目前中国各类进出口企业中拥有自主商标的不到 20%，全国自主品牌出口占出口总量不足 10%；中国出口产品中只有 21% 有自己的商标，29% 没有商标，另外 50% 是贴牌。在 2006 年度《世界品牌 500 强》排行榜上，美国拥有 500 强中 245 席，占据 49%；法国以 46 个品牌占总榜的 9.2%，位居第 2；日本以 44 个品牌占据总榜 8.8% 的席位，排名第 3；而制造大国——中国只有海尔、联想、央视、长虹、中国移动和中铁工程 6 个本土品牌入选[1]。不仅如此，就品牌价值来看，目前美国品牌所创造的价值占GDP的比重高达60%，而我国却不足20%；就品牌销售规模来看，进入世界评价体系的品牌销售规模平均为23.59亿美元，而我国的60个著名品牌的平均销售规模仅3亿元人民币；就品牌注册来看，世界品牌实验室公布的中国500个最具价值的品牌中，有46%未在美国注册，未在欧盟注册的中国品牌企业达76%[2]。因此，构建"中国品牌"可谓任重而道远。尽管如此，加快自主创新、培育中国品牌，仍是实现中国外贸增长方式转变、从贸易大国向贸易强国转变的重要途径。

二、中国企业品牌缺失的恶果

虽然中国是世界上第3大贸易国，有近200种产品的产量位居世界第1，但是大多数企业是替外国品牌做"贴牌"生产的。这就陷入了典型的贸易大国的品牌"短板"效应，由此带来了三大恶果：

1. 低劳动力成本的中国企业仅为外国企业洋品牌做嫁衣。以纺织业为例，我国是纺织品出口大国，但50%的服装为来料加工后出口，30%以上由进口商提供商标、款式、纸样，进行来图来样加工，自主品牌只占10%左右。从贸易方式来看，我国加工贸易份额达55%，其出口主要使用外方品牌，在剩下45%的一般贸易出口中，又以订单贸易为主，大部分也是使用贴牌方式出口。

2. 品牌"长工"的利润尴尬。在国际市场产品价值链中，以品牌为标志的研发和营销环节增加值约占70%，生产环节的增加值只有30%。由于以品牌为标志的研发和营销等高端环节主要控制在外方手中，中国在国际分工中仍处于生产加工的低端环节，以赚取加工费为主。这就造成中国企业处于国际分工链条中品牌"长工"地位，陷入获取微利的尴尬境地。如图10-2所示，虽然格兰仕这一全球规模最大的专业微波炉制造商销售量在逐年递增，但并没有从中获得巨额利润。原因在于格兰仕国外市场的销售额大部分是通过OEM[3]方式来实现的，利用跨国公司向价值链

---

① 方宁："中国品牌，路漫漫"，《中国对外贸易》2007年第3期，第21~22页。

② 方宁："中国品牌，路漫漫"，《中国对外贸易》2007年第3期，第23、27页。

③ OEM：Original Equipment Manufacturer的缩写，原始设备制造商，即俗称的贴牌生产商。

末端进行大规模产业转移，提供贴牌生产为国外名牌“做苦力”，中国企业得到的仅是微薄的加工费，大部分利润贡献都给了国外的品牌拥有者。中国巨大的出口贸易规模却只能换取微薄的利润，这直接导致了中国在国际市场上话语权的丧失，同时低水平的价格竞争也容易遭受到其他国家和地区的反倾销行为，引发贸易争端。

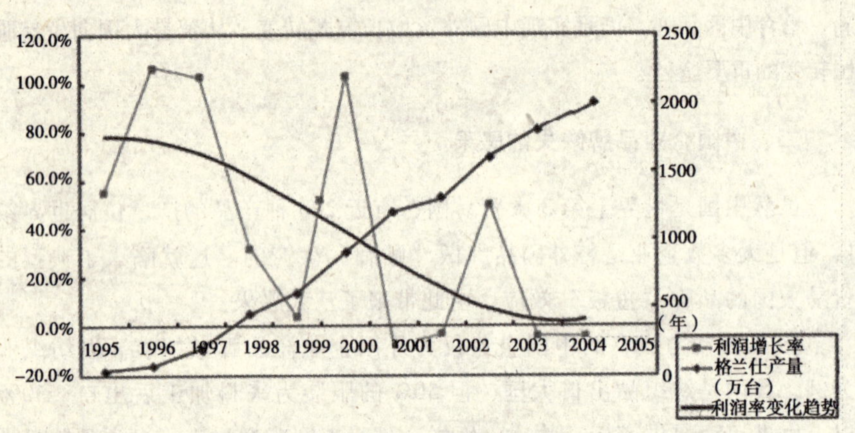

图 10－2　格兰仕销售、利润趋势图

资料来源：郑磊：“格兰仕的国际化劣根，为国外名牌做苦力”，《新财经》2006 年 12 月 12 日，http：//manage. org. cn/observe/200612/41338. html。

3. 外资抢注中国企业品牌，甚至进行品牌并购。按照国际惯例，商标保护具有地域性。目前世界上大多数国家和地区都采取“注册在先”的原则，即谁先在该国和该地区注册商标，谁就拥有商标的专用权，并获得该国和该地区的法律保护。中国目前每年新增数十万个品牌，但品牌生命周期平均不足两年，由于知识产权意识淡薄，越来越多的中国品牌在境外被“抢注”之后销声匿迹。据国家工商总局最新统计，国内有 16% 的知名商标在国外被抢注，五粮液在韩国、康佳在美国、海信在德国、科龙在新加坡都遭遇了商标被抢注的命运。在每年超过 200 起的商标国外抢注案件中，涉及化妆品、饮料、家电、服装和文化等多个行业。就连享誉国内国际市场的联想，在确定了国际化战略后发现，其商标“Legend”面临大量被注册的问题，最终不得不更名为“Lenovo”。由于中国产品海外频繁遭遇商标被抢注，致使2002～2004年减少出口金额约22亿～25亿美元，造成各种损失约1.5亿～2亿美元①。

从近年来外资收购中国品牌来看，很多外资企业抢注中国商标的目的根本不是使用这些商标，而是阻止中国知名产品与其在国际市场上竞争。如西门子抢注海信等5家国内灯具企业的商标。被并购的中国品牌并没有得到更好的发展，多是任其自生自灭或者“雪藏”，导致中国众多优秀品牌正在逐渐消失②。据国务院发展研究中心研究报告显示：在中国已开放的产业中，每个产业排名前5位的企业几乎都由外资控制；中国28个主要产业中，外资在21个产业中拥有多数资产控制权。比如玻璃行业，该行业中最大的5家企业已全部合资；占全国产量80%以上的最大的5家电梯生产厂家，已经由外商控股；18家国家级定点家电企业中，11家与外商合资；20%的医药行业在外资手中；汽车行业销售额的90%来自国外品牌③。

三、中国外贸发展进程中品牌战略的构建

品牌建设不可能一蹴而就，从国际经验来看，一个全球化的品牌需要30年的时间才能塑造成功。品牌战略的推进是一项系统工程，必须依靠诸多因素的合力共同作用。

1. 企业是自主品牌建设的主体。中国企业必须转变观念，长期树立强烈的品牌战略意识，以高度责任感和紧迫感来推进品牌战略建设。并且，从企业的实际出发，选准市场定位，确定战略品牌；提高产品质量，树立良好的企业形象以维持产品品牌生命力；同时树立强烈的品牌保护意识，重视商标申请和注册，采取有效的法律和行政措施，保护民族品牌的合法权益。

2. 政府必须积极鼓励、引导及扶持企业品牌。对扶持自主品牌，政府部门可大有作为：一是通过政府采购来支持自主品牌。实施扶持自主创

---

① 方宁：“中国品牌，路漫漫”，《中国对外贸易》2007年第3期，第27页。

② 2003年底，欧莱雅全面收购小护士震动了整个中国化妆品业；2004年初，欧莱雅再次收购羽西品牌；2006年8月，强生欲收购中国化妆品第一品牌大宝，同时有信息表明丝宝、雅倩等品牌也在外资收购的视野中。

③ 方宁：“中国品牌，路漫漫”，《中国对外贸易》2007年第3期，第26页。

新的政府采购政策，是世界各国的普遍做法，而国内对自主品牌的支持力度很小。例如，在中国的服务器市场，政府教育等行政事业单位 2006 年采购的外国品牌在 50% 以上，这一比重在金融通信等行业则达到 80%。因此，需要调整和规范现有的政府采购模式及程序，政府采购尽可能向民族自主品牌倾斜，以激发民族企业创新热情，提高自主创新能力。二是实行行业听证制度，听取行业意见，充分给予民族品牌发展生存的社会环境和空间。三是对具有重要影响力的品牌设定反外资收购壁垒，不允许外资控股或转让。四是从资金、技术、人才等方面重点分级扶持一批有一定影响力的民族企业或品牌，使其拥有一定的市场竞争能力和抗风险能力。此外，正确的宏观引导、知识产权激励机制的完善都有助于形成健全的社会监督网络和良好的社会监督氛围。2006 年开始的"品牌万里行"活动表明了中国政府的行动决心。

3. 全社会积极推进品牌意识。在全社会广泛宣传民族品牌，培育民族品牌消费意识，逐步消除普遍存在的"洋消费"心理，增强国民购买、使用和消费自主创新产品、民族品牌的自信心和自豪感，推动社会逐步形成以使用和消费自主创新产品、民族品牌和国货为荣的新消费观。这方面，韩国和印度等国的国民普遍以购买和使用国产品牌和民族商品为荣的消费观念和消费行为，非常值得我们学习与借鉴。

第五节 中国外贸发展的核心路径之二：市场战略

中国的商品出口存在着贸易地理方向和商品贸易结构过于集中的弊端。据统计，长期以来中国出口产品的 75% 以上销往日、美、欧盟这三大地区，而这三大地区既是近期经济衰退的主流，也是贸易壁垒的主要发源地，当这些国家的传统产业面临来自中国大量增长的出口竞争时，各种贸易摩擦就频繁发生。同时，中国与一些发展中国家的部分产品比较优势趋同、产业结构类似，产品可替代性强，于是相互之间为了争夺国际市场份额，引发近年来发展中国家对中国发起的反倾销和特殊保障措施在不断增多。目前，发展中国家对中国采取的贸易救济措施已经占到所有贸易救济措施的60%以上。为了打破这一格局，降低外贸风险，中国需要大力推进市场战略，拓展对外贸易的地理方向和商品贸易结构。

就世界经济当前的发展趋势来看，发展中国家主要依赖于对发达国家出口初级商品以换取制成品进口这一传统贸易格局已经发生了显著的变化。过去20年中，南南贸易的重要性迅速上升，这一趋势极大地改善了发展中国家进入外部市场的机会，包括从其他发展中国家进口产品的市场准入。其主要原因在于：（1）发达国家增长乏力，对涉及发展中国家出口利益的产品仍然设置重重贸易壁垒，使得发展中国家为了促进出口增长不得不将更多的注意力放在发展中国家相互间的市场上。（2）亚洲经济体的高速增长，为发展中国家减少对发达国家的依赖、争取相互间的市场创造了可能性。（3）要进入发达国家的市场往往附带许多条件，如推行贸易和金融自由化、保护知识产权、对外国直接投资实行开放政策等，使很多发展中国家面临压力。南南贸易的大规模推进为发展中国家拓展传统出口市场奠定了基础。

目前，中国市场多元化的空间非常广阔。俄罗斯、意大利、澳大利亚和加拿大只占我国出口份额的1.4%，很多周边国家如泰国、印尼、印度等只有1%，非洲、南美等新兴市场的份额则更小，这表明只要善于寻觅机会，敢于开拓新市场，就有可能获取新的商机，从而改变我国出口目的地过于集中、贸易摩擦频繁发生的现状。

一、借助直接投资，拓展海外市场

通过对外投资就地生产、销售，绕过贸易壁垒是许多企业应对和利用反倾销措施的途径，被称为跨越反倾销壁垒（Antidumping - jumping）的对外直接投资。富士公司是一个经典案例，1993年美国柯达公司对日本和瑞士的富士胶卷公司提出反倾销指控，初裁征收300%税率，导致富士对美出口的大幅减少。为此，富士公司于1996年在美国本土设立了相纸生产企业，不到一年，富士在美国市场的相纸份额反而超过了反倾销前富士占据的市场份额[①]，成功地规避了美国的反倾销贸易壁垒。

---

① 鲍晓华：“中国实施反倾销措施经济效应分析”《经济纵横》2004年第1期。

这类企业采取的海外投资方式主要有：（1）在东道国投资设立企业。具体分为绿地投资（Greenfield）和并购当地企业（Acquisition）两种方式。（2）在东道国并购当地知名品牌。例如，2002年9月中国TCL集团下属的TCL国际控股有限公司收购了德国施耐德电子有限公司的主要资产，包括"施耐德"及"杜阿尔"等著名品牌的商标权益。（3）在第三国投资设立企业应对反倾销。到与主要目标市场国家有某种贸易协定关系（如自由贸易区协定）的国家或地区投资创办企业，然后利用第三国与主要目标市场国家之间存在的贸易优惠将产品销往主要目标市场国家。如创维在墨西哥、俄罗斯和土耳其都拥有自己的控股生产基地，可充分利用北美自由贸易协定等关贸优惠。

二、成立跨国公司，开展国际化经营

企业成为跨国公司后，可以在全球范围内形成网络化生产、研发和销售体系，这样不仅可以提高竞争档次，而且可以通过海外投资以及内部转移价格的方式，最大限度地利用市场，规避反倾销问题。现实中，全球化程度越高的产品越不容易招致反倾销，计算机、汽车都是典型的全球化产品，因而很难看到主要生产厂商欧美、美日之间在这一领域内的反倾销行为。这样的状况对中国企业的启示是，要充分利用其他国家和地区所实施的贸易自由化、投资自由化的优势和经济全球化带来的便利，将生产工序在全球范围内进行配置。

从根本上说，企业的国际化战略有利于强化本国企业对产品价值链两端的控制力，有利于促进中国出口贸易的发展。适合走出去跨国运营的企业，一是那些净出口额大、对国际市场依赖程度高、且已受到反倾销等贸易壁垒影响较大的企业；二是具有潜在比较优势的企业。

三、推进区域一体化合作，扩大市场资源

20世纪90年代以来，区域经贸合作成为潮流，区域贸易安排（RTA）内部贸易已经占到全球贸易总量的50%以上。截至2005年末，全球范围内实际有效的区域贸易安排共有162个，其中80%以上是近10年内建立的。参与区域经济一体化的国家从中获得了大量的好处。以北美自由贸易区为例，1994年成立到1999年，美、加、墨之间的贸易增加了

75%，区内贸易达到了贸易总量的55%。区域贸易安排已经成为各国争取市场资源、扩大发展空间、提升国际地位的战略手段，对世界经济政治格局产生了重大影响。

中国与世界各国的区域合作也取得了重大进展。2004年，中国内地与港澳更紧密经贸关系安排正式实施。中国与东盟自由贸易区则是我国贯彻“与邻为善、以邻为伴”方针政策的具体实践。可以预见，中国与东盟之间的贸易将有一个更加显著的飞跃式增长。2005年11月，中国与智利签署了双边自由贸易协定，这是中国同拉美国家签署的第一个自由贸易协定；2006年6月5日，中国与菲律宾签署了关于中菲《建立经贸合作伙伴关系的谅解备忘录》，中菲双边贸易与投资关系提升到新的高度；2006年5月17日，中国和巴基斯坦自由贸易区第三轮谈判在伊斯兰堡结束，双方就降税模式及自由贸易协定文本基本达成一致。目前，中国与150多个国家和地区签署了双边贸易协定或议定书，与110多个国家签署了双边投资保护协定，与80多个国家签署了避免双重征税协定，与世界各国的双边经贸交流与合作不断深化。

区域经贸合作意味着反倾销等贸易壁垒在区域贸易集团内部的作用将会淡化。中国如果能够与其他国家签订更多的自由贸易协定，则可为中国外贸打开更大的新天地。因此，我国政府应当以积极的姿态加入到区域经贸合作与多边和双边贸易投资自由化浪潮中去，实现在多边贸易体制下积极参与区域贸易协定和双边贸易合作。

四、推进全球市场战略中应注意的问题

1. 市场拓展必须谨防反倾销诉讼的扩散。努力开拓发展中国家市场，是大力推行全球市场战略的一大举措，这为我国扩大出口起到积极作用。但同时，我国出口产品强大的竞争优势也使得拉美（如墨西哥）和亚洲一些国家（如印度）不断提起对华反倾销调查。由于这些国家大多对我国采取歧视性的反倾销政策，所以最终导致征收高额的反倾销税。随着我国产品出口市场的进一步拓展，已经有越来越多的国家加入到对中国反倾销的行列中，这种“多米诺骨牌效应”是中国推进全球市场战略中必须要密切关注的问题之一。

2. 国际直接投资时尽量避免反规避行为。欧美发达国家的反倾销法

规定，如果所设立的海外企业仅仅是简单组装产品的低成本工厂，一旦被裁定存在规避反倾销的行为，则同样会被征收反倾销税。反规避范围中有两种比较典型的形式：进口国境内组装和第三国境内组装，即将已被征税产品的零部件出口到进口国组装销售或将已被征税产品的制成阶段转移到第三国进行，再以第三国产品身份出口到进口国。对这些反倾销的规避方式，美国、欧盟等都制定了专门的法律，如美国的《1988 年综合贸易与竞争法》、欧盟的第 3283/94 条例等都对其做出了征收反倾销税的规定①。因此，如何在法律许可的范围内争取适度的规避，是每个跨国企业都必须审慎对待的重要问题。

第六节 主要结论及对策

通过对反倾销等贸易壁垒下中国外贸发展的战略选择研究，得出以下结论及对策措施：

1. 全球化背景下中国外贸的发展环境是挑战与机遇并存。对外贸易是一把“双刃剑”，中国在获得对外贸易收益的同时，释放出的贸易增长实力也引致了大量的贸易摩擦，如反倾销、特保措施和知识产权等，其中频繁的知识产权争端隐含着中国企业核心技术匮乏的危机，这是中国从贸易大国走向贸易强国必须跨过的一道坎。

2. 正视我国已进入贸易摩擦高峰期的客观现实，直面贸易摩擦挑战、积极进行应诉。具体举措有：健全政府职能、发挥行业协会作用、鼓励企业积极应诉、争取市场经济地位、运用 WTO 争端解决机制，以及提高贸易救济能力。其中，政府职能做出战略性调整是前提，企业积极应诉是关键，行业协会和商会的协调和组织是核心。

3. 中国外贸发展需要遵循内外配合的发展思路，具体措施有：(1) 对外加强国际经济合作，营造良好的外部贸易环境，包括妥善处理

① 尚明：《反倾销 WTO 规则及中外法律与实践》，法律出版社 2004 年版。

好中美、中欧和中日关系，推动大国经贸互动；保持与发展中国家的良好关系，增进周边经贸合作。（2）对内转变外贸增长方式，包括产业结构升级、产业规模协调和产业竞争公平。

4. 中国外贸发展的核心路径之一是品牌战略。品牌战略的推进是一项系统工程，必须依靠诸多因素的合力共同作用。其中，企业是自主品牌建设的主体，政府必须积极鼓励、引导及扶持企业品牌，全社会积极推进品牌意识。只有坚持产品研发和创新，培育和创立自主品牌，才能增强中国企业及产品的核心竞争力。

5. 中国外贸发展的核心路径之二是市场战略。中国的商品出口存在着贸易地理方向和商品贸易结构过于集中的弊端。为了降低外贸风险，中国需要大力推进市场战略，包括借助直接投资，拓展海外市场；成立跨国公司，开展国际化经营；推进区域一体化合作，扩大市场资源。实现在多边贸易体制下积极参与区域贸易协定和双边贸易合作是中国的现实选择。

综上所述，中国作为一个发展中大国，经济上快速增长很大程度上来自于外贸出口的拉动效应。尽管中国企业出口产品屡屡遭受到国外反倾销为主的各种贸易壁垒的打压，但是需要理性地看待中国外贸发展的未来，化外在贸易压力为内在发展动力。在多边贸易体制下，通过对外加强国际经济合作，营造良好的外部贸易环境，对内转变外贸增长方式，推进品牌战略和市场战略来增强中国企业及产品的核心竞争力，进而实现中国外贸的可持续发展。

参考文献

一、中/译文部分（按拼音排序）

保罗·沃尔克："中美经济在不平衡中发展"，《企业家天地》2007年第3期。

鲍晓华："中国实施反倾销措施的经济效应分析"，《经济纵横》2004年第1期。

鲍晓华："反倾销措施的贸易救济效果评估"，《经济研究》2007年第2期。

方宁："'中国品牌'路漫漫"，《中国对外贸易》2007年第3期。

高士旺："彩电出口乐观之中存隐忧"，《国际商报》2005年7月5日。

胡麦秀、严明义："反倾销保护引致的市场转移效应分析——基于中国彩电出口的实证分析"，《国际贸易问题》2005年第10期。

刘燕红、牟小翼："3000万剩余彩电产能出路何在?"，《市场报》2004年5月28日。

路红艳、王保伦："基于市场开放与贸易摩擦的产业安全形势分析及对策研究"，《北京工商大学学报：社会科学版》2006年第1期。

尚明：《反倾销WTO规则及中外法律与实践》，法律出版社2004年版。

沈国兵："知识产权保护与中美双边贸易问题"，《当代财经》2006年第11期；转载于《外贸经济、国际贸易》2007年第3期。

沈国兵："美中两国反倾销制度程序比较研究"，复旦大学世界经济研究所工作论文，2007年打印稿。

沈国兵："反倾销等贸易壁垒与中美双边贸易问题"，《财经研究》2007年第1期。

沈国兵："显性比较优势、产业内贸易与中美双边贸易平衡"，《管理世界》2007 年第 2 期。

沈国兵："美国对中国反倾销的宏观决定因素及其影响效应"，《世界经济》2007 年第 11 期；转载于《外贸经济、国际贸易》2008 年第 2 期。

沈国兵："反倾销与美中双边产业内贸易：经验分析"，《世界经济研究》2008 年第 3 期；转载于《外贸经济、国际贸易》2008 年第 7 期。

沈国兵："美国对中国反倾销的贸易效应：基于木制卧室家具的实证分析"，《管理世界》2008 年第 4 期。

沈瑶、王继柯："中国反倾销实施中的贸易转向研究：以丙烯酸酯为例"，《国际贸易问题》2004 年第 3 期。

唐宇："反倾销保护引发的四种经济效应分析"，《财贸经济》2004 年第 11 期。

天津市商务委员会公平贸易处（2007）："公平贸易信息专刊"，第 71 期第 26 页，www.tjcoc.gov.cn/wsbgwj/71.doc。

王世春："适应加入世贸新形势，积极应对国际反倾销"，中国网，2002 年 5 月 23 日，网址：http://www.china.com.cn/chinese/zhuanti/149701.htm。

伍德里奇（Wooldridge, Jeffrey）：《计量经济学导论：现代观点》，中国人民大学出版社 2003 年版，第 527 ~ 531 页。

谢建国："经济影响、政治分歧与制度摩擦——美国对华贸易反倾销实证研究"，《管理世界》2006 年第 12 期。

胥晓莺："中国企业发起反倾销进攻"，《商务周刊》2006 年第 1 期。

杨宇白："对确立市场经济地位重要性的认识"，《经济问题探索》2005 年第 4 期。

杨正位："看待美对华贸易逆差的新视角"，《中国外汇》2006 年第 3 期。

伊德里斯："知识产权——促进经济增长的有力手段"，第 1 ~ 33 页，http://www.wipo.int/about-wipo/en。

张钦："反倾销终裁未定，中国彩电出口缘何大幅下滑?"，《北京青年报》2004 年 2 月 27 日。

张玉卿："WTO 争端解决机制运行状况成果分析与评判"，《世界贸易组织动态与研究》2006 年第 4 期，转载于《外贸经济、国际贸易》2006 年第 7 期。

中国国家统计局编：《中国统计年鉴（2006）》，中国统计出版社 2006 年版。

中国海关总署编：《中国海关统计年鉴（2004）》，《中国海关》杂志社 2004 年版，第 3632 页。

中国商务年鉴编辑委员会编：《中国商务年鉴（2004）》，中国商务出版社 2004 年版，第 336 页。

中国商务年鉴编辑委员会编：《中国商务年鉴（2005）》，中国商务出版社 2005 年版，第 12 ~ 14 页。

周灏："2006 年下半年世贸组织反倾销报告"，中国贸易救济信息网：http://www.cacs.gov.cn。

周世俭："国外反倾销形势日益严峻，我国出口企业需认真对待"，《深圳应对 WTO 专刊》2004 年第 9 期。

周忠菲："如何应对美国贸易保护主义——论东亚集体行动的可选择性"，《亚太经济》2007 年第 2 期。

二、英文部分

Aggarwal, Aradhna (2004), "Macro Economic Determinants of Antidumping: A Comparative Analysis of Developed and Developing Countries", *World Development*, Vol. 32, No. 6, pp. 1043 – 1057.

Baldwin, Robert (2005), "The Political Economy of Reforming the Anti – dumping Laws", *The World Economy*, Vol. 28, Issue 5, pp. 745 – 747.

Blonigen, Bruce (2003), "Evolving Discretionary Practices of U. S. Antidumping Activity", *NBER Working Paper* No. 9625, pp. 1 – 34.

Blonigen, Bruce and Chad Bown (2003) "Antidumping and Retaliation Threats", *Journal of International Economics* 60, pp. 249 – 273.

Blonigen, Bruce and Stephen Haynes (2002), "Antidumping Investigations and the Pass – Through of Antidumping Duties and Exchange Rates", *AmericanEconomic Review*, Vol. 92, No. 4, pp. 1044 – 1061.

Blonigen, Bruce and Thomas Prusa (2001), "Antidumping", *NBER*

Working Paper No. 8398, pp. 1 – 44.

Clark, Douglas (2004), "Intellectual Property Litigation in China", *China Business Review*, Vol. 31, Issue 6, pp. 25 – 29.

Feinberg, Robert (1989), "Exchange Rates and Unfair Trade", *Review of Economics and Statistics*, Vol. 71, No. 4, pp. 704 – 707.

Finger, Michael and Tracy Murray (1993), "Anti – dumping and Countervailing Duty Enforcement in the United States", in Finger, M., *Anti – dumping: How It Works and Who Gets Hurt*, Michigan University Press.

Fink, Carsten and Keith Maskus (2005), *Intellectual Property and Development: Lessons from Recent Economic Research*, the World Bank and Oxford University Press, pp. 1 – 327.

Gilles Saint – Paul (2004), "Are Intellectual Property Rights Unfair?" *Labour Economics* 11, pp. 129 – 144.

Gould, David and William Gruben (1996), "The Role of Intellectual Property Rights in Economic Growth", *Journal of Development Economics*, Vol. 48, pp. 323 – 350.

Greenaway, David and Chris Milner (1983), "On the Measurement of Intra – Industry Trade", *the Economic Journal*, Vol. 93, No. 372, pp. 900 – 908.

Grubel, Herbert and Peter Lloyd (1975), *Intra – Industry Trade: the Theory and Measurement of International Trade in Differentiated Products*, London: Macmillan, pp. 1 – 205.

International Intellectual Property Alliance or IIPA (2005a), "Initial Survey of the Contribution of the Copyright Industries to Economic Development", pp. 1 – 10, http://www.iipa.com/US_trade_tools.html.

International Intellectual Property Alliance or IIPA (2005b), "2005 Special 301 Report: PRC", pp. 183 – 215, http://www.iipa.com/rbc/2005/2005SPEC301PRCrev.pdf.

Irwin, Douglas (2004), "The Rise of U. S. Antidumping Actions in Historical Perspective", *NBER Working Paper* No. 10582, pp. 1 – 19.

Irwin, Douglas (2005), "The Rise of US Anti – dumping Activity in Historical Perspective", *The World Economy*, Vol. 28, Issue 5, pp. 651 – 668.

James, William E. (2000), "The Rise of Anti – dumping: Does Regionalism Promote Administered Protection?", *Asian – Pacific Economic Literature*, Vol. 14, Issue 2, pp. 14 – 26.

Jiang, Bin and Alexander Ellinger (2003), "Challenges for China—the World's Largest Antidumping Target", *Business Horizons*, Vol. 46, Issue 3, pp. 25 – 30.

Knetter, Michael and Thomas Prusa (2003), "Macroeconomic Factors and Antidumping Filings: Evidence from Four Countries", *Journal of International Economics* 61, pp. 1 – 17.

Krause, Susan (2006):《美国经贸官员谈美中经济关系》,《美国参考》, 2006 年 3 月 31 日, http: //usinfo. state. gov/mgck/.

Krupp, Corinne and Patricia Pollard (1996), "Market Responses to Antidumping Laws: Some Evidence from the U. S. Chemical Industry", *The Canadian Journal of Economics*, Vol. 29, No. 1, pp. 199 – 227.

La Croix, Sumner and Denise Konan (2002), "Intellectual Property Rights in China: The Changing Political Economy of Chinese – American Interests", *the World Economy*, Vol. 25, Issue 6, pp. 759 – 788.

Mah, Jai (2000), "Antidumping Decisions and Macroeconomic Variables in the USA", *Applied Economics* 32, pp. 1701 – 1709.

Mallon, Glenda and John Whalley (2004), "China's Post Accession WTO Stance", *NBER Working Paper* No. 10649, pp. 1 – 31.

Maskus, *et al.* (2005) or Maskus, Keith & Sean Dougherty and Andrew Mertha (2005), "Intellectual Property Rights and Economic Development in China", from *Intellectual Property and Development*: *Lessons from Recent Economic Research*, edited by Fink, Carsten and Keith Maskus, the World Bank and Oxford University Press, pp. 295 – 327.

Maskus, Keith and Mohan Penubarti (1998), "How Trade – Related Are Intellectual Property Rights?", *Journal of International Economics* 39, pp. 227 – 248.

McGee, Robert (2002), "Abolish the Antidumping Laws", *Economic Affairs*, Vol. 22, Issue 4, pp. 49 – 57.

Messerlin, Patrick (2004), "China in the World Trade Organization: Antidumping and Safeguards", *The World Bank Economic Review*, Vol. 18, No. 1, pp. 105 – 130.

Moga, Thomas and Jonathan Raiti (2002), "The TRIPS Agreement and China", *China Business Review*, Vol. 29, Issue 6, pp. 12 – 18.

Prusa, Thomas (1996), "The Trade Effects of U. S. Antidumping Actions", *NBER Working Paper* No. 5440, pp. 1 – 20.

Prusa, Thomas (1997), "The Trade Effects of US Antidumping Actions", in Robert Feenstra ed. "The Effects of US Trade Protection and Promotion Policies", Chicago: University of Chicago Press, pp. 191 – 213.

Prusa, Thomas (1999), "On the Spread and Impact of Antidumping", *NBER Working Paper* No. 7404, pp. 1 – 22.

Prusa, Thomas (2005), "Anti – dumping: A Growing Problem in International Trade", *The World Economy*, Vol. 28, Issue 5, pp. 683 – 700.

Shen, Guobing and Anthony Yanxiang Gu (2007), "Revealed Comparative Advantage, Intra – industry Trade and the US Manufacturing Trade Deficit with China", *China and World Economy*, Vol. 15, No. 6, pp. 87 – 103.

Smith, Pamela (1999), "Are Weak Patent Rights a Barrier to U. S. Exports?" *Journal of International Economics* 48, pp. 151 – 177.

Staiger, Robert and Frank Wolak (1994), "Measuring Industry Specific Protection: Antidumping in the United States", *NBER Working Paper* No. 4696, pp. 1 – 65.

Stevenson, Cliff (2007), "Global Trade Protection Report 2007: Data & Analysis", pp. 1 – 20, www. antidumpingpublishing. com.

The US – China Business Council or USCBC (2005/2006), "US – China Trade Statistics and China's World Trade Statistics", http: //www. uschina. org/statistics/tradetable. html.

USITC (2004a), *Wooden Bedroom Furniture from China*, Investigation No. 731 – TA – 1058 (Final), Publication 3743, p. 30 – 42.

USITC (2004b), *Certain Color Television Receivers from China*, Investigation No. 731 – TA – 1034 (Final), Publication 3695, pp. 28, 99.

USITC (2006), "Import Injury Investigations Historical Case Statistics (FY 1980 - 2005)", pp. 13 - 24, http: //www. usitc. gov.

USITC (2007), "Antidumping and Countervailing Duty Handbook", Twelfth Edition, pp. 1 - 130, prepared by Robert Carpenter, a staff publication of the Office of Investigations, U. S. International Trade Commission.

Wang, Lina (2004), "Intellectual Property Protection in China", *The International Information & Library Review*, Vol. 36, Issue 3, pp. 253 - 261.

White, Ying and Katherine Jones (2000), "The Sun Sets on US Antidumping Orders", *China Business Review*, Vol. 27 Issue 3, pp. 34 - 43.

Wu, Xiaodong (2000), "Foreign Direct Investment, Intellectual Property Rights, and Wage Inequality in China", *China Economic Review* 11, pp. 361 - 384.

Zanardi, Maurizio (2004), "Anti - dumping: What are the Numbers to Discuss at Doha?" *the World Economy*, Vol. 27, Issue 3, pp. 403 - 433.

Zeng, Ka (2002), "Complementary Trade Structure and U. S. - China Negotiations over Intellectual Property Rights", *East Asia*, Vol. 20, Issue 1, pp. 54 - 80.

Zhihao Yu (2000), "A Model of Substitution of Non - Tariff Barriers for Tariffs", *the Canadian Journal of Economics*, Vol. 33, No. 4, pp. 1069 - 1090.

后 记

本书是我在上海市哲学社会科学规划项目（2006BJL006）最终研究成果和教育部人文社会科学重点研究基地重大项目（08JJD790138）阶段性研究成果的基础上修改而成，在书稿面世之际，我将谢意化作甘醇，分享给帮助过我的老师和朋友们。

在项目研究过程中，怀着崇敬之心，默思“博学而笃志”，我认真思考和对待每一个理论和经验命题，并尽力做到结论的普适性。

在具体研究进展中，怀着“切问而近思”之心，我竭其所能向校内外知名教授和青年博士直面求教，使项目研究得到了极大地改善和深化。在此，我要感谢复旦大学经济学院的华民教授、李慧中教授、袁志刚教授、石磊教授、唐朱昌教授、干杏娣教授、陈建安教授、张军教授、强永昌教授、刘红忠教授、许少强教授、李维森教授、孙立坚教授、尹翔硕教授、殷醒民教授、陆铭教授、陈钊教授、范剑勇博士和寇宗来博士等；浙江大学经济学院的史晋川教授和顾国达教授；上海财经大学的丁剑平教授等。正是在与他们的讨论和交流中，我逐渐拓宽和深化了研究视野，如期完成了项目研究。并在《管理世界》、《世界经济》和 *China and World Economy* 等学术期刊上发表了6篇论文。本书就是这些研究成果的凝练及扩展的化身。

在本书面世之际，我要感谢上海财经大学金融学院钱婵娟博士、复旦大学经济学院学生曹敏奕、周婕和任玉津等同学。钱婵娟博士协作完成了本项目第七章的第三节，以及第十章的部分节次。作为我指导的复旦大学“学生学术科技创新行动支持计划”的成员，曹敏奕、周婕和任玉津等同学帮助查阅了一些数据资料，在此表示感谢。

我要感谢教育部人文社会科学重点研究基地重大项目（08JJD790138）

提供的研究资助，感谢上海市哲学社会科学规划项目（2006BJL006）提供的研究资助，感谢国家社会科学基金项目（07BJY012）提供的研究资助，特别感谢复旦大学中国经济国际竞争力研究创新基地数据库项目提供的资助。并且，我要感谢现任职单位复旦大学经济学院、复旦大学世界经济研究所领导和同事们的关心和帮助，感谢英国诺丁汉大学 SCCS 著名教授 Shujie Yao 教授提供的一年学术访问研究帮助。我也要感谢中国财政经济出版社吕小军编辑给予的大力帮助，才使得本书能够及时出版。

最后，我要由衷地感谢我的父母和家人，感谢他们给予我的真挚关心和无私帮助，谨以此书向他们表示最诚挚的谢意！

沈国兵

2008 年 9 月 28 日

于复旦大学经济学院

质检 1